环境法之树文丛
吕忠梅 主编

2013年国家社科基金青年项目
“页岩气开发法律问题研究”（13CFX102）结项成果

页岩气开发法律问题研究

刘超 著

法律出版社
LAW PRESS · CHINA

独木不成林

时间在生命的迁徙中留下足迹。2015 年,调令到达时,我拎着随身行李踏上单程火车,不回头地投入另一种忙碌中去。失去,还是获得?是个问题。

50 岁开始的“北漂”生活,被学术活动填充了几乎所有的空余时间,不曾感受到孤独。

北京的环境法学人,以连续举办专题讲座的格调,表达了对一个新来者的接纳。一场又一场畅所欲言的学术讨论、其乐融融的师生交流,一度多一度的温暖对流在每个人心间。

北京的法学圈,以邀请参加学术交流的方式,传递着对一个“业余”学者的关注。为中国法学会三大论坛发言或主持,一次又一次的观点碰撞、不同法域的思维纷呈,一刻深一刻的启迪激荡着每个人的脑海。

还有,在国家环境与健康论坛上与环境医学学者一起访谈,在排污许可证制度改革国际研讨会上与环境执法者探讨,在全国环境保护工业协会“治霾在行动”年会上呼吁环境保护须强化法治思维与法治方法、主持学生模拟环保法庭大赛,参加环境立法修改论证会,主持环境司法研究中心会议……一处又一处的跨学科对话、多种方法的全景观察,一分宽一分的视野提升着每个人的境界。

这就是曾经向往的氛围吧。有来自不同学校的学术联盟,有多方发起的理论研讨;有多种观点,也多了关爱,有争论交锋,也多了同舟共济。学术观点一直都可能不同,当质疑、辩论、分歧在催化着学者之间的感情,一切都不再是问题。也许,不是每个人都可以对环境法学科做出巨大的贡献，但每个人都始终是别人思想的扩音器和放大器，正如别人——这个学术共同体中的每个人——也始终是这个人思想的扩音器和放大器一样。

只是，在北京的夜晚，环境法树会时常浮现在眼前，挥之不去。那棵慢慢成长着的小树，秋风落叶，雪雨冰霜，真的是在不经意间得到，在恋恋不舍中失去吗？也许，我欠下的不仅是一个告别。

离开武汉后，向中南财经政法大学提出了辞去学术职务的申请，将湖北省环境资源法学会的职务做了交接，也不再担任湖北经济学院的学科带头人。一心想做一个名副其实的"业余学者"，保持一份真正的学术兴趣，做自己有能力的事情。也是为了告别，我将七年前为"环境法之树文丛"写的总序——"小树慢慢长"放到微信上，请大家和我一起，重温一棵环境法小树的成长。

春节时，有学生在微信朋友圈内放了一张他们种下的"环境法树"照片：白梅盛开、春意盎然。在"俏也不争春，只把春来报"的悠然中，惊觉"独木不成林，一花难成春"的落寂，心底涌起的潮湿阻滞了"点赞"的手指。

伟大的思想不如伟大的行为，无须吹擂；若是无法成就伟大的事，就用伟大的方法，去做微小的事！我能做的，是带上"环境法之树文丛"继续前行，让这棵树上的枝叶与果实融入环境法森林；让"风景这边独好"的淡然与环境法花园的锦绣相互依偎，灿烂环境保护的春天。

于是，有了现在"变脸"但不"变心"的"环境法之树文丛"。希望从今以后，能够有更宽的选稿范围，发现更多的优秀作者，培养更多的学科团队，成为更多环境法研习者的选择。

感谢这半年的收获，这是学者之交当之无愧的奖赏；感谢这半年的活动，这是学问之路不可或缺的阅历；感谢这半年的尚不如愿，这是学术之岸必须奋力前行的理由。

吕忠梅

2016 年 2 月 26 日于北京

小树慢慢长

（代总序）

时间是一把筛子，漏走的是岁月，留下的是回忆。

二十多年前，我还不知道目标总是在不确定的未来时，埋下了一粒环境法的种子，在期待着环境法树生根、发芽、开花、结果的日子里，拨开重重阻碍与琐碎，一直朝着目标前行。回望时才知道：时间曾经以各种方式来过又走了，一切看上去都平静如水，波澜不惊。

水是千年的风，风是千年的水。

环境法树在昼夜了无痕迹的交替中渐渐生长，静坐在时光的怀里，感觉着根须前行时不屈的努力，觊觎着新枝抽出时专注的神情，触摸着树干伸展时细微的叹息。风吹过，留下一片絮语；雨打来，带走一点落寂。每当我走进课堂，站在讲台上，望着眼前一张张充满着朝气的脸，骄傲与自豪油然而起：因为有你们，环境法才长成了一棵树，一棵有枝枝蔓蔓、有生生不息活力的树，而不是一根无本之木的电线杆，一根没有枝叶、没有生长活力的电线杆。于是，我总在讲述环境法树的故事，告诉大家，在我的心中，每一个人、每一点进步、每一份成绩都可能成为这棵树上的一片叶子、一朵小花、一颗果实。其实，自从有了环境法，我从来不缺少快乐、喜悦和欣慰，也少了烦恼、皱纹和白发。

从 1985 年两个人的环境法教研室，到现在的环境资源法研究所，有了自己的硕士点、博士点；从四处找人、找钱编一本简明环境法辞典，到目前承担多项国家级省部级科研项目、地方立法研究项目，有了自己的网站、刊物；从四处寻找合作伙伴，到当下国际国内的邀请不断、交流与合作日益广泛,有了自己的特点、成就。环境法树的年轮清晰可见:1989年,第一个环境法教授受聘;1993年,增加了一名环境法副教授;1997年,在经济法专业内开始招收环境法方向硕士研究生;2000年,环境法硕士点成立;2001年,独立招生;2004年,开始在民商法专业招收环境民法方向博士研究生;2005年,环境法博士点成立;2006年,独立招生。一批又一批的学生,一项又一项的课题,一年又一年的辛勤,环境法树根深了、枝繁了、叶茂了,伸展的枝干有力了,垂下的绿荫成片了,吸收的养分充足了。

小树慢慢在长大,成长的日子充满着不确定。

一些曾经的环境法人如今已经远离,一些满怀梦想的淘金者来了又失望而去,一些揠苗助长者成了环境法园地里经常的游客,一些坚守者从来不曾放弃。当今世界中,到处充满着诱惑,机遇随时出现在左右,信息以秒为速度在更新,生活在这样的时代里,实在是既万幸也不幸。瞬息万变的机遇、铺天盖地的信息使地球变得越来越小,我们可以站在寂寞的前人肩头而不必忍受前人的寂寞,却也遭遇了前人绝对不可能想象的喧闹与浮躁,可能成为在信息的汪洋大海中到处碰壁的“无头苍蝇”,在被误导、被蒙蔽、被扭曲、被抛弃的犹豫、恐惧与彷徨中迷失,与目标渐行渐远甚至背道而驰。在这个时代,面对经常的南辕北辙,要找准目标并且不停前行,我们必须有坚定的信念、坚强的神经与坚韧的毅力。

历史一直都掩藏在现实之中,从事环境法研究和做任何一件事情一样,最需要的是定位。学术研究领域,是一个典型的由认知控制的世界,认知决定着我们的行为。定位的价值不在于完成了多少环境法论著,而在于决定是做学问还是写文章,或者说是为什么写文章。学者与写手的最根本区别与其说是性格,不如说是抱负,毕竟人各有志。在中国目前的情形下,环境问题备受关注,环境保护已经成为从政治家到黎民百姓最经常谈论的话题,写一些应景的文章、做一点“庸医开药方”的事情、出一两部人云亦云的书十分容易。但是,如果要做学问,就必须扪心自问:你的文章是写给谁看的,它的寿命应该有多长?五十年甚至一百年以后是否还会有人参读,文章中的思想是否还能给后人带来启迪?只有想清楚并回答了这些问题,才会有不计得失的勇气,突破思想、情绪、身体的层层包围，让大脑始终保持与真我的联系，不被浮尘、面具所蒙蔽。环境法内功的修炼，就是学术品质、素养、能力、精神的凝聚；选择学界喧闹中的沉静，一心只为环境法的发展，就必须经受住诱惑。

做暂时的还是永久的胜者，是一个选择。

每一个进入或者准备进入环境法研究领域的人都面临着这种选择，选择本身即是一种态度。做暂时的事情，只要善于抓住一时一事便可，是机会主义者；做阶段性的事情，只要能够看到眼前就行，是实用主义者；做永久的事情，却需要在舍弃中获取，执著于某一件事情，是理想主义者。其实，暂时性的胜利是有限的，因为机会永远公平，你在得到一个机会的同时也失去了另一个机会。阶段性的成功是不可靠的，因为实用的功能总会被时间淘汰。因此，你应该做永久的事情，成为永久的胜利者。学术的词典中不应该有泡沫，研究的领地里当然要拒绝炒作。

我知道，自己远不足以成为战略领袖，也不可能任何事情都做得完美。但我明白，可以专注地做一件事情——培养人才，通过自己的言传身教，让他们养成领袖之风，成为栋梁之材。毕竟，人生无轮回，事业有轮回。一个学科的发展、一种学术理论从产生到完善，绝非一个人或几个人、一年或者几年就能完成的事情，尤其是像环境法这样的充满革命性、交叉性、互动性的新兴学科，有许多理论需要探索，有许多途径需要开辟，有许多方法需要践行，更需要多人的努力、合作与传承。

一个人在黑暗中行走是孤独的，手拉着手一起走才会快乐。

有些事情似乎不容选择，而是宿命，只有时间担当着主角，而命运中的当事者却浑然无知。环境法树上的枝条与叶子连在一起，成就了勇往直前的力量。在这里，不论先后、不管大小，大家都在同一起跑线上，秉持奋发向上的精神，朝着共同的目标前进。虽然并不是每一步都那么美好，也许并不是每个人都那么合适，但其中的成员都有着一样的热情与信念，愿意参与这份坚持，对自己所做的事情充满热爱；都在努力地学习，认真地思考，踏实地工作，积极地争取。我不断地在提醒自己，所做的一切都是过程而不是结果，是经历而不是成绩。

每一次课题申报，每一次学术会议，每一次论文答辩，同事和学生的投入与热情，时常让我感动。但我却总是不动声色地将表扬藏在心里，毫不留情地把批评意见告诉他们。只有不断地发现问题,才能进步,不至于被暂时的、阶段性的成果冲昏头脑,沉湎于自己的兴奋与成就感不能自拔。课题成果完成、毕业论文答辩通过都只是一小步,离目标还有从地球到月球的距离。

环境法树挂果了,等待收获的喜悦掩藏不了,也无须掩藏。也许这些果实还有点青涩,尚待成熟;也许它的养分还不够充足,还须汲取。我只想采撷一部分,来请大家品评,其中有近年来环境资源法研究所承担的课题成果,也有博士学位论文和优秀的硕士学位论文。一个人或一群人的思想试验的结果只有经过众人的评判才可能被认同或被唾弃。环境法树只有在与相关学科和法学各学科不断的交流与相互启迪中,才能获得更丰富的营养,生长得更加茂盛。

推开初冬的窗户,环境法树在夜空里熠熠生辉,我举起心中的希望,邀明月,共皎洁!

吕忠梅

2007 年 11 月 22 日于宜昌

为环境法的制度研究植入理论基因

（代序）

这是第二次为刘超的专著作序，接受邀请后虽然认真阅读了书稿，但一直为如何落笔而踌躇。为避免“先入为主”和重复自己，我把他的前一本著作和我写的序言找出来细细看了一遍，终于从两本书的比较中看出了一点“门道”：过去的是博士学位论文，现在的是国家社科基金项目的结项成果，两者的选题背景、问题指向、研究方法、成果要求都大不相同，但其中的问题意识、法律思维、中国方案却一脉相承。也许，只有在具体环境法律制度研究中坚守学术之“初心”，不陷入就事论事、对策之作的泥沼，环境法学在中国的发展才会有光明的前景。

“页岩气开发法律问题研究”，无疑是一个涉及多学科、多法律部门的课题。本书将页岩气开发涉及的法律问题，归纳和类型化为页岩气开发所伴生环境风险的法律治理、页岩气矿业权的配置与行使、页岩气开发过程中权益纠纷的解决等几个方面，并从环境法律规制、页岩气开发中的生态环境风险防治和资源权保护、保障页岩气矿业权权利效力几个视角，提炼出页岩气开发中的问题论域与法律命题。基于页岩气开发过程会导致大气、水、土地等多种环境要素的污染或破坏，本书进一步聚焦重点，选择问题最集中、最突出的土地侵害法律规制进行多角度探讨。由于页岩气矿业权问题在传统矿业权中因增加生态环境保护的要求或者考量而变得异常复杂，本书进一步挖掘痛点，着力于对因页岩气矿业权的性质设定导致的制度困境、因效力边界导致的权利冲突进行深入剖析。我以为，问题设定与论证重点取舍一定会与研究周期和篇幅有关，但这绝对不是决定性因素，这其中更多体现的是作者的学术追求和努力方向。页岩气开发是一个庞大的系统工程，其中涉及的法律问题纷繁复杂，但学术研究不是对现状简单的全景式扫描，必须有所选择、忽略和侧重，某种意义上甚至是为了追求深刻而刻意放弃全面，这恰是问题意识的突出表现，也是学术研究者必须具备的基本能力与素养。

本书的研究以对社会现象的追问为起点展开。为什么中国的页岩气产业发展停滞不前？改革开放40年来，我国经济社会发展的能源需求持续高速增长，已经面临严重的能源短缺危机；我国的页岩气可采储量全球第一，健康有序开发新能源对于推动"能源革命"、保障国家能源安全意义重大。为此，国家将页岩气开发纳入国家战略性新兴产业并出台了系列产业支持政策，启动了两轮页岩气探矿权招标出让。但现实情况是，近几年来页岩气产业进展迟缓，多家中标页岩气探矿权的企业退守观望、投入不足，页岩气产量与发展规划的产量目标相去甚远。因此，本书关注与阐释的是我国当前真实的、事关国家经济发展能源安全的重大社会问题。

本书从法律视角对社会现象进行制度归因。到底是什么因素导致中国页岩气产业发展迟缓？作者针对《页岩气发展规划(2011－2015年)》《页岩气发展规划(2016－2020年)》所提出的产业政策进行了全面分析，认为掣肘我国页岩气产业发展的因素可归纳为自然因素与制度因素两大类型。自然因素的客观存在并不足以成为阻碍我国当前页岩气勘探开发顺畅开展的关键，而仅为制约条件，制度因素障碍才是主要原因。并且，由于页岩气开发中的制度因素障碍对自然因素制约呈现正相关性影响，不同的制度设计会折射、放任甚至凸显或者限制、规避甚至削弱自然因素对于页岩气开发造成的不同影响。因此，解释与应对我国当前的页岩气产业发展困境，首先应当从制度层面探究问题成因。以此观之，本书从法律制度层面审视页岩气开发困境，就不仅仅只是对切入视角的选择。

本书力求提出解决中国问题的法律方案。外国的法律制度是否可以解决中国问题？页岩气作为一种新能源，被国际上普遍认为具有可能改变世界能源版图格局的远大前途。这意味着，页岩气开发面临的资源、环境、技术以及法律需求等问题具有全球共同性和普遍性。从自然科学技术层面看，中国的页岩气资源在资源禀赋、赋存条件、矿区地表地形等方面固然有地域特色，但这种特色不可能颠覆自然规律，也就意味着有更多超越国界的共同性和普遍性。从法律制度层面看，中国规范、调整与保障页岩气开发的政策与制度设计，必须镶嵌在我国既有的政策体系与制度框架内，现行的政策与法律体系以及中国法律体系的价值取向与目标诉求，必然成为页岩气开发法律制度中无可替代的“中国特色”，这是不可能更不应该“照抄照搬”任何其他国家的。虽然全球页岩气产业始于美国“页岩气革命”，在制定产业政策与构建法律制度的过程中，难免需要比较与借鉴美国推动“页岩气革命”的法制经验，但也只能是借鉴。否则会出现“南橘北枳”的制度效果，更可能由此遮蔽了中国页岩气产业发展亟待应对的核心问题。

由此，本书从一个现实的社会现象出发，但并未满足于浅显的对策研究，而是在努力追求对社会现象的阐释深度与理论穿透力。作者高度关注美国“页岩气革命”过程中大量的法制创新经验，但并未止步于梳理与比较借鉴，而是清醒地认识到，域外的制度经验有其适用的制度语境，应当纳入其制度背景中予以审视。虽然作者从实践中梳理了页岩气开发面临和引致的亟待法律应对的问题类型，但更大的努力在于提炼与聚焦中国问题，提出解决问题的中国方案。这恰是理论基础、学术功力之所在，也是理论发展、学术进步之所求。

因为作者在完善书稿过程中曾就一些问题与我有过讨论，我注意到现在的书稿是在提交课题结项的成果基础上的修改稿，并且其修改绝非仅仅是过程描述性的和修饰意义上的修改。一方面，针对当前实务界因不满现状而提出的新概念、新建议，作者在抱以同情化理解的同时，也给予了冷静客观的专业评析；还将新近修改的《环境影响评价法》《水污染防治法》《固体废物污染环境防治法》《煤炭法》《节约能源法》以及修改中的《土地管理法》等最新价值理念与规范体系纳入了论述范围。另一方面，作者认真参阅和吸纳了课题鉴定专家们的评阅意见和修改建议，将专家们在鉴定意见中提出的一些建议理解为专业同行的有益看法，对此抱着虚心学习的态度，以不同方式进行了回应。

我作为刘超的硕士和博士阶段的导师,对他的学术积淀和专业研究旨趣了然于心。这个主题显然不是他擅长的领域和方向,而研究课题本身也有周期的约束。因此,本书在论证的系统性和成熟度方面难免存在不足,其具体论述能否承载和实现其研究预期,也将留待读者评价。作为导师,更多的是赞赏他没有忘记学者的初衷和社会使命,敏感于中国问题,提炼并回应中国特色的法律问题,不断进取,没有路径依赖,不会沿着研究习惯,停留在研究的安全区域。令人欣慰的是,他面对自己不熟悉的领域,也能够找到将过去的理论累积与新的课题有机结合的路径,跳出制度本身来研究制度,为环境法的制度研究植入理论基因,提升制度研究的理论水平,这正是目前环境法学研究所需要的研究态度与研究方法。

吕忠梅

2018 年 9 月 15 日

目　录

导　论

改革开放40年来，我国经济持续高速增长，已经成为世界第二大经济体。这40年来粗放型的经济增长以大量能源消耗为代价。能源安全是全世界共同关心的重大问题，中国作为全球能源消耗最大的国家，能源安全问题尤其突出。在能源安全受到严重威胁的现实压力下，如何采取多种措施保障能源安全是我国亟待解决的重大社会问题。在此背景下，推动页岩气产业发展是保障我国能源安全的适时之选，而研究页岩气开发中的系列法律问题是推动我国页岩气产业健康、有序、迅速发展的内在需求。

一、选题背景

我国是一个能源生产大国，同时也是世界上最大的能源消费国。但是，我国人均能源资源拥有量较低，能源赋存地区分布不均衡，开发难度较大，已经探明的优质油气资源储量不足，严重依赖进口能源。同时，高速经济增长和粗放的经济发展模式使我国能源消耗总量与速度比其他国家更快，这使我国面临严重能源短缺危机。2014年6月13日，中央财经领导小组第六次会议以专题形式研究了我国能源安全战略问题。该会议强调能源安全是关系到国家经济社会发展的全局性、战略性问题，要求推动以能源生产和消费革命为核心的“能源革命”。这使如何寻找新能源与替代能源成为我国实现“能源革命”的迫切需求。

21世纪初，美国爆发了“页岩气革命”，成功实现页岩气大规模商业开发，这使页岩气作为一种新型非常规天然气能源在全球范围内日渐受到关注和重视,这也为我国探寻能源生产革命之路提供了有益借鉴。我国国土资源部(现自然资源部)组织与支持的多项研究和美国能源信息署(Energy Information Administration,EIA)等多个境外研究机构的评估数据表明,我国页岩气资源储量丰富,排名世界第一,这为我国推动页岩气产业发展提供了坚实的物质基础。我国国土资源部(现自然资源部)于2011年12月31日发布新发现矿种公告宣称,页岩气被正式批准为我国第172个独立矿种。2012年的政府工作报告中提出,要"加快页岩气勘查、开发攻关,提高新能源和可再生能源比重"。自此,我国的页岩气产业发展走上了快车道,系列产业促进政策密集出台。国家能源局于2012年3月16日发布了《页岩气发展规划(2011－2015年)》,这是我国首个页岩气发展规划,成为指导我国"十二五"期间页岩气勘探开发的重要文件。2013年10月23日,国家能源局发布《页岩气产业政策》,预期"推进页岩气产业健康发展,提高天然气供应能力,促进节能减排,保障能源安全。"我国正式全面推动页岩气产业发展。

但是,宏伟的政策目标和理想的产业诉求需要具体的落实措施和切实可行的保障制度。我国近几年来的页岩气勘探开发的实际进展与我国已经探明的页岩气可采资源储量名实难副,也与我国制定的页岩气产业发展规划相去甚远,还与美国走过的页岩气产业繁荣之路存在霄壤之别。概言之,我国当前的页岩气产业发展现状难以承载我们对其寄予缓解我国能源危机、保障能源安全中的厚望。这必须予以研究与反思。

美国"页岩气革命"的成功,为世界页岩气储量丰富的国家开启了应对能源危机的新希望,但如何复制其成功经验却要面对很多挑战。页岩气产业是一个典型的技术驱动型产业,美国实现页岩气成功开发的关键原因之一在于其在一些关键技术上取得了突破性进展,而我国则在相关领域核心技术滞后。页岩气开发还伴生着多种类型的环境风险,能否有效地规制这些风险成为页岩气产业发展的重要制约因素。与此同时,在全球范围内,页岩气开发是一个全新领域,存在页岩气区块资源储量不明、富集规律不清以及与常规油气资源重叠等勘探开发风险。这些因素综合决定了页岩气产业的发展是一个系统工程,需要在多个方面综合推进。除了要求进行关键技术创新和专业人才培养,还迫切要求在政策出台与制度设计上充分因应这一行业的特殊性,创新法律制度,以同时平衡多方主体的利益、激励社会主体积极投入页岩气产业以及规制页岩气开发引致的环境风险等。美国"页岩气革命"成功实现页岩气大规模商业开发的事实证明,页岩气产业政策、矿产资源法律制度领域的创新是推动其页岩气产业健康迅速发展的根本保障。因此,我们固然要通过自主技术创新、加强与美国合作引进先进技术等方式吸收借鉴美国页岩气产业发展的先进经验,但也必须同时重视,美国页岩气开发的成功更重要的经验在于其坚持在能源危机的忧患意识下,积极出台政策推动新能源的开发,这种产业激励政策转换到具体法律制度层面,即通过完善既有的矿产资源法律制度体系,为广泛的社会主体积极参与页岩气开发提供权益保障与制度激励,同时,又注重完善环境风险规制法律制度和出台专门的针对页岩气开发法律规制需求的法律体系,以防控页岩气开发可能诱发的多种环境风险。

反观我国现实,虽然我国页岩气能源储量丰富,我国从中央政府到社会各界高度重视页岩气开发对保障能源安全的重要意义,并为此出台系列产业支持政策,实施了两轮页岩气探矿权招标出让,但是,页岩气作为一种矿产资源被纳入我国现行矿产资源法律和环境保护法律体系中予以审视与规制,仍然存在多重现实困境。我国现行的矿业权配置与矿产资源开发行为规制的法律制度,不但不能为社会主体申请成为页岩气矿业权主体积极投入页岩气产业提供卓有成效的制度激励,而且现行的环境风险规制制度也难以充分因应页岩气开发所引致的多重法律风险。质言之,我国现行的法律制度体系同时在页岩气矿业权权利效力保障与页岩气矿业权行使环境风险规制两大层面存在内生困境,这是本研究的现实背景与制度背景。

二、研究综述

作为一种新能源,页岩气在近几年开始引起学界关注。美国"页岩气革命"使之成为世界上首个实现页岩气大规模商业性开采的国家,大规模页岩气开发引致的系列问题及法律应对也被纳入学界关注视野。

梳理页岩气产业发展领域的相关研究,国内既有的研究大多或论证页岩气开发利用的必要性及资源禀赋与技术知识普及,[1]或从地质理论和科技角度梳理页岩气的研究进展与勘探开发前景,[2]或从超低渗介质中的渗流行为及其动态特征研究页岩气资源属性,[3]或研究页岩气水力压裂技术。[4] 也有研究涉及页岩气资源开发中的环境风险问题,[5]但从法律制度视角研究页岩气勘探开发法律的论述较为鲜见,仅有的研究也主要是粗略梳理与检讨我国当前页岩气开发管理的法律体系。[6] 从另一角度来看,针对我国当前页岩气产业发展停滞不前的困境,既有研究已经从不同角度进行了检讨,这些研究可以概括为以下几个角度:(1)从页岩气资源禀赋角度。虽然我国页岩气储量全球第一,但很多论者指出,我国页岩气资源禀赋劣于美国,中国大多数的页岩气资源相较于美国埋地更深、分布更散,在勘查开发上提出了更多挑战。这种观点也得到了专业研究的支持。比如,有学者在研究中美页岩气富集条件相似性的同时,从大地构造、成藏条件、发育模式、含气量变化等层面细致分析了中美页岩气在地质条件上存在的明显差异。[7] 还有研究通过数据比较,归纳出我国陆上页岩气与美国相比具有"一深二杂三多"的特点:埋藏较深,地表条件与页岩气热演化史复杂,页岩层位、分布类型和构造运动多。[8] 类似研究基本上从自然科学的角度、从中美页岩气资源禀赋的视角,归纳出我国页岩气资源存在的复杂地质条件为勘查开采提出了更多挑战。(2)从页岩气开采技术角度。页岩气是一种致密的、低渗透性的非常规天然气,需要通过水平钻井和水力压裂等储层

[1] 汪民主编:《页岩气知识读本》,科学出版社2012年版。
[2] 许长春:《国内页岩气地质理论研究进展》,载《特种油气藏》2012年第1期。
[3] 姚同玉、黄延章、李继山:《页岩气在超低渗介质中的渗流行为》,载《力学学报》2012年第6期。
[4] 刘晓旭、吴建发、刘义成、杨洪志、李春梅、李玉华:《页岩气"体积压裂"技术与应用》,载《天然气勘探与开发》2013年第4期。
[5] 王玲、熊永生:《水平井压裂技术下的页岩气开发环境影响研究》,载《生态经济》2013年第12期。
[6] 杨敏:《我国页岩气开发管理法律制度研究》,中国政法大学2012年硕士学位论文。
[7] 肖钢、唐颖:《页岩气及其勘探开发》,高等教育出版社2012年版,第170~171页。
[8] 李建忠、李登华、董大忠、王社教:《中美页岩气成藏条件、分布特征差异研究与启示》,载《中国工程科学》2012年第6期。

改造技术增加额外的渗透性。现代页岩气产业开发是一个技术驱动过程,尽管这两种技术已经存在多年,但两者的结合再加上设备进步和成本降低,是解锁北美储量丰富的页岩气的关键。[1] 美国"页岩气革命"所推动的页岩气大规模商业开发的关键在于水平钻井、水力压裂等技术层面取得的关键进展。而我国的水平钻井技术在测井技术和仪器、钻井设备及工具、钻完井工艺等方面滞后,水力压裂技术存在压力形成的"体积改造"效果差、水平井分段多级压裂工艺技术及配套工具仍需从国外引进等方面的关键技术难题。[2] 这些均构成我国页岩气产业发展的关键技术"瓶颈"。(3)从页岩气开发环境风险角度。在使用专门技术进行水平钻井作业以及水力压裂过程中会对矿区的水、土地和大气等资源产生影响和破坏,环境风险是阻碍页岩气大规模商业开发的自然制约因素。现有文献细致研究了页岩气开发所需的特殊技术引发的各种负面环境影响,包括水污染、空气污染、水资源消耗以及诱发地质活动等,[3] 环境风险是阻碍页岩气大规模商业开发的自然制约因素。

梳理国外的相关研究,美国在全球范围内最先爆发"页岩气革命",其相关的研究工作也走在世界前列。美国 Energy Information Administration(EIA),Center for Global Energy, Tyndall Centre Manchester 和 International Arbitration and Environmental Law University of Texas School of Law 等职能部门和研究机构的研究报告关注页岩气资源开发的现状、利弊、环境风险及开发的最佳技术和实践操作方法,对美国页岩气开发保障与规制的法律政策也初步涉及。具体而言,在页岩气开发环境风险研究层面,相关研究大多关注了页岩气开采导致的人类健康和环境风

[1] Susan L. Sakmar, "The Global Shale Gas Initiative: Will the United States be the Role Model for the Development of Shale Gas Around the World?", *Houston Journal of International Law* 1, 2011.

[2] 汪民主编:《页岩气知识读本》,科学出版社 2012 年版,第 112 ~ 113 页。

[3] [美]James G. Speight:《北美页岩气资源及开采》,胡风涛、白振瑞等译,中国石化出版社 2015 年版,第 121 ~ 148 页。

险,有学者研究了页岩气开发的水力压裂技术内生的环境问题;[1]在制度层面,有学者探讨页岩气开发中 EPA 的环境信息公开政策和强制披露制度的进展与完善,[2]有学者分析了页岩气开发与土地权利人之间的冲突与制度选择;[3]在立法层面,有学者等梳理了美国页岩气开发和生产要受到的联邦和州调控的法律法规体系,[4]有学者剖析了美国《安全饮用水法》(SDWA)、《清洁水法》、《清洁空气法》对页岩气开发的规制及其缺陷,[5]有学者介绍了美国一些州针对页岩气开发进行的专门立法以及近期法规修订应对的重点问题。[6]

美国自"页岩气革命"后,大规模页岩气开发引致的问题及其法律应对路径被纳入研究视野,其展开的研究可以归纳为以下四个方面:(1)从宏观视角考量与评估页岩气产业在改变能源结构、提供就业机会及增加财政收入等方面的优势,以及伴生这些优势所可能出现的环境风险;[7](2)详细剖析了页岩气生产面临的地质约束、环境约束、人口约束(人口稠密地区的限制)、技术风险以及融资障碍等问题;[8](3)梳理与检讨了美国联邦和页岩气储量丰富的各州针对页岩气勘探开发核心技

---

〔1〕 Thomas E. Kurth, Michael J. Mazzone, Mary S. Mendoza, Christopher S. Kulander, "Law Applicable to Hydraulic Fracturing in the Shale States", *The Oil, Gas and Energy Resources Law Journal* 1, 2010, pp. 1 – 51.

〔2〕 Hannah Wiseman, "Trade Secrets, Disclosure, and Dissent in A Fracturing Energy Revolution", *Columbia Law Review* 111, 2011, pp. 1 – 13.

〔3〕 Kenneth R. Myers, Alan W. Flenner, "Landowner Protection from Marcellus Shale Development", *Environmental* 31, 2011, pp. 1 – 7.

〔4〕 J. Daniel Arthur, Bruce Langhus, David Alleman, "An Overview of Modern Shale Gas Development in the United States", *ALL Consulting* 1, 2008, pp. 1 – 21.

〔5〕 Mark Zoback, Saya Kitasei, Brad Copithorne, "Addressing the Environmental Risks from Shale Gas Development", *World Watch Institute* 7, 2010.

〔6〕 Hannah Wiseman, Francis Gradijan, "Regulation of Shale Gas Development, Including Hydraulic Fracturing, Center for Global Energy", *International Arbitration and Environmental Law* 20, 2012.

〔7〕 Mark, Zoback, Saya, Kitasei, Brad, Copithorn, "Addressing the Environmental Risks from Shale Gas Development", *World Watch Institute* 7, 2010.

〔8〕 Ishaya Paul AmazaIshaya P. Amaza, " Exploring Barriers to Financing Shale Gas Production on A Limited Recourse Basis", *International Energy Law Review* 2, 2013, pp. 67 – 74.

术的水力压裂技术的立法现状、法律修改、专门立法及法律适用等问题；[1]（4）反思与评估了页岩气产业是否会触发气候变化与变暖效应、挤占可再生能源的政策与财政支持空间、削弱可再生能源的部署，进而从碳税变化以避免财政悬崖和气候危机、为天然气和可再生能源提供公平竞争的环境等方面探析了页岩气产业下一步发展方向。[2]

从上述研究梳理可知，研究的现状及程度与页岩气产业发展的阶段相契合。国内对页岩气的研究还基本上集中于自然规律揭示层次，少数有间接启示意义的制度研究也多需从矿产资源及新能源法律制度研究中推导，对页岩气自身独特的制度需求呼应不足。美国近几年从不同层面展开页岩气研究，成果较为丰富，但也较多从资源特性、产业利弊、环境风险等角度展开。其在法律制度研究中，更多关注宏观层面的规则需求、法律检讨和制度适用，很少涉及权利配置、运行和激励效应，尚存较大拓展空间。更何况，中美在土地所有权制度、矿产资源所有权制度以及处理二者关系的财产法则等诸多方面存在差异，这些也决定了中美两国页岩气开发环境风险规制与页岩气权属制度设计与规制的问题存在异质性，借鉴意义有限。这要求问题及其出路的研究必须中国化，我们必须在揭示页岩气规则需求的基础上，在我国现有的矿产资源与环境保护法律体系构成的制度语境中，梳理页岩气开发存在的系列法律问题、页岩气矿业权配置与行使的法律规则需求、页岩气开发保障与规制领域存在的法律制度困境及对应出路。

三、研究的结构和内容

针对页岩气开发中的法律问题，本研究主要按照以下思路和结构展开：

在整体研究框架上，本项研究将按照页岩气开发所涉及的法律问题

---

〔1〕 Thomas E. Kurth, Michael J. Mazzone, Mary S. Mendoza, Christopher S. Kulander, "Law Applicable to Hydraulic Fracturing in the Shale States", *The Oil, Gas and Energy Resources Law Journal* 1, 2010, pp. 1 – 51.

〔2〕 Patrick Parenteau, Abigail Barnes, "A Bridge too Far: Building Off Ramps on the Shale Gas Superhighway", *Idaho Law Review* 1, 2013.

的法理基础与制度体系逐次展开。具体而言,首先在梳理页岩气资源属性、赋存规律及勘探开发特殊技术需求的基础上,探究页岩气勘探开发所涉及的法律问题的具体类型,然后从宏观层面体系性地归纳出保障与规制页岩气开发伴生问题所提出的法律制度需求的具体内容,进而以此为线索系统展开页岩气开发涉及的具体法律制度类型及其内容的研究。本研究有明确的现实问题指向,即预期回应的问题是:我国页岩气开发得到大力支持但依然发展缓慢的制度原因是什么?从法律制度层面观之,保障页岩气产业的健康迅速发展、规制页岩气开发中的负面影响提出了何种具体的法律制度更新需求?美国“页岩气革命”成功的基础与动力除了引人注目的丰富资源储量与关键技术创新,其在政策更新与法律规制、保障与激励的制度创新层面,可资比较与借鉴的制度经验是什么?

这里尤其需要强调的是,基于本研究秉持的问题意识和现实指向,本研究是以我国当前的页岩气开发中涉及的系列法律问题为研究对象的,而页岩气本身则可以纳入现行多个法律领域予以审视,页岩气开发的规制与保障制度也相应地涵摄多个法律规则体系,这就要求对页岩气开发法律问题的研究不能囿于单一法律系列甚至单项法律制度。我们应当在探寻页岩气产业开发的应然保障与规制需求的基础上去具体梳理该过程中涉及的法律制度类型与内容,而非削足适履地预设一个法律领域甚至一部法律规范来研究页岩气开发中涉及的法律问题。具体而言,页岩气开发所涉及的法律领域包括但不限于以下:(1)页岩气是一种非常规天然气,属于一种油气资源,在种属关系上属于矿产资源的有机构成部分。因此,页岩气开发本身便涉及矿产资源的勘查、开发利用和保护工作,而这种行为与过程直接受到我国现行的以《矿产资源法》为统领的矿产资源法律制度体系的规制。(2)页岩气本身是自然资源的构成部分,规制与调整自然资源开发利用与保护的法律制度体系,首先是我国《宪法》《物权法》规定的自然资源法律体系。与此同时,各类社会主体在页岩气勘探开发时主要的权利来源与依据是页岩气矿业权,而这种权利在我国物权法体系中被界定为探矿权和采矿权,《物权法》等规定的权利内容、权利期限与权利效力等制度内容成为页岩气矿业权行使的基本法律依据。(3)页岩气作为一种非常规油气资源,在勘探开发矿产资源过程中本身即会引发多种环境问题,而页岩气的赋存规律与勘探开发技术特殊性又加剧了对页岩气开发过程中引发的诸多类型环境风险与现实环境问题的争议,这又使如何在保障与激励页岩气开发的同时,设计完善的、有针对性的环境污染防治与生态保护法律制度成为题中应有之义。申言之,页岩气开发法律问题内生性地包括从环境保护法律制度体系层面的探讨。(4)油气资源赋存于一定矿区地下,与土地资源存在相辅相成、相互依存的关系,勘探开发油气资源的过程就是作用于土地资源的过程,尤其是页岩气资源的特殊富集规律及其特殊的技术需求,更是加剧了页岩气开发过程对土地资源的更为深入与细密的干扰,这又使得页岩气开发的法律规制制度当然与我国现行的土地资源保护与管理法律制度体系紧密相关。因此,探讨页岩气开发过程涉及的法律问题,其涉及的具体的法律领域必然至少包括以上几个层面的法律规定与制度规范。

正因为页岩气开发是一个系统工程,页岩气开发过程涉及的法律领域与制度规范体系广泛庞杂,这要求在深入系统研究页岩气开发法律问题时,也要综合运用多种研究方法。概括而言,本研究首先用文献统计法梳理、吸纳已有成果的积极因素;在数据采集、实证调查、量化分析以及实践诠释学方法使用的基础上,了解当前页岩气开发现状及存在的环境风险与实践困境,以结构功能分析和证实证伪相结合等方法梳理和剖析当前法律制度在规制页岩气开发风险和保障页岩气矿业权行使中的路径、绩效、利弊与疏漏,用比较分析和历史文化语境法研究域外页岩气开发法律制度,并总结域外可资借鉴的立法经验。同时,规范分析与价值分析、法教义分析与法律解释等的结合也将贯穿研究过程始终。

具体而言,本书的内容体系包括以下章节内容:

第一章为页岩气开发法律问题概述。该章内容首先从宏观角度梳理与归纳页岩气开发涉及的法律问题的主要类型。页岩气开发必须以我国现有的页岩气可采资源储存作为物质基础,所以本章首先梳理页岩气的概念与特征。页岩气开发是一个典型技术驱动型产业,当前世界各国对页岩气开发存在争议,重要原因是页岩气开发技术使用过程产生的环境负面影响,所以本章还需概要梳理与介绍页岩气勘探开采技术的种类与内容。其次,本章从全球页岩气资源总体状况、其他国家页岩气资源开发利用现状等方面,梳理全球页岩气开发现状,以此为宏观背景进一步梳理我国页岩气产业发展现状进展与存在的困境。最后,本章内容的重点归结到研究页岩气开发涉及的法律问题范畴与内容,从法律制度体系整体上成为影响页岩气产业相关主体决策行为的重要变量、完善的环境风险规制制度是页岩气产业健康发展的重要保障、完善的页岩气产权制度体系是页岩气产业发展的内在动力机制和完善页岩气法律制度是我国深入借鉴美国“页岩气革命”成功经验的内在需求四个方面,剖析探究页岩气勘探开发法律问题的必要性,进一步归纳页岩气开发过程中涉及的法律问题的具体类型,检讨我国当前页岩气开发保障与规制制度的缺陷,总结和完善我国页岩气法律制度的措施。

第二章为页岩气开发环境风险法律规制制度之比较与借鉴。该章内容首先从宏观层面梳理与检讨我国页岩气开发环境风险法律规制制度存在的缺陷,进而通过比较借鉴域外环境风险法律规制制度的经验,提出完善我国法律制度的具体建议,并以具体的法律制度为个案呈现分析路径。具体而言,第一节内容为我国页岩气开发环境风险法律规制制度之检讨,在归纳页岩气开发伴生环境问题类型的基础上,梳理及检讨我国规制页岩气开发环境问题的法律制度的缺陷,归纳我国页岩气开发环境风险规制的制度需求。第二节内容为美国页岩气开发环境风险法律规制制度的经验与启示,在具体梳理美国页岩气开发环境风险法律规制制度经验的基础上,类型化归纳美国页岩气开发中环境问题规制法律制度对我国的启示。第三节为波兰页岩气开发管理制度的经验与启示,首先总结波兰页岩气开发管理中的制度安排,进而探究波兰页岩气开发管理制度经验对我国制度完善的启示。第四节为页岩气勘探开发中信息公开制度之疏失与完善,以具体制度为个案探究页岩气开发中的环境问题法律治理,针对页岩气开发中水力压裂技术导致的环境问题,结合其他国家的管理规制制度经验进行剖析,归纳页岩气勘探开发中信息公开的内在需求,检讨我国页岩气勘探开发中信息公开的现状及其弊端,进而建议完善页岩气勘探开发信息公开制度的具体路径。

第三章为页岩气开发土地侵害法律责任制度之弊端与完善。页岩气成功开发,其实质是创新技术以更有效干扰土地资源来释放致密页岩气的过程,这一过程会导致多种类型的土地侵害,本章分析与检讨我国页岩气开发中土地损害复垦义务制度与侵权法律责任制度。第一节内容为我国页岩气开发土地复垦制度之缺陷与矫正,首先归纳了页岩气开发中的土地破坏的具体内容,随后梳理与检讨了我国现行页岩气开发损毁土地复垦制度之现状与绩效,剖析了我国现行的土地复垦制度在规制页岩气开发土地损毁中的不足,进而有针对性地探究完善我国页岩气矿业权用地土地复垦制度的具体路径。第二节为页岩气矿业权行使中土地侵权类型与规制制度之检讨,首先对页岩气开发中的土地损毁行为及其导致的土地侵权进行类型划分,然后梳理我国现行页岩气土地侵权的规制制度,归纳出几种不同类型的侵权责任制度并逐一进行剖析与检讨,最后主张与论证我国页岩气矿业权行使中土地损毁法律责任应当向侵权责任回归。

第四章为页岩气开发环境损害第三方治理之法理与制度。该章内容针对我国现行法律制度在规制页岩气开发环境损害中的规制制度的弊端,以页岩气开发导致的土地侵权及其治理为个案和重点解剖对象,主张我国当前创新的环境第三方治理制度应在页岩气开发环境损害法律治理领域具体适用。第一节为环境问题第三方治理的理论与逻辑。该节内容从宏观层面解析《中共中央关于全面深化改革若干重大问题的决定》提出的"推行环境污染第三方治理"制度,分析环境污染第三方治理制度的具体内涵、理念更新与制度需求,认为其秉持与实现了环境问题治理从管制模式向互动模式的变革。第二节为管制模式下页岩气开发土地侵害行为规制制度之检讨。该节归纳了我国现行页岩气开发土地侵权行为规制制度为管制模式,该模式下的制度逻辑导致实践存在诸多缺陷。第三节为页岩气开发中土地侵权第三方治理制度之证成与展开。该节论证环境问题第三方治理要求实现制度模式从管制模式向互动模式的转换,互动模式也应贯彻于页岩气开发土地侵害第三方治理中,具体体现在环境代履行制度、土地复垦制度及第三方治理基金制度的构建与完善。

第五章为页岩气矿业权制度设计之缺陷与完善。该章认为我国页岩气产业发展停滞不前的重要原因在于页岩气矿业权主体在勘探开发中的顾虑犹疑甚至心生退意,而这种状况的制度原因在于我国现行的页岩气矿业权制度设计缺少激励机制。第一节为页岩气特许权的制度逻辑。在我国,符合法定资质的矿山企业通过行政特许程序获得的页岩气矿业权,为页岩气特许权,该权利在制度逻辑上具有公权私权复合性、体现国家资源配置的功能和作为页岩气国家所有权的附庸地位等特性。第二节为我国页岩气特许权的制度困境与完善进路。我国页岩气特许权制度存在页岩气矿业权出让中的主体身份歧视、对行为控制全过程的疏忽以及权利保障的阙如等诸多困境,我们需要相应地从制度设计上予以矫正与完善。

第六章为页岩气矿业权行使之冲突应对与联营规则。该章内容主要研究的是页岩气矿业权行使时与其他相邻相关权利发生的冲突的应对规则与解决路径。第一节为页岩气矿业权行使中的权利冲突与解决路径。本节内容类型化地详述了页岩气矿业权与页岩气国家所有权、页岩气矿区土地权利群以及与其他矿业权之间的冲突,进而有针对性剖析了解决这些权利冲突的应对之道。第二节为美国页岩气强制联营制度的构造与启示。美国页岩气开发过程也面临页岩气矿业权与相关权利的冲突,美国一些州和联邦创新了强制联营规则以保障矿业权的行使,从而促进产业发展。为了借鉴美国制度经验,解决我国页岩气矿业权行使面临的复杂的权利冲突现象,该节内容梳理了美国油气资源生产中的产权规则嬗变历程,审视了美国适用页岩气强制联营规则的逻辑与争议,进而归纳了美国油气资源生产中强制联营规则对我国的启示。第六章与第五章虽然均为研究页岩气矿业权的章节,但其侧重点不同。第五章的内容主要从静态的页岩气矿业权制度设计本身进行分析检讨,更多的是探究页岩气矿业权的功能定位和制度逻辑;第六章内容主要从动态的页岩气矿业权行使的角度分析我国页岩气矿业权在现实行使过程中存在的权利冲突问题并借鉴国外制度经验,探讨如何更好地解决页岩气矿业权行使中面临的权利冲突,从而推进页岩气产业健康迅速发展。

第一章　页岩气开发法律问题概述

页岩气是一种非常规天然气，在很多国家和地区广泛存在，资源潜力巨大，被视为一种“沉睡的能量”。进入21世纪以来，随着经济发展对能源需求的不断攀升和科学技术长足进步，这种“沉睡的能量”逐步被唤醒，美国率先进行了页岩气大规模商业开发，爆发了“页岩气革命”。在全球普遍面临的能源短缺对新能源开发提出全新的迫切需求和美国“页岩气革命”成功经验昭示的双重背景下，世界上页岩气储量丰富的国家和地区开始重视页岩气产业发展，并从页岩气能源的赋存自然规律研究、可采资源储量评估、开发技术的突破和产业政策出台等诸多方面多头推进。研究页岩气产业发展的相关问题，必须首先从自然科学角度揭示页岩气的资源属性，梳理页岩气开发的特殊技术，进而归纳页岩气资源开发提出的特殊政策与制度需求。

第一节　页岩气概述

一、页岩气的概念与特征

页岩气在资源谱系上属于一种非常规天然气，为了清晰揭示页岩气的概念与特征，必须在天然气的资源属性与体系定位中归纳共性规律与个性差异。

（一）非常规天然气的特性与构成

页岩气属于一种天然气。从广义角度而言，天然气是指存在于自然界中的一切气体，包括大气圈、水圈、生物圈和岩石圈中的各种自然过程形成的气体，但这种最宽泛语义上对大气的界定并不具有现代科学意义。不同辞典辞书从中心事物的周围地方、周围的情况和条件去定义“环境”。[1] 具体到不同学科，环境有不同的具体指涉。物理学所讲的环境是“物质运动时通过物质空间的场所”，生物学中的环境是“一切有机体生存所必需的外部条件的总和”，地理学中的环境是围绕人类的自然现象的总和。[2] 对于环境科学而言，环境的含义是以人为中心的客观存在，这个客观存在主要是指：人类已经认识到，直接或间接影响人类生存与发展的周围事物。[3] 广义上的环境是由各种物质组成的综合体。依据不同的分类标准和分类方法，可以对环境进行不同的分类：(1)依据组成环境的物质与人类活动的关系，可以将环境分为天然环境和人为环境。天然环境又称为自然环境，是指地球的发展演化过程中自然形成的、未受人类干预或只受人类轻微干预，尚能保持自然风貌的环境，如野生动植物、原始森林等。人为环境又称人工环境，是指由于人类活动在自然环境基础之上而形成的环境要素，包括水库、道路、公园和城市等。(2)根据环境范围的大小远近，可以将环境分为聚落环境、地理环

---

〔1〕《汉语大词典》对环境的界定是：第一，周围的地方；第二，环绕所管辖的区域；第三，周围的自然条件和社会条件（参见《汉语大词典》，上海世纪出版股份有限公司/上海辞书出版社2008年版，第640页）。《现代汉语大词典》对环境的界定是：第一，周围的地方；第二，周围的自然条件和社会条件（参见《现代汉语大词典》，上海世纪出版股份有限公司/上海辞书出版社2008年版，第1968页）。《大辞海》对环境的界定是：第一，环绕所辖的区域、周匝；第二，指周围的情况和条件（参见《大辞海》，上海世纪出版股份有限公司/上海辞书出版社2011年版，第1385~1386页）。《现代汉语词典》对环境的界定是：第一，周围的地方；第二，周围的情况和条件（参见《现代汉语词典》，商务印书馆2012年版，第565页）。《商务国际现代汉语词典》对环境的界定是：第一，周围的地方；第二，指周围的情况和条件（参见《商务国际现代汉语词典》，商务印书馆国际有限公司2013年版，第448页）。《辞海》对环境的界定最为详细，其具体界定为：第一，环绕所辖的区域；周匝；第二，一般指环绕人类生存和发展的各种外部条件和要素的总体。在时间与空间是无限的。分为自然环境和社会环境。内容有：合理利用自然资源，防止环境污染；在产生环境污染后，做好综合治理；保护人群健康，促进经济、社会与环境的全面、协调、可持续发展。涉及经济学、法学、卫生学、地质学、化学、物理学、生物学、海洋学、水文学、土壤学、气象学、生态学、遗传学以及环境工程等各学科（参见《辞海》，上海辞书出版社2009年版，第947页）。

〔2〕战友主编：《环境保护概论》（第二版），化学工业出版社2010年版，第1页。

〔3〕曲向荣主编：《环境学概论》（第二版），科学出版社2015年版，第1页。

境、地质环境和宇宙环境。聚落环境是人类聚居和生活场所的环境，又进一步可以划分为院落环境、村落环境和城市环境。(3)依据人类环境的各种自然要素的不同，可以将环境分为大气环境、水环境、土壤环境、生物环境等。

在依据环境要素对环境进行的分类中，大气环境是指受地球引力作用而围绕地球的大气层，是自然环境的组成要素之一，也是一切生物赖以生存的物质基础。大气环境又称大气圈，其结构包括对流层、平流层、中间层、暖层和逸散层，大气是由多种气体、水汽、液体颗粒和悬浮固体杂质组成的混合物。水环境是指地球表面的各种水体，包括海洋、江河、湖泊、沼泽、冰川等地表水、大气水和地下水。土壤环境是指岩石经过物理、化学、生物的侵蚀和风化作用，以及地貌、气候等诸多因素长期作用下形成的土壤的生态环境。生物环境是指地球表面除人类以外的其他所有生物。概括而言，根据环境要素对环境进行分类，环境可以分为大气圈、水圈、岩石—土壤圈和生物圈，这四个圈构成了人类的生存环境——地球环境系统。根据环境要素对环境进行的分类构成了世界上很多国家立法和出台政策进行环境保护的依据与基础。比如，我国经修订于2015年1月1日起施行的《环境保护法》第2条规定："本法所称环境，是指影响人类生存和发展的各种天然的和经过人工改造的自然因素的总体，包括大气、水、海洋、土地、矿藏、森林、草原、湿地、野生生物、自然遗迹、人文遗迹、自然保护区、风景名胜区、城市和乡村等。"由此可见，我国《环境保护法》对环境的立法界定采取的是概括和具体列举的定义方式，概括的内容是"本法所称环境，是指影响人类生存和发展的各种天然的和经过人工改造的自然因素的总体"，具体列举的内容是环境"包括大气、水、海洋、土地、矿藏、森林、草原、湿地、野生生物、自然遗迹、人文遗迹、自然保护区、风景名胜区、城市和乡村等"。

申言之，无论是从环境科学角度对环境的划分，抑或在此基础上在环境立法中对环境的立法界定，若从广义上界定天然气（大气圈、水圈、生物圈和岩石圈中的各种自然过程形成的气体），则并没有明确的环境科学与环境法学的内涵，因为大气圈、水圈、生物圈和岩石圈构成了整体环境，而在整体环境中的气体既可能属于大气圈的组成部分，也可能属于水圈的构成部分。从我国现行《环境保护法》第2条列举的环境要素的内容来看,环境中的气体既可能属于“大气”,也可能属于“矿藏”。因此,纳入现代科学认识与规制视阈的天然气必须具体化。

现代社会从狭义的专业术语的角度界定的“天然气”,通常是指与含油气层系(产油气或含油气)有关的气体,具体而言,主要是从能源能量的角度予以定义,是指天然蕴藏于地层中的烃类其他混合物,主要是由甲烷(一种单碳的烃类化合物,CH_4),以及少量的丁烷、乙烷、丙烷和其他气体组成的。天然气中的烃类组分是可燃的,但天然气还含有少量不可燃的非烃类组分(比如二氧化碳、氮气和氦气),它们被称为杂质。天然气的典型组成可具体表现如表1-1所示:

表1-1 天然气的典型组成〔1〕

名称	分子式	含量(%)
甲烷	CH_4	>85
乙烷	C_2H_6	3~8
丙烷	C_3H_8	1~5
丁烷	C_4H_{10}	1~2
戊烷	C_5H_{12}	1~5
二氧化碳	CO_2	1~2
硫化氢	H_2S	1~2
氮气	N_2	1~5
氦气	H_e	<0.5

天然气存在于地下的岩石层(储层)中。在很多情况下,天然气与石油矿藏相共生,而这是导致页岩气等晚近开发的新型天然气在矿业权配置与行使时存在复杂权属纠纷的自然原因。除了一些与石油矿藏共

〔1〕 [美]James G. Speight:《北美页岩气资源及开采》,胡风涛、白振瑞等译,中国石化出版社2015年版,第1页。

生的天然气，也有些只赋存天然气的纯气藏。如表1－1所示，天然气组成成分非常复杂并且变化很大，不同地域不同气藏的天然气组分存在较大差异，这也决定了同一油气田内的两口井可能会生产出成分不同的天然气。天然气这种赋存特性要求矿业权主体使用复杂的专业技术来勘探矿藏以确定将来的钻孔位置，天然气资源本身的地质条件、赋存规律以及共生状况均决定了勘查开采技术的使用。一般而言，天然气是通过体积或者是能量单位来度量的。作为一种气体，可以通过它在标准温度和压力下的体积来进行度量，我国对天然气的计量单位一般为立方米(m^3)或千立方米(km^3)。国际上，天然气计量单位一般表示为立方英尺(ft^3，$1\ ft^3 = 0.0283m^3$)，天然气公司度量天然气一般用千立方英尺(Mcf)、百万立方英尺(MMcf)或十亿立方英尺(bcf)，而在估计资源量，如原始天然气地质储量时，用万亿立方英尺(tcf)。[1]

天然气包括常规天然气和非常规天然气。常规天然气是指采自气田的天然气和伴生气。常规天然气通常分布于渗透率大于1mD($1mD = 1 \times 10^{-3}\mu m^2$)的砂岩和碳酸岩(石灰岩和白云石)地下储层中。因为这些地下岩层中的孔隙内在相通，孔隙中的天然气可以通过更小的孔隙喉道从一个孔隙移到另一个孔隙中，使常规天然气矿藏存在渗透流，天然气经常从临近的富含有机物的岩层中流出到孔隙更多、渗透性更好的砂岩或碳酸岩中。常规天然气的高渗透性的特性使得其开采相对较为容易，可以用传统技术进行开采，而且开采成本相对较低。目前，全球天然气工业生产中大部分的天然气为常规天然气。

非常规天然气通常分布于渗透率较低($<1mD$)的岩层中，这些岩层有致密的砂岩和碳酸岩、煤炭和页岩等。虽然非常规天然气与常规天然气均属于天然气，但非常规天然气在成因来源、地质过程、赋存特征、化学特点、分布规律、开发方式以及地域分布等方面与常规天然气均存在较大差异。在成藏地质研究过程中，非常规天然气更多是指不以浮力作为主要成藏动力和主控因素的天然气聚集，通常意义上的圈闭不再是天

〔1〕［美］凯特琳·M. 纳什(Katelyn M. Nash)主编：《页岩气开发技术》，汪丽华、周靖、王建强、姜政、杨科译，上海科学出版社2013年版，第10页。

然气聚集的主体，而一般源自储层岩石本身（致密天然气砂岩和碳酸岩是个例外）。非常规天然气与常规天然气从外显形式和从工业生产角度看，最明显的差异表现在：常规天然气赋存的岩层具有孔隙更多、渗透率高的共性，而非常规天然气则赋存于致密岩层，具有低渗透率的普遍特征，这对勘查开采非常规天然气提出了比常规天然气更高的全新的技术需求。这些新的技术要求能够针对非常规天然气储层进行更有效率的改造，以增加额外的渗透性。非常规天然气有多种类型，包括煤层气、致密砂岩气（深盆气或根缘气）、页岩气、水溶气、天然气水合物等。已经推动商业开发的主要有三种非常规天然气。[1]

1. 致密气

致密气是指开采自区域性低孔隙度砂岩和碳酸岩气藏中，渗透率小于0.3mD的天然气资源，包括致密砂岩气、火山岩气、碳酸岩气等类型。致密气形成自矿藏外部并随着时间的推移（数百万年）迁移进入储层，这些矿井许多都是水平井，大部分需要利用水力压裂来提高产量。20世纪70年代以来，全球已经发现或推测评估的发育致密气的盆地达到70余个，主要集中在北美，资源量约为 $210 \times 10^{12} m^3$，技术可采量为 $(10.5 - 24) \times 10^{12} m^3$，2008年，全世界致密气产量达到 $4320 \times 10^8 m^3$，占世界天然气总产量的1/7，致密气开发已经成为天然勘探开发的重要领域。目前，致密气开发最成功的国家是美国，美国几乎所有的地质盆地都含有致密气资源。其次是中国，我国的致密气开发也取得了重大进展。

我国早在1971年就已经在四川盆地川西地区发现中坝致密气田，之后在其他含油气盆地中也陆续发现一些小型致密气田，主要分布于鄂尔多斯、四川、松辽、渤海湾、柴达木、塔里木及准格尔等盆地，这些致密气田与传统资源存在着交叉与重叠，在对致密气的自然规律特殊性没有充分研究以及开发技术尚未取得实质进步的前提下，开发较为缓慢。直

---

〔1〕 对非常规天然气的类型介绍与具体数据部分参考［美］凯特琳·M. 纳什（Katelyn M. Nash）主编：《页岩气开发技术》，汪丽华、周靖、王建强、姜政、杨科译，上海科学出版社2013年版，第17页；肖钢、唐颖编著：《页岩气及其勘探开发》，高等教育出版社2012年版，第4～6页。

至2005年以后，长庆油田探寻致密气特殊的勘探开发规律，选取合作开发模式，创新井位优选、井下节流和地面优化等开发技术、采用新的市场机制，在苏里格气田实现了致密气的经济有效开发，推动我国致密气商业开发步入了新的发展阶段。

2. 煤层气

煤层气又称煤层甲烷，是煤炭资源的伴生矿产资源，俗称“瓦斯”。煤层气是指储存与开采自煤层中的、以甲烷为主要成分、以吸附在煤基质颗粒表面为主、部分游离于煤孔隙中或溶解于煤层水中的烃类气体。全球煤层气资源丰富，根据国际能源机构（IEA）的统计结果，全球煤层气资源量超过 $260\times10^{12}m^3$，是常规天然气总资源量的50%左右，主要分布于北美、俄罗斯、中国、澳大利亚和中亚等国家和地区，其中，90%的煤层气资源量分布于12个主要的产煤国，俄罗斯、加拿大、中国、美国和澳大利亚的煤层气资源量均超过 $10\times10^{12}m^3$（如表1－2所示）。在全球煤层气资源分布中，北美占35%，俄罗斯/中亚占32%，亚太占21%，欧洲占10%，非洲占2%。

表1－2　主要产煤国煤层气原地资源量统计[1]

序号	国家	资源量（万亿 m^3）	序号	国家	资源量（万亿 m^3）
1	俄罗斯	17～113	7	波兰	3
2	加拿大	6～76	8	英国	2
3	中国	27.3	9	乌克兰	2
4	美国	11～21.19	10	哈萨克斯坦	1
5	澳大利亚	8～14	11	印度	<1
6	德国	3	12	南非	<1
合计	261				

目前，世界各国非常注重煤层气的科学研究和开发利用工作，除了

〔1〕资料来自国际能源机构（IEA）2010年的统计数据。转引自徐继发、王升辉、孙婷婷、孟刚：《世界煤层气产业发展概况》，载《中国矿业》2012年第9期。

美国和加拿大之外,实际上还有二十多个国家通过煤层气钻井来积极实施对煤层气的勘探开采的研究工作。美国从 20 世纪 80 年代开始即重视煤层气开发的商业价值,大量投入进行科技研发的同时,在各个盆地展开煤层气的勘探开采。美国的煤层气主要产出于宾夕法尼亚系、白垩系和三叠系,现在美国的 17 个盆地都有煤层气产出,但主要产量来自圣胡安盆地、粉河盆地和黑勇士盆地。2000 年,美国煤层气的产量是 $390.5\times10^8m^3$,占美国天然气当年产量的 9.2%,2008 年,美国煤层气产量是 $556.7\times10^8m^3$,占美国天然气当年产量的 9.6%。[1]

我国煤层气资源储量位居世界第三,也非常注重煤层气的勘探开发工作。2009 年,中石油开发的我国首个整装煤层气田大规模商业化运营项目在山西沁水盆地正式竣工投产。截至 2014 年年底,中国累计探明煤层气地质储量 6266 m^3,建成生产能力 60 亿 m^3/a,在建产能约 40 亿 m^3/a,2014 年煤层气产量 37 亿 m^3,已累计产气 150 亿 m^3。

3. 页岩气

页岩气是从黑色页岩或者碳质泥岩地层中开采出来的天然气。页岩气产生并储存于页岩气藏中。与传统天然气相比,页岩气的储存聚集具有流动性弱、渗透率低和致密性强的特征。在页岩气藏中,天然气也存在于夹层状的粉砂岩、粉砂质泥岩、泥质粉砂岩,甚至砂岩地层中,为天然气生成之后在源岩层内就近聚集的结果,表现为典型的"原地"成藏模式。[2] 这种成藏模式,使页岩气在页岩层中无运移或在极短距离内运移,页岩气藏的形成是天然气在源岩中大规模滞留的结果,这要求必须采取与传统天然气开发不同的储层改造工艺才能实现页岩气的商业性开发。

(二)页岩气的特征解析

一般而言,对页岩气概念的界定是:页岩气是赋存于富有机质泥页岩及其夹层中,以吸附或游离状态为主要存在方式的非常规天然气,成

〔1〕 李世臻、曲英杰:《美国煤层气和页岩气勘探开发现状及对我国的启示》,载《中国矿业》2010 年第 12 期。

〔2〕 张金川、金之钧、袁明生:《页岩气成藏机理和分布》,载《天然气工业》2004 年第 7 期。

分以甲烷为主。[1] 页岩气源岩多为沥青质或富含有机质的暗色泥页岩和高碳泥页岩，页岩在地层组成上多为暗色泥岩与浅色粉砂岩的薄互层，其有机质含量特别高，为正常烃源岩的10～20倍。页岩气的基本地质特征可以概括如下：

1. 页岩气成藏时间早。常规油气藏中聚集的油气是在水动力的作用下运移而来的，即油气的生成地和储存地不属同一地质体，烃源层、储层和盖层三者既相互关联又相对独立。而页岩气藏则不同，作为烃源岩的页岩集生、储、盖"三位一体"，自身构成一个独立的成藏系统。页岩气藏是烃源岩（富有机质页岩）在一系列地质作用下生成的大量烃类，部分被排出、运移到渗透性岩层（如砂岩、碳酸盐岩）中聚集形成构造、岩性等常规油气藏，部分则仍滞留在烃源岩中原地聚集而形成的。因此，页岩气藏的形成时间在含油气盆地的所有油气藏中是最早的。[2]

2. 页岩气藏具有隐蔽性。传统的常规天然气因为赋存于渗透率高的内部相通的孔隙中，可以自由流入井眼，故而常规天然气藏中天然气聚焦于圈闭（一种能阻止油气继续运移并能在其中聚集的场所）中，圈闭的存在是常规天然气藏形成的物理基础，圈闭的储存油气的储集岩、储集岩之上的防止油气散失的盖岩以及阻止油气继续运移的、由地层的变形如背斜、断层等造成遮挡物这三个组成部分，决定了常规天然气藏的基本地质特征与勘探开采方法。而实际上页岩气所赋存的低渗透率的致密岩层的特性，决定了页岩气藏实质上没有气藏的边界。这种赋存特征，构成页岩气资源的基本地质特征，使页岩气藏具有隐蔽性，对勘探开采技术提出了全新的更高的需求。

3. 页岩气藏生、储、盖组合一体存在。泥页岩本身是烃源岩，亦可作为储层与盖层，生、储、盖一体发现。因此，页岩气藏属于典型的自生自储型天然气藏。烃源岩为有机质含量丰富、分布广泛、厚度较厚的泥页岩，能够长期提供稳定的天然气。该特征使其较明显地区别于传统天然

---

〔1〕 汪民主编：《页岩气知识读本》，科学出版社2012年版，第2页。

〔2〕 陈更生、董大忠、王世谦、王兰生：《页岩气藏形成机理与富集规律初探》，载《天然气工业》2009年第5期。

气资源,对页岩气藏的勘查开发业提出了新的要求。

4. 页岩气储层的超致密性。页岩岩石类型丰富,包括了暗黑色泥页岩、高碳泥页岩和含沥青质泥页岩等,是由大量的黏土、有机质以及细粒碎屑(粒径小于0.0039mm)组成的、容易碎裂的一类沉积岩。页岩气藏储层具有典型的低孔渗物性特征,页岩产层厚度一般为15~100米,孔隙度一般为4%~6%,渗透率小于$0.001\times10^{-3}\mu m^2$,据美国含气页岩储层特征统计,页岩岩心孔隙度小于4%(测井孔隙度为4%~12%),渗透率一般为$(0.001-2)\times10^{-3}\mu m^2$,平均为$40.9\times10^{-3}\mu m^2$。[1] 页岩气储层的超致密特性,使其根本上不同于常规天然气的赋存特征,由此也对开发技术提出了全新的需求。

5. 页岩气与常规油气资源共生性。由于油气资源均赋存于地下源岩中,经常会出现共生矿或伴生矿的现象。所谓共生,就是在同一矿区(矿床)内有两种或两种以上都达到各自单独的品位要求和储量要求、各自达到矿床规模的矿产。页岩气作为一种晚近独立的矿种,在含有油气资源矿区,形成页岩气藏的页岩往往是该区域中的主力源岩或重要源岩,并且呈现大面积区域分布。这使现实中页岩气资源与其他油气资源共生成为一种普遍现象,也是页岩气开发过程中,勘探开采技术使用和页岩气矿业权制度设计必须高度重视的问题。

二、页岩气勘探开采技术

页岩气是一种非常规天然气资源,相比于传统油气资源,其在地质特征与赋存规律上具有气藏不聚焦于圈闭的隐蔽性、储层的超致密性以及与传统油气资源相共生等诸多特性,对勘探开采技术提出了全新的需求与挑战。21世纪以来,以美国为代表的国家之所以在页岩气大规模商业开发上取得了令世人瞩目的成功,其关键原因和动力在于页岩气勘探开采关键技术取得突破。能否研发出因应页岩气地质特征的新技术是决定一个国家能否推动页岩气产业发展的重要因素。在当前世界各

---

[1] 肖钢、陈晓智编著:《页岩气——沉睡的能量》,武汉大学出版社2012年版,第68页。

国关于页岩气领域的系列研究中重点对页岩气勘探开采技术进行了探讨。本研究主要从社会规律与规则设计角度研究页岩气开发过程中的法律问题。但是,页岩气资源自身的自然规律、物理属性、赋存特征以及勘探开采技术,却是从法律制度层面展开相关研究的前提约束。梳理既有的关于页岩气资源开发利用的研究文献,大多是科研人员和工程技术专家从自然科学角度对页岩气及其勘探开发进行的系列研究。基于页岩气作为一种非常规天然气能源自身的资源特殊性及其对勘探开发提出的全新技术需求,在这些既有研究中,系统、细致地研究页岩气的勘探开发技术是非常重要的内容。本研究预期目标不在于从自然科学角度研究页岩气自身的资源属性、地质特征和勘探开发技术体系,而是从社会科学角度研究页岩气开发中涉及的环境风险法律规制与产业发展制度保障问题。

当前中外研究文献已经对页岩气开发技术进行了较为详细的体系化梳理。比如,美国有研究梳理了定向钻井技术和水力压裂技术的联合使用如何开启致密油气生产的大门。[1] 美国另有研究非常详细地梳理了页岩气开采技术体系,认为页岩气开采技术首先包括钻井和完井、水力压裂两大技术体系。在钻井与完井技术中,又具体有水平钻井技术、井工厂钻井技术、纵向多分支钻井技术、平面多分支钻井技术、完井技术以及生产废弃和复原技术等具体技术内容;在水力压裂技术体系中,又包括压裂液的化学成分、压裂液添加剂种类、裂缝诊断技术(远场直接检测技术、近井直接检测技术和间接裂缝检测技术)等具体内容。[2] 我国学者在相关研究中从页岩气资源评价方法、页岩气试验测试技术、页岩气地球化学勘查技术、页岩气地球物理勘查技术、页岩气钻井完井技术、页岩气压裂技术等方面梳理了页岩气勘查开发的技术体系,[3] 在每种

---

[1] [美]凯特琳·M. 纳什(Katelyn M. Nash)主编:《页岩气开发技术》,汪丽华、周靖、王建强、姜政、杨科译,上海科学出版社 2013 年版,第 17 页;肖钢、唐颖编著:《页岩气及其勘探开发》,高等教育出版社 2012 年版,第 105 ~ 111 页。

[2] 参见[美]James G. Speight:《北美页岩气资源及开采》,胡风涛、白振瑞等译,中国石化出版社 2015 年版,第 71 ~ 100 页。

[3] 参见汪民主编:《页岩气知识读本》,科学出版社 2012 年版,第 26 ~ 113 页。

技术体系中又包括了多种具体技术内容。还有研究从页岩气勘探及评价技术与页岩气开发技术两方面介绍了页岩气产业发展关键技术,页岩气勘探及评价技术又具体包括了页岩气地质勘探技术(进一步分为页岩气地震勘探技术、页岩气井测井录技术和页岩实验分析技术)和页岩气综合评价技术(又进一步分为页岩气资源评价技术和页岩气地质评价技术);页岩气开发技术又包括页岩气井钻井完井技术(分为钻井与取心技术、固井与完井技术)、页岩气井压裂增产技术和页岩气井压裂检测技术等。[1] 在一些自然科学领域的文献中,已有大量研究页岩气勘探开发技术体系或某一项具体技术的论文。例如,关于页岩气开发中的水平钻井技术,现有论文具体研究了该技术使用的各种具体技术手段措施,包括页岩气水平井固井技术、[2]页岩气水平井分簇射孔配套技术、[3]井工厂技术等。[4]

总之,现有的中外研究文献已经较为详备地梳理了页岩气勘探开发的各项技术。页岩气具有新型非常规天然气能源的特性,页岩气产业发展过程一定是技术先行。本书研究目标是探究页岩气产业发展中的风险法律控制与产业制度保障问题,因此,并不以自然科学领域的具体技术措施作为研究目标,这使得本项研究涉及的页岩气开发技术必然是概括的,但同时对于页岩气开发技术的关切对于本研究又是必不可少的,其原因是:(1)页岩气产业是技术驱动型产业,页岩气开发关键技术能否取得突破,成为影响一个国家能否推动页岩气产业健康迅速发展的重要因素。因此,页岩气开发技术不是简单的工程技术问题,而是一个国家制定页岩气产业政策和相关制度体系的前提基础和重要构成部分。

---

[1] 参见肖钢、唐颖编著:《页岩气及其勘探开发》,高等教育出版社2012年版,第55~128页。

[2] 参见辜涛、李明、魏周胜、王小娜、李早元、刘小利、郭小阳:《页岩气水平井固井技术研究进展》,载《钻井液与完井液》2013年第4期;钟文力、洪少青、吕聪、张大翔、尹玺:《页岩气水平井固井技术难点与对策浅析》,载《非常规油气》2015年第2期。

[3] 参见王海东、陈锋、欧跃强、唐凯、任国辉、李奔驰:《页岩气水平井分簇射孔配套技术分析及应用》,载《长江大学学报》(自然科学版)2016年第8期。

[4] 参见陈平、刘阳、马天寿:《页岩气"井工厂"钻井技术现状及展望》,载《石油钻探技术》2014年第3期;王敏生、光新军:《页岩气"井工厂"开发关键技术》,载《钻采工艺》2013年第5期。

(2)页岩气作为一种非常规天然气,在赋存机理与地质特征等诸多方面区别于常规天然气。这些特殊性中最明显之处在于,页岩气是一种低渗透率的、致密性的、非游离性的天然气。这种物理特性对勘探开发提出了全新的技术要求,其技术特征是能够针对页岩气赋存的致密页岩层进行更为有效的储层改造、产生更为细密的岩层缝隙,导致更高程度的土地结构破坏,这种技术使用过程会导致比常规天然气开发更为严峻的环境风险,这是我们设计规制页岩气产业发展环境风险法律控制制度必须审慎对待的问题。(3)页岩气产业作为技术驱动型产业,其能否健康迅速发展很大程度上取决于关键技术能否取得进展,而技术发展则取决于一个国家所制定的页岩气产业政策能否为社会主体提供充分有效的技术创新激励。在法律制度层面,一个国家针对页岩气产业发展所建立的环境风险控制制度要以对页岩气开发技术造成的环境风险的清晰认知与揭示为前提。与此同时,页岩气矿业权制度设计也很大程度上影响矿业权主体投入研发资金的积极性。基于上述原因,笔者认为,虽然页岩气开发技术主要是自然科学和工程技术领域研究的问题,并非页岩气政策体系与法律问题研究的重点,但基于页岩气开发技术对于页岩气产业发展的重要性,梳理页岩气开发关键技术,是有针对性地研究页岩气开发的政策保障体系、检讨页岩气开发环境风险控制法律制度和剖析页岩气开发矿业权制度的前提与基础。概言之,梳理与归纳页岩气开发关键技术的技术特征与运行机理,是研究页岩气产业发展政策以及规制与保障制度的内生需求。只是页岩气开发关键技术并不是本书制度研究的预期目标,因此,本书只是梳理出页岩气开发过程中最有特色、最能区别于常规天然气开发技术,从而也是最可能影响政策出台与制度实施的技术特征。

(一)水平钻井技术

一般的油气资源开发的钻井有直井和水平井这两种方式。限于认识和技术,在油气资源开发最初的钻井是从直井开始的,直井是自井口向下,井眼成一条铅垂线或近似铅垂线的矿井。在直井的设计轨迹中,理论上轨迹上所有点的井斜角均应为零,但现实中限于各种地质条件以及技术实施的诸多限制很难实现理论上的零井斜角,无论实际的直井井斜角的角度是多少,依然称为直井。在直井钻井中,若井斜角超出一定范围而难以实现油气资源勘测开发的需求,则该直井成为不合格井,往往需要重新改造甚至是填井重钻。油气资源开发中,直井生产技术经过几十年的发展已逐趋完善,但直井本身也存在一些内生性的缺陷,直井与油气层接触面较小,在井底附近原油流动阻力大,压力梯度大,易造成底水锥进,油层过早水淹,使原油采收率降低。[1]

水平井是一种井斜角保持在90°左右(水平状态),并在目的层中延伸一定长度的定向井。有时为了实现一些特殊的目的,水平井的井斜角可以超过90°。一般来说,水平井在油气资源生产时,可以形成一个低压区而非一个低压点,使其能在一个较高的探采速度下生产而不会形成水锥,增大油气层的裸露面积,更适用于薄的油气层或裂缝性油气藏。页岩气井钻井也包括直井和水平井两种方式,直井主要用于试验,了解页岩气藏特性,获得钻井、压裂和投产经验,并优化水平井钻井方案。水平井主要用于生产,可以获得更大的储层泄流面积,得到更高的天然气产量。与直井相比,水平井在页岩气生产中具有无可比拟的优势:(1)水平井生产成本为直井的1.5~2.5倍,但初始开采速度、控制储量和最终评价可采储量却是直井的3~4倍;(2)水平井与页岩层中的裂缝(主要是垂直裂缝)相交机会大,明显改善储层流体的流动状况。水平钻井的技术特征契合页岩气的致密非常规天然气属性,水平井能够大幅度增加井筒与储层的接触面积,从而实现页岩气产量与采收率的提升。

具体到页岩气开发中,绝大多数水平井在地表开钻时都是先垂直钻进,并且一直要钻到钻头距目的层之上约几百英尺的地方;然后将钻杆从井中取出,并在钻头和钻杆之间安装液压马达;液压马达以沿钻杆向下的钻井泥浆流体为驱动力,可以在不转动从地表到钻头之间的整条钻杆的情况下驱动钻头旋转,这样钻头就能沿着偏离钻杆的方向钻进。安装完马达后,将钻头和钻杆下入井中,钻头利用大约几百英尺的垂直距离完成垂直井筒向水平井筒的转变。一旦达到了要求的角度,钻头就平

---

[1] 喻高明、李建雄、蒋明煊、冯绪波:《底水油藏水平井和直井开采对比研究》,载《江汉石油学院学报》1999年第1期。

直向前沿着目的层钻进。[1] 概括而言，页岩气开发过程中，水平钻井技术是预期向页岩气储层不同部位钻多个水平井，通过一个井台在一个页岩储层中的不同方位分散钻多口水平井，既可以增大井筒与页岩储层接触的面积，也可以减少钻井作业所占用的土地，在此过程中会产生大量的机械裂缝，使致密页岩气可以更高效地通过这些更为密集和分散的裂缝流入井筒，再流至地面，实现页岩气大规模商业开发。

（二）水力压裂技术

页岩气开发中另一项关键技术是水力压裂技术，这是利用水力使页岩气储层形成裂缝的一种技术方法。由于页岩气赋存于富有机质页岩及其夹层中，页岩气储层具有低孔、低渗透率的物性特征（页岩气藏储层孔隙度一般在4%～6%，渗透率极小），气流溢出阻力比常规天然气大，基本无自然产能，页岩气自身进入井筒困难，水平钻井技术能够使页岩产生更多更细密的裂缝，水携带砂粒（支撑剂）进入这些裂缝中并使其保持开启，这样更有利打开页岩气从储层进入井筒的通道。对比常规油气资源和非常规煤层气、致密砂岩气所采用的水力压裂，页岩层储层压裂改造的特点是：(1)页岩气开采需要通过压裂形成"体积改造"。页岩气藏裂缝既是储集空间，又是渗流通道，只有通过大型水力压裂形成复杂的多缝或网络裂缝，页岩气储层才能成为有效储层。(2)页岩气开采水力压裂规范大、成本较高。为了形成复杂的多缝或网络裂缝，单口页岩气井需要大量的水资源，而常规油气开采水力压裂以及非常规煤层气、致密砂岩气开采水力压裂单井需要的水资源较少，页岩气压裂复杂程度也比常规油气、煤层气和致密砂岩气高。[2] 页岩气开发中致密储层改造对压裂技术提出了更高的需求，这使水力压裂技术成为页岩气开发中经常使用的关键技术。

概括而言，水力压裂就是根据页岩气储层的物性特征，以事先设计

---

[1] 关于页岩气开发中水平钻井技术的全面的具体介绍，可进一步参见[美]James G. Speight：《北美页岩气资源及开采》，胡风涛、白振瑞等译，中国石化出版社2015年版，第77～83页。

[2] 页岩气储层压裂改造特点的更为具体的分析，可参见汪民主编：《页岩气知识读本》，科学出版社2012年版，第105～106页。

好的压裂设计,利用地面高压泵组以大大高于地层吸收能力的排量向矿井中泵入压裂液,使页岩层破裂以达到岩体开裂和造缝的目的。基于页岩气的特殊性,水力压裂技术是促使页岩气产业发展取得关键进展的核心技术,美国"页岩气革命"之所以取得巨大成功,关键原因是美国90%的油气井都在使用水力压裂技术以提高页岩气产量。水力压裂技术是一类压裂技术的统称。现实中,常用的水力压裂技术进一步可以分为多级压裂、清水压裂、水力喷射压裂、重复压裂和同步压裂等。在美国页岩气开发中使用过的储层改造技术还有氮气泡沫压裂和大型水力压裂技术等,表1-3简略概述各种具体水力压裂技术的特征。

表1-3 水力压裂技术特点及适用性[1]

技术名称	技术特点	适用性
多级压裂	多段压裂,分段压裂;技术成熟,使用广泛	产层较多,水平井段长的井
清水压裂	减阻水为压裂液主要成分,成本低,但携砂能力有限	适用于天然裂缝系统发育的井
水力喷射压裂	定位准确,无须机械封隔,节省作业时间	尤其适用于裸眼完井的生产井
重复压裂	通过重新打开裂缝或裂缝重新取向增产	对老井和产能下降的井均可使用
同步压裂	多口井同时作业,节省作业时间且效果好于依次压裂	井眼密度大,井位距离近
氮气泡沫压裂	地层伤害小、滤失低、携砂能力强	水敏性地层和埋深较浅的井
大型水力压裂	使用大量凝胶,完井成本高,地层伤害大	对储层无特别要求,适用广泛

页岩气开发水力压裂技术使用过程中,压裂液和添加剂的运用非常

[1] 唐颖、张金川、张琴、龙鹏宇:《页岩气井水力压裂技术及其应用分析》,载《天然气工业》2010年第10期。

重要。压裂液在水力压裂过程中形成裂缝和传输支撑剂,合理配置压裂液与选择适当添加剂能够提高水力压裂技术效果和提高其经济效益。压裂液是由99%的水和其他化学添加剂组成,页岩储层开发采用不同的压裂方式,压裂液配制成分各不相同,目前,页岩气井水力压裂常用的压裂液类型有减阻水压裂液、纤维压裂液和清洁压裂液。页岩中含有多种酸溶性矿物,它们均匀地分布在页岩的基质、层理和原生裂缝中。当这些酸溶性矿物遇到可反应流体时,就会溶解并被清除,从而有助于增加压裂所产生裂缝的表面积,提高吸附态页岩气的解吸速度并增强页岩气在裂缝网络中的扩散作用。在页岩压裂液中添加一种可与页岩中酸溶性矿物发生反应的化学成分,是目前页岩压裂技术中的一种较新的理念。添加剂在压裂液中所占的比例很小,不足压裂液总量的1%,但对提高页岩气井的产量来说却是至关重要的。[1] 现实中,关注页岩气开发中水力压裂技术的使用非常重要,因为水力压裂技术其本身作用于地层,会导致较大规模的地层伤害,水力压裂技术使用过程就是使用水力导致岩体开裂的过程,会影响裂缝周围的天然裂缝、层理面等薄弱层面的稳定性,导致剪切滑动,催生类似于沿断层发生的微地震或微天然地震。与此同时,虽然在压裂液成分中,水资源是主要成分,不足1%的化学添加剂却会增加地下水、地表水蓄水层污染的风险和土壤结构的破坏。我们固然应当重视水力压裂技术使用对提升页岩气开发效率的积极意义,但在政策出台与规制制度实施时,也必须充分重视与清晰揭示水力压裂过程压裂液使用导致的多重环境风险。

第二节 页岩气资源开发现状

一、全球页岩气资源总体状况

全球页岩气资源储量丰富。随着人类社会发展对能源需求日益增

---

〔1〕 唐颖、唐玄、王广源、张琴:《页岩气开发水力压裂技术综述》,载《地质通报》2011年第2~3期。

加和能源短缺的形势日益严峻,世界上页岩气资源储量丰富的国家均非常重视页岩气资源储量的评估和勘探工作,全球页岩气储量逐渐被更加清晰地探明。

页岩气产业21世纪以来才进入全球关注视野,并迅速成为受到高度重视的新型产业。页岩气作为一种致密性强的非常规天然气,大多数国家对其勘探开发尚处于初级阶段,对页岩气的成藏规律及富集条件尚处于不断探索之中,这使当前全球各个国家与地区的页岩气储量尚未确定。同时,针对页岩气资源及储量的计算方法主要有类比法、体积法、物质平衡法、递减曲线分析法以及数值模拟法等计算方法,[1]在不同计算方法下也会得出不同的页岩气资源储量。此外,不同国家、不同科研机构对于全球页岩气资源储量也存在不同的计算方法与结果。总体而言,当前世界各国对全球以及本国的页岩气资源储量的数值统计与估算尚未形成定论,并且,随着科技进展和勘探开采技术进步,全球及地域页岩气储量的计算也处于不断调整之中。但基于本研究的学科性质和预期研究目标,只需要通过不同国家、不同科研机构得出的页岩气资源储量计算数据,形成全球页岩气资源储量丰富的基本认识,并且基本掌握全球不同区域及国家的页岩气资源储量总体排名即可,至于具体储量数据是否准确,很大程度上并不影响本研究的开展与结论的形成。

目前,世界上较有影响力的是美国能源信息署(EIA)定期公布的统计数据。2013年6月,EIA发布了最新的全球页岩油气资源评价结果,包括美国在内的42个国家的页岩油技术可采储量为473×10^8t,除页岩油以外的其他探明和未探明石油资源量约4126×10^8t,页岩油的加入使全球石油资源总量提高11%,达到4599×10^8t,全球页岩气技术可采资源量约为$207\times10^{12}m^3$,除页岩气之外的其他探明和未探明天然气资源量约$441\times10^{12}m^3$,页岩气的加入使全球天然气资源总量提高约47%,达到$648\times10^{12}m^3$。中国待发现的页岩气技术可采资源量为$31.6\times10^{12}m^3$,占全球页岩气资源总量的15%,排名世界第一位,其他页岩气资源丰富

〔1〕 页岩气计算方法的具体类型及其内容的介绍,参见张金华、魏伟、钟太贤:《国外页岩气资源储量评价方法分析》,载《中外能源》2011年第9期。

的国家还包括阿根廷、阿尔及利亚、美国和加拿大等国，排名前 10 位的资源国页岩气资源量合计达 163×10^{12} m^3，占全球页岩气资源总量的 79%。[1]

二、全球其他国家页岩气资源的开发利用

科技进步和能源短缺使得开发利用页岩气资源既有可能性，也存在现实必要性。在美国率先爆发的"页岩气革命"的启示与鼓励下，世界上页岩气能源储量丰富的国家开始积极投入页岩气资源的研究和勘探开发。

（一）美国"页岩气革命"

美国页岩气资源储量丰富，与我国同为探明页岩气资源储量最为丰富的国家，同时，也是当今世界唯一实现页岩气大规模商业开发的国家。美国早在 1821 年即在阿巴拉契亚盆地发现页岩气，但在很长的历史时期内，限于科技水平的制约，人类长期将煤层气、页岩气等当今界定的非常规天然气视为煤炭资源的伴生矿。直至 1976 年，美国能源部才开始在美国东部启动页岩气项目，政府相关机构投入大量的资金和科技人才进行页岩气的勘探研究工作。随着科技进步和水平钻井、水力压裂等核心技术取得关键性突破，美国在进入 21 世纪之后，页岩气产量有了突飞猛进的增长与提升，极大地提高了美国的能源自给率，保障了能源安全。2000 年，美国页岩气产量为 122 亿立方米，2005 年页岩气产量达 196 亿立方米，年均增长 9.9%。2010 年页岩气产量 1378 亿立方米，为 2005 年的 7 倍，年均增长 47.7%，使美国超过俄罗斯成为全球天然气第一大资源国和生产国，被业界称为"页岩气革命"。[2] 2009 年，美国以 6240 亿立方米的产量首次超过俄罗斯成为世界第一天然气生产国。2010 年美国页岩气产量已经超过了 1000 亿立方米。

2005 年之后，美国开始成功地大规模投入开发页岩气田，主要有

---

[1] 江怀友、鞠斌山、李治平、李钟洋：《世界页岩气资源现状研究》，载《中外能源》2014 年第 3 期。

[2] 张茉楠：《美国"页岩气革命"的实践模式与启示》，载《财经界》2012 年第 7 期。

Barnett、Marcellus、Fayetteville、Haynesville、Woodford、Lewis、Antrim、New Albany 等。2000~2010 年,美国页岩气产量从 91 亿立方米/年增加到 1376 亿立方米/年。美国能源信息署(EIA)的《2013 年度能源展望》报告显示,2011 年美国页岩气产量达到了 2223 亿立方米,与 2010 年的产量相比,增幅高达 47%。该报告还预测,美国页岩气产量在 2011~2040 年将呈现逐年增加的趋势,与 2011 年相比,2040 年的产量将增加 113%,届时将达 4729 亿立方米。[1]

美国"页岩气革命"的成功,在极大范围内和程度上改变了当前的能源市场和能源比例格局,也极大地提高了美国能源供给的自给率,有助益于其能源安全的保障。

(二)加拿大页岩气开发

加拿大是继美国之后全球第二个成功实现页岩气商业开发的国家,其与美国一起实现北美页岩气能源板块的大规模开发。加拿大幅员辽阔,页岩气资源丰富,其页岩气资源量超过 1000 万亿立方英尺,这些页岩气资源主要赋存于西加拿大盆地。[2] 西加拿大盆地的主要页岩气矿区包括西部不列颠哥伦比亚的阿尔伯达、萨斯喀彻温以及东部的安大略、魁北克等地区的页岩气区块。由于加拿大临近美国,且与美国之间存在紧密关系,其页岩气的勘探开发技术与政策基本取法于美国。从 2000 年开始,加拿大加强页岩气研究,当前越来越多的矿业公司开始重视页岩气生产。加拿大早期的页岩气生产来自阿尔伯达省东南部和萨斯喀彻温省西南部的 Second White Speckled 页岩,2004 年不列颠哥伦比亚省能源矿产部将页岩气的区域资源评价列入能源发展。目前,该省泥盆系评估工作已完成,三叠系评估项目正在进行;2006 年不列颠哥伦比亚省油气委员会已核准的白垩系和泥盆系页岩气试验区块共计 22 个;2007 年加拿大第一个商业性页岩气藏在不列颠哥伦比亚省东北部投入开发。[3]

---

[1] 孔祥永:《美国"页岩气革命"及影响》,载《国际论坛》2014 年第 1 期。

[2] Bustin R. M., "Gas shale tapped for big pay", *AAPG Explore* 26, 2005, pp. 5-7.

[3] 孟浩:《加拿大页岩气开发现状及启示》,载《世界科技研究与发展》2014 年第 4 期。

(三)欧洲页岩气勘探开发

总体而言,欧洲的页岩气资源储量并不丰富,在全球页岩气资源储量排名中,尚未有一个欧洲国家的页岩气资源储量进入全球前十名。欧洲经济发达的同时也存在严重的油气资源短缺。欧洲以气代油使天然气消费量快速增加,但由于自产气量不足也带来了负面影响,大量从俄罗斯进口天然气导致其在油气地缘战略中处于被动地位。[1] 欧洲国家在经济社会发展过程中普遍存在的严重依赖油气资源进口的现状,使欧洲国家重视并不丰富的页岩气资源的研究和勘探开发。欧洲页岩气主要分布于波兰、法国、挪威、瑞典、乌克兰、丹麦等国家。根据美国能源信息署预测,欧洲的页岩气技术可采资源为 $18.08\times10^{12}m^3$,其中,以波兰和法国在欧洲各国中的页岩气资源储量最多,分别为 $5.3\times10^{12}m^3$ 和 $5.1\times10^{12}m^3$。但二者截然相反的是,波兰开采页岩气态度坚决,并为此积极出台政策与制定专门保障制度。波兰政府分别在 2009 年 3 月和 2008 年 12 月对外颁发了 Chelm 地区和 Werkowice 地区页岩气的勘探权,合作协议有效期为 5 年,勘探作业包括地震资料采集和钻取一口勘探井。如果钻井结果令人鼓舞,合资公司将进行生产测试。[2] 法国坐拥巴黎盆地和罗纳河谷这一资源储量约 5 万亿立方米的页岩气资源。然而,作为欧洲页岩气储量最大的国家之一,法国明令禁止开采页岩气。2011 年 7 月,法国通过了一项法案禁止使用开采页岩气所必需的水力压裂技术,这项技术至今仍属于绝对禁区。法国时任总统奥朗德也公开宣布,在其任期内禁止开采页岩气。[3]

三、我国页岩气资源勘探开发

我国当前正处于经济发展持续高速增长的关键时期,经济社会发展需要能源的支撑。由于中国人口基数大,人均能源资源分布不均,经济

---

〔1〕 张抗、张艳秋:《欧洲能源消费构成变化的启示》,载《中外能源》2009 年第 4 期。

〔2〕 刘洋:《波兰开采页岩气态度坚决》,载《中国能源报》2011 年 5 月 30 日。

〔3〕 王远:《法国解禁页岩气开采阻力不小》,载《人民日报》2015 年 4 月 8 日。

社会高速发展对能源的需求量将持续大幅增加。[1] 持续增长的能源需求、有限的能源供给以及我国经济发展的能源消费结构与消费模式，使我国面临较为严峻的能源缺口危机。有研究预测，2020 年我国的天然气缺口将超过 $1350 \times 10^8 m^3$。[2] 因此，推动能源革命是我国的现实迫切需要，是实现我国能源可持续发展的必由之路。2014 年 6 月 13 日，习近平主席主持召开中央财经领导小组第六次会议，专门研究中国能源安全战略，并提出推动能源消费、能源供给、能源技术和能源体制四方面的“能源革命”，在能源革命中，最为核心的是能源供给革命与能源消费革命。所谓能源供给革命，即“建立多元供应体系，立足国内多元供应保安全，大力推进煤炭清洁高效利用，着力发展非煤能源，形成煤、油、气、核、新能源、可再生能源多轮驱动的能源供应体系，同步加强能源输配网络和储备设施建设。”具体而言，推动页岩气产业健康迅速发展是我国实现能源供给革命的重要出路。

我国页岩气资源储量丰富，虽然不同国家、不同机构与不同研究者使用不同计算方法，对我国的页岩气资源储量与技术可采量有多种测量数据结果，但基本共识是我国页岩气资源储量位居世界前列。据美国能源信息署（EIA）测算，我国页岩气技术可采量为 $36 \times 10^{12} m^3$，远高于美国的页岩气技术可采储量。在我国现实能源供给革命需求和美国“页岩气革命”成功经验的启示下，我国于 21 世纪初积极展开了对页岩气相关问题的研究工作。这些研究工作从自然科学层面展开，包括我国页岩气的成藏条件、地质条件、聚集方式、富集规律和储层开发技术等一系列问题。在此基础上，我国对大力推动页岩气勘探开发已经形成了基本共识，社会各界对我国开发利用页岩气给予了高度重视。

2004 年，国土资源部（现自然资源部）油气资源战略研究中心和中国地质大学（北京）开始了页岩气资源研究工作。2009 年 11 月 15 日，时任美国总统奥巴马访问中国期间，中美双方共同签署了《中美关于在页岩气领域开展合作的谅解备忘录》。2010 年，中美双方进一步签署了

---

[1] 林伯强：《中国能源政策思考》，中国财政经济出版社 2009 年版，第 27 页。
[2] 《中国将加强页岩气调查评价和开发》，载《油气地球物理》2014 年第 1 期。

《美国国务院和中国国家能源局关于中美页岩气资源工作行动计划》。2010 年 5 月,中国石油化工集团华东分公司经过老井复查并设计压裂的页岩气井方案成功地实施了大型压裂改造,这标志着中国石油化工集团公司在页岩气勘探开发方面迈出了实质性的关键一步。2010 年 8 月,国家能源局页岩气研发(实验)中心在中国石油勘探开发研究院廊坊分院成立,这是我国首个专门设立的从事页岩气开发的科研机构。2011 年,国务院批准页岩气为中国第 172 种独立矿产,国土资源部(现自然资源部)将按独立矿种制定投资政策,进行页岩气资源管理。2012 年 3 月 5 日国务院《2012 年政府工作报告》中提出,"优化能源结构,推动传统能源清洁高效利用,安全高效发展核电,积极发展水电,加快页岩气勘查、开发攻关,提高新能源和可再生能源比重"。2012 年 3 月 13 日,国家发展改革委、财政部、国土资源部、国家能源局联合发布《页岩气发展规划(2011 - 2015 年)》。2013 年 10 月 22 日国家能源局发布《页岩气产业政策》。除了上述宏观的页岩气产业发展促进政策之外,我国还颁布实施了一系列具体的政策措施,为页岩气产业健康有序发展提供政策支撑、财政支持和制度保障,这些政策措施包括国土资源部(现自然资源部)于 2012 年 10 月 26 日发布《关于加强页岩气资源勘查开采和监督管理有关工作的通知》(国土资发〔2012〕159 号)、财政部和国家能源局于 2012 年 11 月 1 日发布《关于出台页岩气开发利用补贴政策的通知》(财建〔2012〕847 号)等。

我国还积极在实践中推动页岩气勘探开发,可归纳为以下几个方面:(1)国土资源部(现自然资源部)启动和组织实施的勘探开发工作。2009 年 8 月 17 日,国土资源部(现自然资源部)油气资源战略研究中心在重庆市綦江县启动了全国首个页岩气资源勘查项目,这标志着我国正式开始新型能源页岩气资源的勘探开发,将对我国新型能源建设起到积极的示范作用,具有里程碑意义。[1] (2)首轮页岩气探矿权招标出让工作。2011 年,国土资源部(现自然资源部)探索油气资源管理制度创新,首次将油气资源探矿权公开招标,招标出让的页岩气探矿权区块为渝黔

〔1〕 王奇:《我国首个页岩气勘查项目在綦江实施》,载《中国国土资源报》2009 年 8 月 25 日。

南川页岩气、贵州绥阳页岩气、贵州凤冈页岩气、渝黔湘秀山页岩气4个勘查区块，面积共约1.1万平方千米。首轮页岩气探矿权招标采取邀标的方式，国土资源部（现自然资源部）共邀请了中石油、中石化、中海油、延长油矿管理局、中联煤层气和河南煤层气6家公司参与投标，接受邀请的公司最多可投标2个区块。最终投标结果显示，6家公司合格的投标书只有9套。按照我国《招标投标法》第28条规定，投标人少于三个的，招标人应当依法重新招标。[1] 4个招标区块，9套投标书，最终导致贵州的两个区块因有效投标人不足三家而流标。[2] 在首轮页岩气探矿权招标结果中，中国石油化工股份公司中标的渝黔南川页岩气勘查区块，面积2197.9平方千米，在3年勘查期内，该公司承诺勘查总投入5.9亿元，为法律法规规定勘查投入的8倍，实施参数井和预测井11口；河南省煤层气开发利用有限公司中标的渝黔湘秀山页岩气勘查区块，面积2038.87平方千米，在3年勘查期内，该公司承诺勘查总投入2.4亿元，为法律法规规定勘查投入的4倍，实施参数井和预探井10口。(3)第二轮页岩气探矿权招标出让工作。2012年5月17日，国土资源部（现自然资源部）发布《页岩气探矿权投标意向公告》预备启动第二轮页岩气探矿权招标工作，该公告规定了参与页岩气探矿权招标企业的资格条件。2012年9月10日，国土资源部（现自然资源部）官方网站正式发布《国土资源部页岩气探矿权招标公告》，该公告详细列举了20个拟出让页岩气探矿权的招标区块，此次页岩气探矿权招标区块分布在重庆、贵州、湖北、湖南、江西、浙江、安徽、河南8个省市，公告具体通过区块名称、区块面积和拐点经纬度坐标来标示各区块拐点坐标，规定每个投标人最多可投标2个区块，详细规定了招标出让区块的页岩气探矿权3年有效期、投标人条件要求和招投标程序等各项要求。对比于首轮页岩气探矿权招标，第二轮页岩气探矿权招标除了出让更多的、面积更大的页岩气勘

---

〔1〕《招标投标法》第28条第1款规定："投标人应当在招标文件要求提交投标文件的截止时间前，将投标文件送达投标地点。招标人收到投标文件后，应当签收保存，不得开启。投标人少于三个的，招标人应当依照本法重新招标。"

〔2〕王晓岚、白晶：《首次页岩气招标结果公布——中石化、河南煤层气成为第一批吃螃蟹者》，载《中国能源报》2011年7月11日。

查区块之外,最大的亮点在于改变首轮页岩气探矿权招标出让工作中由国土资源部(现自然资源部)向特定主体(国有油气资源企业)邀标的方式,改为向所有类型的投资方开放,包括民营企业。根据《国土资源部页岩气探矿权招标公告》对投标人资格要求的规定,"在中华人民共和国境内注册的内资企业或中方控股的中外合资企业,注册资本金应在人民币叁亿元(30000万元)以上,具有良好的财务状况和健全的财务会计制度,能够独立承担民事责任",均可以参与投标。2012年12月25日国土资源部(现自然资源部)开标,第二轮页岩气探矿权招标共接收83家企业的152套合格投标文件。在此轮招标出让的20个区块之中,投标最多的区块接收到13套投标文件,最少的区块接收到2套投标文件。20个区块中,19个区块投标人达到3家,符合《招标法》等法律法规和招标文件有关规定。1个区块由于投标人不足3家,未达到法定要求,不予开标。2013年1月21日,国土资源部(现自然资源部)召开新闻发布会,公布第二轮页岩气探矿权出让招标中标企业。特别需要指出的是,虽然第二轮页岩气探矿权招标中,中标企业大多数是国有油气资源企业,但亦有两家民营企业获得出让页岩气探矿权,分别是华瀛山西能源投资有限公司中标贵州凤冈页岩气二区块页岩气探矿权,北京泰坦通源天然气资源技术有限公司中标贵州凤冈页岩气三区块页岩气探矿权。(4)第三轮页岩气探矿权招标工作一再推迟。经过两轮页岩气探矿权招标出让工作之后,随即国土资源部(现自然资源部)酝酿启动第三轮页岩气探矿权招标出让工作,虽然媒体上不断披露第三轮页岩气探矿权招标即将正式启动,国土资源部(现自然资源部)官方网站上也有信息表明国土资源部(现自然资源部)即将启动第三轮页岩气探矿权招标出让,并已经初步形成了竞争出让方案、选定了竞争出让区块,将适时通过竞争方式向社会出让新的页岩气探矿权区块。[1] 但由于我国页岩气资源赋存的自然条件导致勘探开采存在诸多不确定风险、页岩气开发关键技术

---

〔1〕《国土部第三轮页岩气探矿权招标方案初定》,载中华人民共和国国土资源部(现自然资源部)网站,http://www.mlr.gov.cn/xwdt/mtsy/xinhuanet/201409/t20140918_1330257.htm,最后访问时间:2016年1月19日。

滞后以及前两轮页岩气探矿权招标出让后，中标企业投入与勘查工作进展不理想等诸多原因，使国土资源部（现自然资源部）的第三轮页岩气探矿权招标出让工作一再推迟甚至遭遇搁浅。

总之，在当今社会，我国经济高速增长要求更多的能源供给，经济发展方式和能源消费方式的内生缺陷又加剧了我国的能源危机，实现以增加能源供给和矫正能源消费模式为核心的能源革命，是实现我国经济持续高速健康增长和可持续发展的迫切需要。在此背景下，我国探明页岩气资源储量世界排名第一，这为缓解我国能源危机提供了极有前景的突破口。我国政府、企业和社会各界对推动页岩气产业发展给予了高度关注和重视，充分借鉴美国“页岩气革命”的成功经验，积极展开了页岩气勘探开采研究工作，国家层面将页岩气产业定位为战略性新型产业并陆续出台了系列产业支持政策，国土资源部（现自然资源部）分别于 2011 年和 2012 年实施了两轮页岩气探矿权招标出让工作，17 家中标企业获得 21 个页岩气区块的探矿权。但对比于竞标时的火热竞逐，这些油气企业中标页岩气探矿权后，大多停留于设计总体方案、制定中标区块的勘探实施方案、完成二维地震勘探和调查评价等前期准备工作阶段，基本没有投入实际勘探，只有少数页岩气区块进行施工探井工作。有研究归纳，对比美国页岩气资源赋存状况，我国页岩气资源开发勘探程度低、区块资源情况不清，大多页岩气资源埋藏深度较深而储层厚度较浅，[1] 这客观上增加了勘探开发的风险。同时，整体而言，我国页岩气勘探开发关键技术滞后，钻井平台整体水平及其智能化、系统化水平较低，这也导致了更高的勘探开发成本。尤为关键的是，在我国当前矿产资源法律制度体系框架下，宏观层面不稳定的扶持政策和矿业权制度设计的内生

---

〔1〕 据专业人士介绍，美国的页岩气埋藏深度仅为 1000 米左右，储层厚度达数百米，单井钻井成本不足 2000 万元（人民币），完钻时间仅需一周左右，经估算，页岩气开采成本是 1 元至 1.27 元/立方米。但中国四川、重庆等地的页岩气埋藏深度普遍在 2600 米～3000 米，储层厚度仅几十米，单井钻井、裂牙成本接近亿元，而且钻井平台整体水平明显落后美国等发达国家，智能化和系统化水平低，打一口井需 3 个月左右，综合下来中国开采成本大约是美国的 4～5 倍，即 5～6.3 元/立方米。具体内容参见王璐：《部分页岩气中标企业萌生退意》，载《经济参考报》2013 年 5 月 28 日。

缺陷,均加剧了中标企业面临的各种法律风险。这些因素综合使很多中标页岩气探矿权的企业投入信心不足,有不少企业萌生了退意,寻求转让页岩气勘查区块或引入国内外合作者。这也是我国国土资源部(现自然资源部)迟迟未能实质推进页岩气探矿权第三轮招标出让工作的重要原因。制度体系中的内生弊端成为迟滞这一战略性新兴产业发展的重要原因,直面并预期尝试探究如何应对这一问题,也是本项目研究的缘由、对象和重点。

第三节　页岩气开发中的法律问题概述

页岩气开发是21世纪在全球范围内逐步兴起但迅猛发展的新兴产业,也被我国定位为战略性新兴产业。在我国当前经济高速发展和社会急剧转型的时代背景下,推动页岩气产业健康有序发展,是推动我国能源革命、保障我国能源安全和实现我国经济社会可持续发展的迫切需要。页岩气产业发展是一个系统工程,需要从各个方面系统推进,包括从法律层面对页岩气产业发展的规制与保障。

一、研究页岩气勘探开发法律问题的必要性

页岩气产业发展的物质基础是页岩气能源本身,所以,加强投入研究页岩气资源的自然规律和我国页岩气资源赋存状况,是我国页岩气产业发展的前提基础。同时,页岩气产业是一个典型的技术驱动型的新兴产业,美国“页岩气革命”取得巨大成功与其在页岩气开发核心技术层面取得关键突破紧密相关,因此,进行技术创新和专业技术人才培养是推动我国页岩气产业发展的科技动力。但是,自然科学和工程技术的研究仅仅是研究页岩气产业发展的物质基础和技术支撑。当前社会,天然气在全球能源市场中的地位越来越重要,很多研究预测,到2050年,天然气可能超越石油成为世界最为重要的能源,天然气将持续成为决定全球经济发展质量与速度、主导全球经济波动的力量。在此背景下,如何推动页岩气产业发展就远非资源基础与技术革新的问题,而是受到系列

因素影响的复合性的社会问题。

就地缘政治、国际贸易与政治体制等宏观角度而言，在相当大的程度上，世界经济迅速转移至以天然气为主导的现象不受资源或技术的约束，成熟的技术水平和经济体制是发展天然气市场的良好基础，但更关键的问题在于国家的政治体制。[1] 一个国家的政治体制是对一个国家政府的组织结构、管理体制和相关法律与制度的总称。因此，若从宏观层面尊重与重视国家的政治体制对页岩气产业发展的影响，从理论上可以构建起法律制度与页岩气产业发展的相互关联。具体而言，页岩气开发必须重视相关法律问题的研究，其必要性主要体现为以下四个方面：

1. 法律制度成为影响页岩气产业相关主体决策行为的重要变量。在自然科学已经对全球及各地域页岩气资源储量与赋存规律有初步规模的前期研究的前提下，当前全球页岩气资源储量丰富，但勘探开采技术、提炼工艺、运输技术等技术环节依然亟待改进，迫切需要将大量资金投入到页岩气开发勘探研究、基础设施建设、技术研发和人才培养。申言之，当前的页岩气产业前景广阔、挑战巨大且亟待投入。页岩气产业发展需要以资源储量为物质基础、以技术研发为支撑，但同时需要在一个国家的政治体制与社会制度体系框架内进行政策决策。页岩气产业发展固然需要国家的重视并出台系列产业支持政策，但仅有国家的政策支持不够，还必须有其他类型社会主体（如油气资源企业）积极参与其中，而其他类型社会主体是否积极参与的选择过程，本身也是一个决策过程。政府的理性政策之所以理性，是因为它以“社会收益最大化”为目标，即政府应当选择给社会带来的收益最大限度超过所付成本的政策。[2] 同理，其他社会主体的决策是否理性，判断标准在于该项决策是否会给其主体带来最大化收益。因此，具体到法律制度层面，我国在页岩气产业发展相关法律制度中的页岩气权属配置制度、页岩气矿业权行

---

〔1〕［英］戴维·G. 维克托、埃米·M. 贾菲、马克·H. 海斯编著：《天然气地缘政治——从1970到2040》，王震、王鸿雁等译，石油工业出版社2010年版，第17页。

〔2〕［美］托马斯·R. 戴伊：《理解公共政策》（第十版），彭勃等译，华夏出版社2004年版，第16页。

使过程中的权益纠纷解决制度以及环境风险防控制度，都在很大程度上影响了符合法定资质要求的社会主体在申请获得页岩气矿业权、成为页岩气矿业权主体时所享有的权益、履行的义务与承担的法律风险。故而，现行的相关法律原则与法律制度设计，很大程度上成为影响与制约社会潜在的页岩气矿业权主体是否积极申请获得页岩气矿业权、积极行使矿业权以及进行技术创新、人才培养与资金投入的重要因素。

2. 完善的环境风险规制制度是页岩气产业健康发展的重要保障。随着全球人口增多和经济发展，形成油气资源需求与日俱增和常规油气资源日渐枯竭的张力，如何有效寻找新能源和替代能源势在必行。在此背景下，随着矿产资源勘查技术不断进步，页岩气等非常规天然气的丰富资源储量逐渐被探明，为人类寻找到新型替代能源提供了无限希望。21世纪初美国“页岩气革命”取得的巨大商业成功则为这种希望转化为现实提供了可资借鉴的路径。从理论与逻辑上看，页岩气等非常规天然气储量丰富的国家积极推动非常规天然气产业发展，是有效缓解能源危机的适时之选。但必须同时正视的现实是，在页岩气资源储量丰富的国家，固然有美国页岩气大规模商业开发的成功，有中国、波兰和英国等国家积极仿效美国推动页岩气产业发展，亦有法国和西班牙等国家纵然面临能源危机，却在中央政府或地方政府层面颁发页岩气开发禁令，禁止页岩气勘探开发。[1]

申言之，当前世界各国对页岩气产业发展存在诸多分歧，其根本原因在于页岩气开发过程会带来很多负面影响，其中最为重要的是页岩气开发会引致严峻的环境风险。国际能源署(International Energy Agency, IEA)认为，世界上其他国家预期复制美国“页岩气革命”的成功经验要面临很多挑战，影响全球非常规天然资源开发的问题包括以下几个方面：第一，世界各地的非常规天然气潜力研究有限；第二，环境问题；第三，财政状况；第四，矿产资源所赋存的土地所有者是否接受在其所有的土地上开发非常规天然气资源的决定；第五，地方政府的干扰；第六，油气管道和基础设施方面的问题；第七，技术、设备的可用性和熟练劳动力；

---

〔1〕《欧洲呈现页岩气开采三阵营》，载《中国石化报》2014年3月21日。

第八,燃气工作者的经验。在这些问题中,环境问题和土地所有者的态度最为重要,因为这两个领域一直是开发页岩气最具挑战性的领域。[1]

页岩气作为一种非常规天然气,是矿产资源的有机构成部分。矿产资源勘探开采是一把"双刃剑",既为人类提供了经济增长和社会发展所需要的矿产资源,同时,也会导致一些国家或区域不同程度地出现资源耗竭、环境污染、生态破坏与区域发展衰退等问题。同时,矿产资源开发利用会对自然环境的影响存在较强滞后效应,前期的环境污染对当期的环境影响发挥着较为明显的作用。不同种类矿产资源的开发利用活动对环境的影响各不相同。能源矿产开发利用对环境的影响最为突出,而金属矿产次之,非金属矿产开发利用对环境的影响相对较低。[2] 页岩气属于一种矿产资源,对其开发利用活动造成的环境影响是最为突出的,主要表现为页岩气能源开发过程中导致的环境风险,如水资源浪费、地表水和地下水污染、土地资源破坏等。除了一般的矿产资源开发的环境致害反应,页岩气产业发展中普遍使用水平钻井和水力压裂等关键技术,进一步加大了页岩气开发行为导致的环境问题与环境风险。

充分揭示页岩气开发中导致的多种类型与多样形式的环境风险,并有针对性地予以法律应对,是克服页岩气产业发展中的负面影响、保障页岩气健康持续发展的必要保障。就我国现行的法律制度体系而言,我国已通过《环境保护法》《矿产资源法》等相关法律制度规制矿产资源开发中的环境风险,现行法律体系所规定的基本制度体系可以概括适用于页岩气开发中的环境风险防控,但是现行制度体系难以充分因应页岩气开发导致的环境风险的特殊性。因此,在研究中充分揭示页岩气开发导致的环境风险的特殊性,并有针对性地完善现行法律制度或出台专门规则体系,对保障页岩气产业持续健康发展非常重要。

3. 完善的页岩气产权制度体系是页岩气产业发展的内在动力机制。

---

〔1〕 Susan L. Sakmar, "The Global Shale Gas Initiative: Will the United States be the Role Model for the Development of Shale Gas Around the World?", *Houston Journal of International Law* 1, 2011, p. 33.

〔2〕 陈军、成金华:《中国矿产资源开发利用的环境影响》,载《中国人口 · 资源与环境》2015 年第 3 期。

无论各国的法律传统与政治体制存在何种差异，基于油气资源在经济社会发展中的重要性日益凸现的背景，当前世界大多数国家均规定油气资源属于国家所有。油气资源对于国计民生的重要战略地位从立法上体现为，世界上越来越多国家在宪法、石油立法以及矿业立法中明确规定石油天然气等自然资源的国家所有权制度。[1] 国家享有油气资源所有权，某种意义上仅凸出油气资源的战略地位与重要程度，从而排斥对稀缺的不可再生油气资源的个体私有与肆意使用，并不是为了仅由国家勘探开发矿产资源。因此，在现实中就经常出现矿产资源所有权与使用权分离的情况，国家作为矿产资源所有权主体通过行政许可等程序将矿业权交由其他社会主体行使。而美国秉持矿产资源所有权与土地所有权关系合一制的立法体制，地下油气资源属于其赋存土地所有权人，但因为美国联邦和各州的矿业政策及监管制度的规定，使个人勘探开采矿产资源也存在诸多限制，需要满足很多法定资质条件。页岩气等新型能源的勘探开发提出了全新技术需求，这也要求必须由专业的企业行使页岩气矿业权，这也使即使在美国没有实行矿产资源所有权属于国家的权属制度，但现实中也经常出现油气资源所有权与矿业权分离的情况。事实上，美国“页岩气革命”的成功经验之一在于通过稳定透明的政策吸引8000 多家油气公司参与页岩气勘探开发。

申言之，矿产资源勘探开发是多方主体综合参与的过程，多方主体在矿产资源勘探开发中利益交织、错综复杂。因为页岩气勘探开发对技术创新提出了更高、更专业的需求，必须由专业油气公司在一定的制度激励下积极进行技术创新，投入页岩气勘探开发，才能在实质上推动页岩气产业发展，这使得多方主体参与的情形在页岩气勘探开发领域更为复杂。页岩气权属制度与矿业权制度设计必须在遵循矿产资源所有权与矿业权制度设计的一般法理基础与制度逻辑基础上，充分针对页岩气

[1] [丹麦]安妮塔·罗尼：《自然资源的公权和私权及其保护上的差异》，载[英]艾琳·麦克哈格、[新西兰]巴里·巴顿、[澳]阿德里安·布拉德布鲁克、[澳]李·戈登主编：《能源与自然资源中的财产和法律》，胡德胜、魏铁军译，胡德胜校，北京大学出版社 2014 年版，第 87 页。

勘探开发领域的特殊性，兼顾各方主体的利益均衡，从而形成稳定的权益保障机制和动力激励机制。具体而言，页岩气产权制度设计应当承担的价值与实现的功能包括：(1)在现有的页岩气所有权制度约束下，如何规定页岩气矿业权的审批、行使和责任制度，以保障页岩气所有权通过直接或间接方式充分实现。(2)如何通过具体的页岩气矿业权制度设计，包括清晰界定页岩气矿业权的权利效力、权利期限和权利内容等制度设计，充分保障页岩气矿业权主体的权益，为之投入资金进行技术创新、培养专业技术人才形成稳定的制度激励。(3)在矿产资源赋存现状中，伴生矿与共生矿的现象非常普遍，作为非常规天然气的页岩气更是经常与常规油气资源相共生，这就使得页岩气产权体系中经常出现矿业权重叠的情形。因此，如何在整体的矿产资源权属制度体系中设计页岩气矿业权制度具体内容，很大程度上影响了页岩气矿业权主体的行为决策。(4)页岩气作为非常规天然气不仅是一种对于人类产生经济价值的矿产资源，同时也属于一种自然资源，是土地资源的有机构成部分，作为人类生存的环境要素发挥着生态功能。因此，页岩气产权的制度设计还必须充分兼顾页岩气作为环境要素的构成成分对人类发挥的多重功能。页岩气矿业权的制度设计还必须充分重视矿业权在行使权利过程中实现页岩气资源的公益功能。

4.完善页岩气法律制度是借鉴美国“页岩气革命”成功经验的内在需求。美国“页岩气革命”成功实现了页岩气大规模商业开发，点燃了世界寻找与开发新型能源的激情，也为世界上页岩气能源储量丰富的国家应对能源危机提供了可资借鉴的路径。加拿大等国家就直接仿效美国“页岩气革命”的成功经验推动本国页岩气资源开发，还有很多国家积极推动与美国在页岩气能源领域展开合作计划。借鉴美国“页岩气革命”成功经验有几个层次：(1)页岩气资源物质基础层面，积极吸收美国经验，高度重视与大力投入对页岩气资源储量的勘探与评估工作，为其随后展开的页岩气产业发展提供坚实的能源基础。(2)技术创新层面，美国实现页岩气大规模商业开发的突破口在于水平钻井和水力压裂关键技术实现了质的飞跃，领先世界成为当前最先进的勘探开采技术，这使大规模开发页岩气资源成为现实可能。包括我国在内的世界各国在推动本国页岩气产业发展时,必须面临的问题是如何有效推动页岩气勘探开发技术创新。(3)政策与法律制度层面。美国“页岩气革命”取得巨大成功的根本原因是其在政策与法律层面为页岩气产业发展提供了政策空间、制度激励与法律保障。首先,在政策层面,美国始终存在能源忧患意识,将美国对石油的依赖视为“美国面临的最严重的威胁”,努力追求能源独立、实现能源安全。美国历届政府增强能源供给安全的重要政策目标主要包括两个方面:一是减少对进口石油的依赖,增加本土油气产量、战略储备,努力扩大能源自给程度;二是减少对石油的依赖,寻找、扩大替代能源(核能、风能、太阳能等)产量,促进能源消费结构多元化。[1] 所以,美国联邦政府和州政府在矿产资源领域政策选择上,始终重视支持新能源产业的发展。其次,美国注重将宏观层面对页岩气产业发展的重视转化为具体的法律保障制度,这体现在以下几个方面:其一,通过立法实施财税优惠等激励制度,美国政府针对页岩气等非常规天然气产业属于典型技术驱动型产业的特征,大力资助页岩气前期技术开发和勘探研究。同时,在页岩气产业发展各个阶段提供必要的财政支持,并且将这些优惠政策固定为法律制度,使充满风险与不确定性的页岩气产业有利可图,激发社会主体的积极性。比如,美国于 1980 年通过《能源意外获利法》,对页岩气等非常规天然气实施五项税收优惠政策,即无形钻探费用扣除、有形钻探费用扣除、租赁费用扣除、工作权益为主动收入以及小生产商耗竭补贴等,以此极大促进页岩气勘探开发主体的积极性。[2] 其二,在页岩气权属配置、市场准入和监管制度构建上,通过制度设计鼓励各类产业积极投入竞争,以此形成多元投资主体与专业化分工,全面调动范围广泛的社会主体在页岩气产业风险投资、技术研发、人才培养、基础设施投入、市场开发、终端应用等方面的积极性,以形成页岩气产业的多元竞争与分工协作机制。据统计,美国“页岩气革命”过

---

〔1〕 龚婷:《能源独立:美国“页岩气革命”的现状与前景》,载孙哲主编:《新型大国关系——中美协作新方略》,时事出版社 2013 年版,第 176 页。

〔2〕 参见肖钢、唐颖编著:《页岩气及其勘探开发》,高等教育出版社 2012 年版,第 203 ~ 217 页。

程中,一共有 8000 多家油气公司在不同领域与环节参与页岩气勘探开发,这些公司中有 7900 余家是中小企业,包括油气公司、油田服务类公司和设备供应商等几种类型。这些独立油气公司对页岩气革命的发生起到了至关重要的推动作用。其三,在美国,包括页岩气在内的石油和天然气的开发和开采会受到一系列复杂的联邦、州和当地法律的管辖,涉及勘探和运营的各个方面,所有应用于常规天然气勘探和开采活动的法律、法规和许可也将应用于页岩气开发。此外,进行石油和天然气开采活动的各个州均有一个或多个管理机构,管理内容包括矿井的审批(矿井的设计、位置、间距、运营和废弃)、环境活动和排放(水的管理和处置、废弃物的管理和处理、气体的排放、地下注入、对野生动物的影响、地表的扰动以及工人的健康和安全)。[1] 除此之外,美国联邦和各州还专门针对页岩气勘探开发可能导致的诸多环境问题、一些关键技术的使用进行专门立法规制与监管。这些都是我国在借鉴时应当高度重视的制度经验。

二、页岩气开发涉及的法律问题类型

如上述内容所言,我们固然应当重视页岩气产业发展的技术驱动属性,重视吸收借鉴美国"页岩气革命"成功经验,引入先进的页岩气勘探开发技术。但是,美国成功实现页岩气大规模商业开发的最根本动力还在于政策支持与制度激励,使广大的社会主体积极投入到页岩气产业发展之中。因此,法律体系的完善与制度体系的创新是与技术创新同等重要的驱动力,这也是本项研究的重点目标与预期解决的问题。概言之,本研究重点从法律层面探究页岩气产业发展相关问题,进而有针对性地探寻问题解决的法律对策。

(一)我国当前的页岩气法律体系及其缺陷

我国《宪法》和《物权法》确立了我国矿产资源的基本权属制度。我国 2014 年修订的《环境保护法》规定环境保护为基本国策并将保障公众

---

〔1〕 [美]凯特琳·M. 纳什(Katelyn M. Nash)主编:《页岩气开发技术》,汪丽华、周靖、王建强、姜政、杨科译,上海科学出版社 2013 年版,第 30 页。

健康作为立法目的,这为页岩气开发确立了基本的环保目标和底线限制。《水污染防治法》等污染防治单行法及其配套规范,均可用以规制页岩气开发中的污染问题。《水法》等资源保护单行法确立了页岩气开发中环境要素保护的基本规则。《矿产资源法》《矿产资源法实施细则》等有关矿产资源法律规范为页岩气资源开发提供了基本的监督管理规范。但是,我国现有的法律体系在规范与监督页岩气开发中尚存在以下缺陷:

1. 页岩气开发中产权制度不明晰,各方权利义务不明确且难成体系。在我国《宪法》与《物权法》的权属制度框架下,国家享有页岩气资源所有权,其他主体取得探矿权和采矿权(准物权),矿业权的取得与行使由《矿产资源法》具体规范。但是,我国《矿产资源法》重视矿产资源的资源性而忽视其财产性,重视对矿业权主体的管理性义务规范而轻视其权利体系化保护。由此导致现实中,虽然第二轮页岩气探矿权招投标向各类资本开放,但由于矿业权主体的权利体系不够明确,对一些关键数据信息知情权不足,使社会主体对获取页岩气矿业权顾虑重重、缺乏积极性。

2. 现行的环境风险预防与监管立法漏洞。我国的资源保护与污染防治单行法群的立法思路与路径是:以环境要素为标准,针对不同环境要素的特点、功能、规律和规则需求进行分别立法。但是,页岩气开发所导致的环境风险却是综合性的、整体性的、相互影响和作用的。适用以单一环境要素为依据构建的现行法律体系,不但其相互之间会产生分立、不协调甚至是冲突,在规制页岩气开发的综合环境风险时,也会呈现零散性、间接性进而顾此失彼、难以周全。

3. 专门立法的滞后。我国尚没有专门针对页岩气开发监管的立法,只能采取法律解释和类推适用的方式适用一般性规范,这种做法无法直面页岩气资源开发利用过程的特殊规则需求,也难以应对页岩气资源开采中可能引致的环境问题的特殊致害机理。就国际经验而言,美国除了继续适用既有的《安全饮用水法》《清洁空气法》《油气开采业点源废物排放限制标准》等规范外,还注重针对页岩气开发的核心技术(水力压裂技术)全过程监管进行专门立法。美国联邦环境保护局(EPA)2012

年发布了首个专门规范页岩气开发的新法规《页岩气开采环境法》,美国阿肯色州、宾夕法尼亚州、蒙大拿州和怀俄明州等州也颁布地方立法,均预期规制页岩气开发和水力压裂技术使用中的环境风险。

(二)完善我国页岩气法律制度的类型与范围

针对页岩气资源属性、页岩气资源勘探开发提出的产权配置与行为监管的制度需求以及我国当前页岩气开发中出现的问题,结合国际经验,除了继续严格适用既有法律制度体系之外,我国还应当从以下几个方面采取措施以完善页岩气法律制度体系:

1. 完善页岩气产权法律制度。页岩气产权制度设计关涉页岩气产业发展过程中多种类型主体的权益配置,进而会影响多方主体参与页岩气勘探开发的积极性。针对我国当前矿业权制度设计的内生缺陷,需要矫正《矿产资源法》及配套法律体系系统规定的权属制度中的一些内生缺陷,明确矿业权利的主体、客体、内容和权利配置方式,体系化规定矿产资源矿权人的法律权利,通过明晰矿业权权能,将矿业权作为真正的民事财产权利而非单纯的资源权利予以保护,以此对矿业权主体形成激励机制。同时,制定专门细则处理页岩气矿业权与土地所有权、使用权及常规油气资源矿业权之间的冲突与协调问题,还要切实保障页岩气矿业权人的配套权利,如对页岩气资源的地质构造、成藏条件、储量和可采资源量、环境影响等关键数据信息的知情权,是社会主体判断是否争取页岩气探矿权和采矿权的前提。

2. 完善现行的页岩气开发监管立法。针对页岩气开发中复合环境风险的特征,建议监管制度的完善措施如下:(1)矫正当前将页岩气开发引致的各种环境风险按照环境要素为标准分别纳入既有单行法,从而分散与间接规制的思路,应研究制定页岩气开发监督管理办法,规范监管程序,实施专业性监管;(2)不再在既有的环境资源监管职能条块分割的思路下进行监管,而是设置专门监管机构和监察队伍,以页岩气登记和招标区块为依据配置监管职能;(3)改变当前《矿产资源法》重在静态审批勘查与开采特许权以及《污染防治法》仅能末端治理的思路,重视页岩气勘探开发中的动态全过程监管;(4)提供利益表达制度通道,以保障页岩气开发中环境风险防治的公众参与;(5)注重通过比较研究吸收借鉴美国等国家在推动与保障页岩气产业健康有序发展中监管立法的经验,在我国的相关制度完善过程中吸纳共性制度经验。

3. 进行针对页岩气开发技术规范的专门立法。对于页岩气的开发,法国等国家的禁止、德国等国家的举棋不定、英国等国家爆发公众的激烈反对运动,均基于页岩气开发中,其核心技术水力压裂技术的使用可能产生环境风险和安全风险。建议借鉴美国联邦和一些州的做法,专门针对水力压裂技术的使用进行专门立法,具体而言:(1)规定使用水力压裂法开采页岩气的气井要安装相关设备,以减少压裂液中有害化学物质排放;(2)对该技术是否符合环保标准进行审查;(3)对页岩气开发中使用的页岩气井套管、压裂液的规格、材料和成分等进行专门规范;(4)对特定范围内的油气井制订标准以进行全面环境影响评价;(5)制定细致的环境标准(包括环境质量标准和污染物排放标准)和监管规范以进行现场审查和动态监管;(6)规定页岩气开发结束后的修复措施。

4. 细化与完善页岩气开发中权利冲突、土地侵权纠纷解决与土地复垦法律制度。页岩气是一种非常规天然气资源,赋存于地下,构成了土地资源的有机组成部分,因此,勘探开发页岩气资源的过程便是作用于土地资源的过程。我国现行立法体系的特色是土地资源所有权与矿产资源所有权分离的二元立法体制,在我国法律体系中,包括页岩气在内的一切矿产资源均属于国家所有,而土地资源则属于国家所有与集体所有。同时,根据我国《物权法》的规定,在土地所有权之上又可以进一步设置用益物权,这就导致页岩气赋存的地表土地之上存在多种类型的土地权利类型,加剧了页岩气开发过程中多种类型权利冲突的可能性与复杂性。现实中,页岩气勘探开发过程往往会导致多种类型的土地侵权,从一般制度逻辑上考察,我国经常同时并用《侵权责任法》以及土地复垦法律制度等相关领域的法律综合解决这些侵权纠纷。本研究将具体考察页岩气开发导致的多种类型的权利冲突、土地侵权纠纷所适用的现行法律制度的绩效,在探究页岩气开发权利冲突与权益侵害特殊性的基础上,寻找理想的权利冲突、侵权纠纷解决的法律制度需求。

第二章　页岩气开发环境风险法律规制制度之比较与借鉴

页岩气是一种清洁、高效的气体新能源和低碳能源，具有排放少、污染程度小的特点。页岩气的开发将极大缓解能源短缺危机，保障能源安全，对于节能减排具有积极作用，但这些优势的实现必须以有效规制页岩气资源开发所带来的环境风险为前提。页岩气开发过程会导致多种类型的环境风险，我们应当清晰揭示与具体梳理页岩气开发导致的环境问题类型，归纳其提出的法律规制制度需求，检讨我国当前的法律规制制度体系的缺陷，并有针对性予以改进完善。美国页岩气商业开发取得巨大成功，其在制定页岩气产业发展促进政策的同时也高度重视完善法律制度，以规制页岩气开发中的环境风险，这些制度经验给我们提供了有益启示。波兰以激进姿态和积极政策推动页岩气商业开发，为此所进行的包括规制页岩气开发环境风险在内的制度创新可以给我们提供比较借鉴的参考。页岩气开发过程会引发环境风险，其中引发质疑与争议最激烈之处在于：作为页岩气开发关键技术的水力压裂技术与水平钻井技术在配合使用过程中，会导致前所未有的环境风险。故此，在研究宏观的页岩气开发环境风险规制制度的基础上，本章还预期结合页岩气开发水力压裂技术使用过程，就页岩气开发中具体的环境信息公开制度进行探讨。

第一节　我国页岩气开发环境风险法律规制制度之检讨

页岩气资源开发为世界各国提供了一个富有吸引力的低碳燃料供应的能源通道。随着世界经济规模的进一步扩大,能源需求也持续攀升,煤炭、石油、天然气等传统能源蕴藏量逐渐耗竭而出现短缺危机。能源危机在我国尤为严峻,我国能源生产和消费结构存在缺陷,工业化、城市化进程以及煤炭的资源和价格优势,决定了目前重工化的产业结构和以煤为主的能源结构。2005 年以来,中国煤炭占一次能源消费总量的比重持续保持在 70% 以上,提供了 80% 的电力生产燃料,而且在相当长一段时期内,以煤为主的能源格局无法改变。[1] 我国石油的可开采量仅占世界剩余可开采量的 1.8%,能源平均利用率为 32%,比发达国家低 10%,且能源开发利用过程中造成了高额环境成本。中国经济快速发展需要大量廉价能源,煤炭的资源和价格优势使其成为首选,但是煤炭的二氧化碳排放也最多。以发电为例,单位发电燃烧煤炭产生的二氧化碳是石油的 1.3 倍。[2] 因此,应对能源危机除了需要大力建设"资源节约型社会",推进节能减排和提高能源利用效率外,还应重视和发展环保能源、新能源及替代能源。页岩气开发将极大缓解能源短缺危机与经济增长的能源需求压力,保障能源安全。国际能源署(IEA)在 2011 年 12 月发布的《世界能源展望:非常规天然气特别报告》中宣称:天然气的"黄金时代"的来临仰仗页岩气的成功开发。并且,开发页岩气这种新能源还可以提供就业机会,增加财政收入,但实现这些优势的前提是页岩气资源开发所带来的环境风险能够得到有效规制管理。[3] 页岩气开

---

〔1〕 林伯强、刘希颖、邹楚沅、刘霞:《资源税改革:以煤炭为例的资源经济学分析》,载《中国社会科学》2012 年第 2 期。

〔2〕 林伯强、姚昕、刘希颖:《节能和碳排放约束下的中国能源结构战略调整》,载《中国社会科学》2010 年第 1 期。

〔3〕 Mark, Zoback, Saya, Kitasei, Brad, Copithorn, "Addressing the environmental risks from shale gas development", *World Watch Institute* 7,2010,pp. 1 – 19.

发具有巨大的价值和前景，能推动我国乃至全球的能源结构发生巨变，但也会伴生系列问题，其中非常重要的问题是页岩气勘探开发过程中的环境风险。我们必须未雨绸缪，分析页岩气资源开发中可能面临的环境问题和提出的制度诉求，在梳理当前制度体系的基础上进行系统制度设计。

一、页岩气开发伴生的环境问题类型

页岩气是一种高效、优质的清洁能源和化工原料，是能够实现低碳能源消费的非常规天然气能源。页岩气的主要成分是烷烃，其中甲烷占绝大多数，另有少量的乙烷、丙烷和丁烷。作为一种低碳能源，页岩气的使用具有排放少、污染程度小等特点，对于节能减排具有积极作用。据测算，燃气电厂的二氧化碳的排放量只有燃煤电厂的一半，氮氧化物排放量约为燃煤电厂的10%，二氧化硫和烟尘排放几乎为零，使用天然气能源本身具有较大的环保优势。随着页岩气资源使用比例的加大，近年来美国碳排放量逐渐下降。国际能源署（IEA）的数据显示，美国的二氧化碳排放在过去5年里减少4.5亿吨。[1] 同时，页岩气能有力地替代传统的煤炭和石油等能源，也在客观上减少了传统能源使用的污染排放，促进节能减排预期目标的实现。因此，页岩气作为环保型燃料总体而言是一种环境友好型新能源。

但是，任何问题均具有两面性。页岩气开发利用过程中造成的环境问题也不容忽视。生产非常规天然气是一种集约化的工业过程，“一般会对环境造成比常规天然气开发更大的印记”。[2] 页岩气能源利用虽然比传统化石能源排放的温室气体少，但其本身往往分布在盆地内厚度较大、分布广的页岩烃源岩地层中，需要更多口井，还要采用水力压裂技

[1] 陈波：《多哈谈判：美国能否找回“失去的10年”？》，载《中国能源报》2012年12月3日。

[2] 国际能源署（IEA）在2011年12月发布的《世界能源展望：非常规天然气特别报告》中旗帜鲜明地表明，所谓天然气的“黄金时代”正是要仰仗页岩气的成功开发，但国际能源署同时也在该报告中宣称：生产非常规天然气是一种集约化的工业过程，一般会对环境造成比常规天然气开发更大的印记。对该报告内容的详细介绍，可参见冯洁：《页岩气开发：赢得信任，先须透明》，载《南方周末》2012年7月19日。

术，这些都会对当地社区、土地使用和水资源产生重大影响。[1] 概括而言，页岩气资源开发过程可能引致的环境问题主要表现为以下几个方面：

1. 造成水资源浪费。页岩气资源开发中的环境问题主要是由水力压裂法所带来的。水平井钻井技术和水力压裂法是页岩气开采的核心技术。水力压裂法就是将含有沙石和化学成分的高压水注入平行井，以此冲破页岩层，继而释放出页岩气的方法。使用该方法需要耗费大量水资源，一般而言，一个水平井需要进行八、九次压裂，每口压裂井需要5000～8000吨水。水资源是制约页岩气开发的一个重要因素，并且，我国水资源非常贫乏，我国已经探明的页岩气资源储量丰富所在地区均普遍远离水资源区，已圈定的开发区域大多在水资源并不富足的中西部地区。开发页岩气需要大量用水，会极大地影响其周边地区的生产生活用水，进一步加剧水资源的匮乏危机。

2. 引致地下水污染。现在国际上页岩气开发通用的技术是水平压裂法，通常是先打一口垂直井到数百米至数千米的地下，再在地下打水平井向周边扩展，然后向井内注入含有特定化学成分的水，压裂周边岩石使之释放出蕴含的天然气。水力压裂过程使用的压力液包含了大量的化学添加剂，其化学成分中包含很多有毒物质，压裂液泄漏会对地下水以及蓄水层造成污染，影响人体健康。美国的页岩气开发技术较为成熟，2011年美国页岩气产量达到1800亿立方米，占美国天然气总量的34%。但美国页岩气污染破坏环境事件频繁发生，2010年，来自宾夕法尼亚州的萨斯奎汉纳县的13个家庭状告西南能源有限公司，声称该公司污染了他们的水井。[2]

3. 导致地表水污染。页岩气开采使用水力压裂法过程中，在注入水力压裂液体并且释放压力后，10%～70%的原注液体量，或1万～6万桶

---

[1] 冯洁：《页岩气开发：赢得信任，先须透明》，载《南方周末》2012年7月19日。

[2] 美国当前的页岩气开发中类似的纠纷频繁发生，奥巴马政府大量面临和处置此类纷争。为此，美国时任总统奥巴马呼吁公开页岩气钻井水力压裂开采法中使用的化学品成分。壳牌也与环境防卫基金合作，进行测量美国天然气生产甲烷排放量的工作。参见陈曦：《美国页岩气的社会责任》，载《中国新时代》2012年第6期。

(160 万 ~ 960 万升)液体会返回地表,形成的压裂返排液要回注处理或通过污水处理厂处理后排放。有些气井也会产生“生产废水”(指在地下地层自然存在的与油和天然气共同开采出来的水),每百万立方英尺的燃气产量通常会伴随 200 ~ 1000 加仑的生产废水(每百万立方米的燃气产量会伴随 3 万 ~ 13 万升的生产废水)。因为每个页岩构造不同,一口页岩气气井的生命周期最长可以达到 40 年,这个单井的生产废水总量可以达到数百万升。[1] 返排液和生产废水中包含了化学添加剂、石油烃类、重金属、高浓度盐类等主要污染物,其中不少都是有毒有害的化学物质。返排液和生产废水的排放会破坏地表水环境,若在其排放前进行废水处理和回收利用,则提出了较高的技术要求和资金投入需要。

4. 诱发其他环境负面影响。页岩气开发过程还会伴生噪声污染。在页岩气钻井和压裂过程中井场建设中大量重型机械的运行、水平井钻井、压裂施工和后续页岩气输送过程都会产生高分贝噪声。页岩气开发过程使用水力压裂技术,需要大量抽取地下水,会影响周边生态环境,引发地质塌陷。并且,水力压裂过程中向页岩层大量注水可能导致地层滑动,引发地震危机。国外的一些研究报告和论文还专门研究了页岩气开发利用过程可能导致空气质量、野生动物保护、城市发展、乡村规划以及景观、交通等方面的不利影响。

二、我国规制页岩气开发环境问题的法律制度梳理及检讨

专家普遍认为,开发利用页岩气是中国发展新能源、应对能源危机的突破口,但与此同时,页岩气开发可能引致生态环境的恶化,这在欧美国家一直是不同社会群体和利益博弈的焦点,也是导致欧洲国家页岩气开发总体停滞不前的重要原因。由此,与研究勘探、开采技术同等重要的是,梳理页岩气开发中环境问题的法律规制制度并进行路径绩效

---

[1] 美国自然资源保护委员会完成的报告《借鉴国际经验:中国页岩气资源环境友好开发之路》细致分析了页岩气开发引致的地表水污染风险,因为每个页岩构造不同,一口页岩气气井的生命周期最长可以达到 40 年,这个单井的生产废水总量可以达到数百万升。相关的数据统计资料,可参见王尔德、茅玮涛:《页岩气中国开发存巨大“水危机”》,载《21 世纪经济报道》2013 年 5 月 14 日。

检讨。

(一)我国当前制度现状梳理

页岩气在2011年12月31日被我国宣布为独立新矿种,我国法律体系中关于天然气的专门立法尚且缺位,更遑论规制页岩气环境问题的专门法律制度。我们可以梳理在我国现行环境法律体系中,哪些立法规定可以用以规制页岩气开发利用中引致的环境问题。

1.环境保护法律制度的拓展适用

《环境保护法》普遍被学界定位为我国环境资源保护领域的基本法,我国《环境保护法》规定的保护环境、防治污染的基本原则和具体制度,均适用于页岩气环境问题防治与规制。

页岩气引发的最大的环境问题是地表水和地下水污染,我国《水污染防治法》将成为防治页岩气开发水环境污染的重要法律依据。《水污染防治法》第2条划定了其适用范围是我国领域内的江河、湖泊、运河、渠道、水库等地表水体以及地下水体的污染防治,其规定的水污染防治规划、环境影响评价、"三同时"、排污申报、排污收费、饮用水地表水源保护等基本法律制度都可以适用于页岩气开发过程中的水污染防治。该法的有些条文还与页岩气开采导致的水污染防治直接相关。比如,《水污染防治法》第33条规定:"禁止向水体排放油类、酸液、碱液或者剧毒废液。禁止在水体清洗装贮过油类或者有毒污染物的车辆和容器。"第34条规定:"禁止向水体排放、倾倒放射性固体废物或者含有高放射性和中放射性物质的废水。向水体排放含低放射性物质的废水,应当符合国家有关放射性污染防治的规定和标准。"第42条规定:"兴建地下工程设施或者进行地下勘探、采矿等活动,应当采取防护性措施,防止地下水污染。报废矿井、钻井或者取水井等,应当实施封井或者回填。"第43条规定:"人工回灌补给地下水,不得恶化地下水质。"这些条文规定的制度,明确了工程建设和勘探开发等活动需要采取措施保护水质、避免水污染,可以直接用于预防与规制页岩气开发过程中可能产生的水资源环境污染问题。《环境噪声污染防治法》第2条规定:"本法所称环境噪声,是指在工业生产、建筑施工、交通运输和社会生活中所产生的干扰周围生活环境的声音。"所以,该法所规定的环境噪声污染防治的基本原则、管理体制、法律制度、法律机制和法律责任也适用于页岩气开发中的噪声污染防治。页岩气开发中造成的大气污染可以适用《大气污染防治法》,对土壤的污染可以适用《土地管理法》,对野生动物生息繁衍场所破坏的可以适用《野生动物保护法》,等等。

2. 矿产资源法律制度体系的解释适用

我国现行的《矿产资源法》《矿产资源法实施细则》《矿产资源勘查区块登记管理办法》《矿产资源开采登记管理办法》《探矿权采矿权转让管理办法》《矿业权出让转让管理暂定规定》等有关矿产资源的法律法规构成的制度体系,可以通过逻辑延伸解释适用于页岩气开发导致的环境问题的规制。这几部法律法规在当前的法律框架内,将成为规制我国页岩气资源开发的直接法律依据。

我国国土资源部(现自然资源部)分别于 2011 年和 2012 年对页岩气含气区块的探矿权出让进行国内公开招标,选定探矿权人,以推动页岩气的勘探和开发,这种通过公开招标的方式出让探矿权便是基于上述法律体系对资源权属的规定。关于矿产资源的法律法规直接规定的是矿产资源的权属制度,确定了探矿权、采矿权的有偿取得制度和许可证制度,以及规范了矿产资源的勘查和开采的相关程序,亦有不少规范可以直接规制矿产资源开发过程中导致的环境污染等问题。比如,《矿产资源法》第 11 条规定:"国务院地质矿产主管部门主管全国矿产资源勘查、开采的监督管理工作。国务院有关主管部门协助国务院地质矿产主管部门进行矿产资源勘查、开采的监督管理工作。省、自治区、直辖市人民政府地质矿产主管部门主管本行政区域内矿产资源勘查、开采的监督管理工作。省、自治区、直辖市人民政府有关主管部门协助同级地质矿产主管部门进行矿产资源勘查、开采的监督管理工作。"《矿产资源法》第 32 条规定:"开采矿产资源,必须遵守有关环境保护的法律规定,防止污染环境。"这些规定均可以作为页岩气资源开发中环境污染防治的法律依据。并且探矿权、采矿权的确定也能明晰页岩气勘探开发中环境污染法律责任的承担主体。

3. 环境与发展综合决策性法律的综合规制

我国《清洁生产促进法》第 25 条规定:"矿产资源的勘查、开采,应当采用有利于合理利用资源、保护环境和防止污染的勘查、开采方法和工艺技术,提高资源利用水平。”该规定可以作为规制页岩气勘查、开采中导致环境污染的法律依据。《节约能源法》第16条规定的能耗限额标准制度,《循环经济促进法》第16条规定的对一些行业年综合能源消费量、用水量的重点监督管理,可以直接用于规制页岩气开发中水力压裂法的使用导致的大量的水资源浪费,迫使享有探矿权、采矿权的权利主体投入资金、改进技术。

（二）我国现行规制制度的疏漏检讨

页岩气作为一种新能源,属于矿产资源的组成部分。因此,从法理上和制度逻辑上看,在开发利用页岩气过程中引致的环境问题,当然也可以纳入既有的法律体系予以规制。但是,对照页岩气开发中环境风险的法律需求,我国现行制度存在以下弊病:

1. 专门立法的空白。我国没有针对页岩气资源勘查、开发利用的专门立法,针对天然气也未有专门立法,对于页岩气开发利用过程中产生的环境问题,只能纳入环境保护、矿产资源等相关法律法规规定的制度体系中予以规制。虽然,通过法律制度适用的类型化思路和类推解释规则,也能将一般性的资源保护与污染防治法律制度进行逻辑演绎和扩大解释用以规制页岩气开发利用中产生的环境问题,但这种做法无法直面页岩气资源开发利用过程的特殊规则需求,也难以应对页岩气资源开采中可能引致环境问题的特殊致害机理。

2. 环境风险规制制度与措施的间接性。页岩气开发利用过程所导致的环境问题包括:造成地下水、地表水、空气环境以及环境噪声污染,对野生动植物资源的破坏,对城市发展、乡村规划、环境景观的破坏,以及浪费稀缺水资源,这些环境问题是交织在一起,相互联系、互为因果的。但是,由于我国没有专门针对页岩气开发利用的相关立法,页岩气开发中的环境问题只能分散于各单行法分别规制。各环境要素污染防治单行法是针对某一特定环境要素的污染防治进行的立法,这对于页岩气资源开发利用导致的环境问题是间接应对方式,难以直接解决综合型、复合性的环境问题。

3. 环境风险规制制度的零散性。页岩气资源的勘查、开发、利用和管理是一个整体系统工程,需要对资源权属与流转、勘查与开发的技术规范、环境影响评估、资源管理等进行综合规制,页岩气开发利用所导致的环境风险不是独立问题,只有纳入整个管理体制中,才能明晰权责,实现有效规制。

第二节　美国页岩气开发环境风险法律规制制度的经验与启示

美国以及其他一些国家和地区的页岩气资源也较为丰富,但是否大力推动页岩气开发,受到资源禀赋、经济结构和政策选择等因素的影响,不同国家和地区作出了不同的选择。由于页岩气开发可能导致水资源浪费、环境污染和技术风险等问题,法国成为第一个立法禁止采用水力压裂法的国家。英国政府虽然维持对绿色能源的支持力度,论证页岩气开发不会影响其实现2050年温室气体减排80%的目标,在2012年年底解禁了页岩气开采,但因为环保团体的游说和公众的激烈反对,英国曾在2011年决定暂停采用水力压裂法技术开采页岩气,迄今为止争论仍未平息。[1] 为摆脱对中东石油进口依赖、实现能源独立,美国政府在鼓励"非常规能源开发"的总体政策下推进页岩气大规模开发,在2006年前后逐渐形成了成熟的页岩气勘探开采技术。美国推动的"页岩气革命"使之成为世界上页岩气开采最为成功的国家,也是世界上唯一实现页岩气大规模开采的国家。美国在页岩气开发中取得成功,是其以完善政策、修改法律作为前提的,我们可以梳理其制度经验以资借鉴。

一、美国页岩气开发环境风险法律规制制度经验

美国在推动页岩气大规模商业开发的过程中,将页岩气开发环境风

---

〔1〕 关于开发页岩气能否有助于或影响实现碳减排目标在英国引发了咨询机构与环保人士、专家与公众的广泛争议。具体内容参见郑焕斌:《英咨询机构发布报告认为:开发页岩气有助于实现碳减排目标》,载《科技日报》2012年10月20日。

险的法律规制置于出台系列政策同等重要的地位。在美国,页岩气开发涉及的环境问题大部分受到联邦法律的支配。例如,美国联邦的《清洁水法案》管理与页岩气钻井和开采有关的地表水排放,以及开采现场的雨水径流;《安全饮用水法案》管理页岩气开采活动中液体的地下注入;《清洁空气法案》限制了来自引擎、天然气处理设备和其他与钻井、生产过程相关的大气排放;美国消防协会(NEPA)要求联邦土地上的勘探和开采活动需要进行彻底的环境影响分析。在美国各州层面,相对于联邦水平上进行"一刀切"的管理方式,各州在联邦监管之下进行与页岩气开发有关的环境活动管理,能够更为有效地处理具有局域性和州级特性的活动。各州有专门管理机构(如俄亥俄州的自然资源部或宾夕法尼亚州的环境保护部),这些管理机构不仅需要执行和强制实施联邦法律,还制定有一套自己的州级法律用于管理。[1] 美国各州对页岩气开发过程中环境风险防控与环境问题规制的立法,可以更为灵活、更有针对性地添加具体的环境保护的附加标准,制定可自行支配的制度措施,以确保页岩气开发过程不会对环境产生负面影响,追求对页岩气钻井和开采行为实施"从摇篮到坟墓"的全过程规制与管理。美国各州在具体的页岩气开发环境风险规制立法经验是:通过修改现有的环境保护立法甚至针对页岩气开发的水力压裂技术使用过程进行专门立法,来管理、批准和强制所有的页岩气开发行为,包括钻井行为、水力压裂行为、生产运营全过程、废弃物的管理和处置以及钻井的废弃与封堵等行为。尤为值得注意与借鉴的是,美国除了联邦和州的立法体系与监管规则之外,特殊区域和其他各级政府也可以对油气资源开发提出环境保护的额外要求,比如城市、县、部落以及区域水行政管理部门等职能部门,均可以制定油气资源开发的具体运营规则以规制矿井的选址和运营全过程。具体制度经验归纳如下。

(一)提供多种社会群体利益表达的制度通道

虽然美国已经成功地大规模开发页岩气资源,但在美国,围绕页岩

---

〔1〕 具体梳理与分析参见[美]凯特琳·M. 纳什(Katelyn M. Nash)主编:《页岩气开发技术》,汪丽华、周靖、王建强、姜政、杨科译,上海科学出版社2013年版,第30~45页。

气是否需要开发的争论远未平息。美国政府未以页岩气开发带来的能源结构的转型、能源危机的缓解和经济利益的增长遮蔽页岩气开发所引致的环境负面影响,而是注重在页岩气产业发展过程中提供不同群体与利益相关者的表达空间与通道。美国的科罗拉多州、怀俄明州、宾夕法尼亚州和纽约州等地方政府规范管理页岩气开发的经验已经表明,强大的舆论压力促使天然气行业以及国家监管机构必须制定更严格的监督法规,找到最有效的技术和管理方案,以实现推动页岩气资源开发的同时,保护环境资源和公众利益。

(二)规制立法的统一化与分散化的结合

虽然美国联邦政府通过各种措施和机会扩展其对能源进行管理的权力,美国环境保护署(EPA)负责管理大多数的联邦法律实施,但部分美国联邦国有土地上的能源开发主要是由土地管理局(内政部)和林务局(农业部)负责。并且,针对页岩气成藏条件等资源特殊性,美国在监管页岩气开发及预防环境风险过程中,采用联邦政府与地方政府的分权与分散立法的思路。开发天然气的各个州都存在一个或多个监管机构管理,由它们作为主体负责监管对水资源管理和处置、废弃物管理和处置、废气排放、地下水注入、野生动物影响、地表影响、工人的健康和安全在内的环境相关活动和排放等事项。[1] 这种制度选择的原因在于,虽然系列的联邦法律能够管制页岩气开发中常见的、普遍的环境问题,但是,联邦执法机构没有足够的资源(包括机构、人员与经费等)管理全国所有的油气环境项目计划。此外,美国联邦法律并不总是满足环保所需的最有效方法。因此,大多数联邦法律规定了赋予各州优先管理地位的条款,由州设置自己的一套监管措施。各州在了解本州页岩气开发监管与环境风险防治的需求上,能调控相关的页岩气开发的具体管理制度规范。与国家适用同一模式管理相比,这种分散型的立法思路与管制措施,可以更容易、更有效地管理区域性的页岩气开发活动。

---

[1] J. Daniel Arthur, Bruce Langhus, David Alleman, "An Overview of Modern Shale Gas Development in the United States", *ALL Consulting* 1, 2008, pp. 1 – 21.

（三）为规范页岩气开发及其环境风险规制进行专门立法

虽然美国通过适用传统的石油和天然气勘探和生产活动的联邦和州的复杂的法律体系来规制页岩气开发利用的环境风险，但也为页岩气开发利用进行了专门立法。目前，美国联邦和各州能够用以规范页岩气开发及环境风险防治的法律体系可以概括为两个方面。

1. 既有法律法规体系的重新解释与拓展适用

既有的能源法律制度体系对于能源开发、产业监管的规制制度，通过逻辑演绎或法律解释，能部分规制页岩气开发过程及其环境风险。从1996年美国国会通过了《安全饮用水法》（SDWA）修正案开始，美国颁发一系列法案，可用以加强对页岩气开发的环境监管。具体有：《安全饮用水法》限制向地下饮用水源注入废弃物，禁止油气运营商在水源附近进行水力压裂作业；《清洁水法》监管美国境内排放到水源里的有毒物质；《清洁空气法》要求页岩气生产商必须控制压裂施工过程返排液体中的挥发性有机化合物的含量；《职业安全与健康法》规定运营商必须维持施工现场使用的危险化学品材料清单并向政府备案；《资源保护和回收法》规定了工程施工过程中的废物回收及处理责任；《综合环境反应、赔偿与责任法》（《超级基金法》）规定运营商必须提交危险化学品的排放途径。这些新型法律体系的出台预期能够有效规制生产过程中的各类环境问题，也包括页岩气开发引发的各种环境风险。

2. 法律修订与专门立法

美国联邦和各州还注重在页岩气大规模商业性开发之后进行法律修改或专门立法。虽然大多数州在页岩气开发之前已有相关立法，但当页岩气大规模开发之后，依然针对页岩气开发过程及其水力压裂技术适用进行了专门立法。比如，阿肯色州立法要求，压力井表层套管有足够的内压承受力来承受将套管安装在压裂井下预期可能产生的最大压力；宾夕法尼亚州通过立法也已经更新了其固井要求，增加了在压裂井与自然资源之间的必要的障碍，提高从压裂井返回的返排液返排处理和保护的需求，并改进和提高污水处理要求；蒙大拿州、北达科他州和怀俄明州更新了他们关于套管和压裂井的完整性规则，要求进行压力测试，或检测一个压力阀和特定井控设备的使用。[1] 概括而言，美国各州为规制页岩气开发所进行的法律修订或专门立法，其重点集中在规制以下三个方面：(1)要求通过完善具体立法以规范页岩气压裂井和套管的质量和使用，使之达到安全合理的标准，以避免压裂液对地下水源造成污染；(2)要求在页岩气开发过程中，通过专门立法具体去规范水力压裂技术的内容和运用，使压裂方案的具体内容公开以被公众所知悉，同时也需要完善国家规定的强制披露制度，保障公众的化学信息知情权和请求权；[2] (3)通过制定具体规范，以实现对页岩气开发中产生的大量废水的妥善处理。

二、美国页岩气开发环境风险规制制度经验的启示

页岩气开发利用过程伴随着多种环境风险，环境资源一旦破坏则很难逆转，需要进行风险预防和源头治理。因此，我们需要在大规模推进页岩气商业开发之前完善环境问题规制的制度体系，这也是美国"页岩气革命"昭示的经验。借鉴美国规制页岩气开发中环境风险的制度经验，我们应当从以下几个方面完善法律制度。

(一)体系化厘清页岩气开发中的权属制度

预防控制页岩气开发中的环境问题需要进行具体制度措施的体系化构建，这与层次性地明晰页岩气开发过程中的权属制度紧密相关。根据我国《物权法》第46条规定的"矿藏、水流、海域属于国家所有"，我国的一切矿藏资源属于国家所有，因此，页岩气的所有权是明确的，需要清晰界定和配置的是页岩气开发中的他物权和准物权。我国分别于2011年和2012年启动的页岩气的第一轮和第二轮含气区块招标工作，即是对矿权(具体为探矿权和采矿权)的分配。在此源头环节和权利配置的具体过程中，应当从两个层面规范页岩气开发。

---

[1] Hannah Wiseman, Francis Gradijan, "Regulation of shale gas development, including hydraulic fracturing, Center for Global Energy", *International Arbitration and Environmental Law* 20, 2012.

[2] Hannah Wiseman, "Trade Secrets, Disclosure, and Dissent in A Fracturing Energy Revolution", *Columbia Law Review* 111, 2011, pp. 1 – 13.

1. 明确定位我国页岩气开发中的价值位序

虽然我国开发页岩气是为了促进能源结构转型，更好地实现经济增长，但在具体探矿权、采矿权分配以及开发过程不能以实现资源开发为目标，而应当确立重点保护国家能源安全和利益的首位价值诉求，国外在页岩气开发过程中也作出了此种选择。比如，波兰在其构建的页岩气开发规制的法律框架中，确定以保护国家能源利益为重心，包括：(1)通过具体制度规定国家实现其对战略资源的唯一控制权；(2)通过现有的监管制度的实施，实现勘探、发掘、利用资源的控制权在波兰交由国家保留；(3)国家对勘探者在勘探活动中获得的珍贵地质信息保留控制权，以实现国家对能源利益的全面控制和保护；(4)在国家对于能源的依赖受到持有特许权的实体所采取的探测、勘探和开采等行为的影响时，国家可以通过相关条款捍卫自己的利益。[1] 申言之，在页岩气勘探开发过程中，即使业界和媒体呼吁积极推进页岩气商业开发、主张积极引入民营资本进入页岩气市场，也应当将在页岩气开发中保障国家能源安全、实现国家能源利益确立为核心价值，页岩气开发中的环境保护诉求应当统合在这一价值目标之下。

2. 注重在保障土地权利群中实现页岩气环境风险防控

页岩气是从地下页岩层中开采出来的天然气，页岩气开采时压裂井要探到含气区块上方。但是，矿权与土地所有权、使用权的主体很难统一；同时，含气区的地下边界与其上所有者、使用者的土地之间的边界往往并不一致。为应对能源勘探开发与土地上权利群之矛盾，美国在土地私有制制度语境下适用“天空规则”，土地所有权人对其土地下的石油和天然气资源享有所有权，并享有开采权。在这种权利框架下，为应对页岩气开发中的环境风险，土地所有权人应对其所在地区的页岩气钻井活动保持警惕，在制度设计上采取细致的天然气租赁形式（采气租约），

[1] Wojciech Baginski, “Shale Gas in Poland—The Legal Framework for Granting Concessions for Prospecting and Exploration of Hydrocarbons”, *Energy Law Journal* 32, 2011, pp. 145 - 155.

以解决土地所有权人关注的环境问题。[1] 随着石油天然气开采技术的发展成熟,在相对固定的土地权利界限范围内的石油天然气资源具有一定程度的流动性和不确定性,美国以获取法则(the rule of capture)取代天空法则,油井经营者可以开采另一土地所有者的土地下的原油而不承担责任,以允许和鼓励以最大的开采能力开采原油和天然气。[2] 从中我们可以归纳,矿权的设置不但取决于立法技术,也受到天然气开采技术发展的影响,还是国家在不同时期的发展战略的选择结果。由此得出的启示是,我们应对页岩气开发中的环境风险的制度设计受制于资源权属界定的既有立法(对资源所有权、探矿权、采矿权的现行规定),必须纳入权属界定的制度框架内进行。页岩气开发中的风险预防,固然应当加强管制制度的系统设计和完善,但也要注重含气区块的土地权利人(包括所有人和用益物权人)为保障自身权益而进行的环境保护活动。

(二)环境影响评价制度的拓展

环境影响评价制度是环境风险预防原则的制度化工具,环境影响评价制度的主要意义在于环境影响评价具有科学技术性、前瞻预测性和内容综合性等优点。从风险预防原则出发,应系统构建页岩气开发中的环境影响评价制度,科学合理评估开发利用过程中的环境影响和环境风险。根据我国《环境影响评价法》和《规划环境影响评价条例》,我国环境影响评价的范围主要包括规划的评价和建设项目的评价。近几年来,我国更加重视战略环境影响评价的引入与借鉴,战略通常有政策、规划和计划三种表现形式,我国环境影响评价对象从建设项目扩大到了规划。我国《环境影响评价法》在第二章规定了"规划的环境影响评价",该法第7条和第8条分别规定了规划环境影响评价的对象分别是国务院有关部门、设区的市级以上地方人民政府及其有关部门,对其组织编制的土地利用的有关规划,区域、流域、海域的"建设、开发利用规划"和"专项规划",但梳理条文,该法律主要规定的是对专项规划的环境影响

---

[1] Kenneth R. Myers, Alan W. Flenner, "Landowner Protection from Marcellus Shale Development", *Environmental* 31, 2011, pp. 1 – 7.

[2] 胡德胜编著:《美国能源法律与政策》,郑州大学出版社2010年版,第100页。

评价。《规划环境影响评价条例》在第2条对规划进行了"综合性规划"与"专项规划"的二分。2016年修改的《环境影响评价法》修改内容主要弱化了项目环评的行政审批要求、强化了规划环评和加大处罚力度,[1]并没有从法律体系、调整对象和条文结构上进行较大修改。因此,在我国现行的法律体系中,作为环境影响评价对象的规划仅包括综合性指导规划和专项规划,并没有把政策和计划纳入到现行的环境影响评价制度。

页岩气开发对于环境造成的影响也依次包括页岩气开发的政策、规划、计划和具体建设工程项目几个层次,对页岩气开发环境问题法律规制的环境影响评价制度,也需要从这几个层次上进行拓展。从战略环评的长期发展趋势看,我国也应当考虑将战略环评对象的范围扩展至政策层面。[2] 首先对在不同页岩气区块是否要开发页岩气、是否会造成重大环境影响的政府政策和地方决策(包括法规、规章及其解释)纳入环境影响评价范围内,其次对页岩气开发规划进行环境影响评价,[3]再次对页岩气开发的具体计划纳入环境影响评价对象之列,[4]最后一个层次的环境影响评价即是对具体的页岩气开发工程建设项目进行环评。我国页岩气地质与开发条件复杂多样,不同页岩气发育区在沉积环境、地质基础、生烃条件、成藏条件等方面存在众多差异,由此,需要根据页岩气开发工艺流程,收集环境要素的基本数据,寻找页岩气开发过程可

[1] 杜焱强、包存宽:《修改的〈环评法〉有哪些亮点?》,载《中国环境报》2016年7月20日。

[2] 王社坤:《我国战略环评立法的问题与出路——基于中美比较的分析》,载《中国地质大学学报》(社会科学版)2012年第3期。

[3] 根据我国《规划环境影响评价条例》,页岩气开发的规划应当指国务院有关部门、设区的市级以上地方人民政府及其有关部门,对其组织编制的土地利用的有关规划和区域、流域、海域的建设、开发利用规划(综合性规划),以及涉及页岩气的能源和自然资源开发的有关专项规划。

[4] 页岩气开发中的"计划"的内容的界定可以借鉴美国《国家环境政策法》和《国家环境政策实施程序条例》的相关规定:"计划"既包括为了实施具体的页岩气开发的政策或规划而确定的一系列相互协调的行动,也包括为了实施为规范页岩气开发而制定的法定规划或行政指令而做出的一系列相互关联的机构资源分配的决定。对于美国环境影响评价制度体系中对于"计划"规定的介绍,可参见王社坤:《我国战略环评立法的问题与出路——基于中美比较的分析》,载《中国地质大学学报》(社会科学版)2012年第3期。

能造成环境污染和生态破坏的风险点源,科学合理地分析、预测和评估页岩气开发本身及水力压裂法的使用所造成的环境质量影响。

(三)环境公众参与制度的具体化

环境公众参与制度是环境民主原则的制度化工具,任何环境决策因为环境资源的整体性与环境行为的外部性而必然带有公共性的内在属性,这使得环境民主价值成为环境决策的内在价值依归,以行为规则设计上的公众参与作为外在形式,将公众意见作为决策的依据。有效的公众参与不但能赋予环境政策合法性,而且能契合环境问题解决的内在需求。[1] 页岩气开发不仅是国家能源决策行为,也与公众环境权益直接相关,应当平衡国家能源需求和公众健康安全二者之间的关系,通过制度设计实现二者的有机统一,提供公众表达利益诉求和参与监督管理的制度通道。政府相关职能部门应当注重页岩气开发的宣传和公众教育,并向公众公开评估页岩气开采造成的环境风险的环境信息,通过完善《政府信息公开条例》和《环境信息公开办法(试行)》,赋予公众可以申请政府和企业公开压裂液所含化学成分及水力压裂过程的环境影响等信息的权利,企业不得以涉及商业秘密为由拒绝,让公众作为环境利益相关者积极参与监督管理。

(四)构建页岩气开发环境风险规制的区块防治制度体系

科学研究表明,不同页岩气区块地质历史、资源禀赋、成藏条件和开发条件等差异明显,这些自然因素的差异不但对页岩气开发提出了不同的技术要求,也使得不同区块中页岩气开发所导致的环境问题的类型、重点及其致害机理存在特殊性,进而,不同区域页岩气开发环境问题规制也提出了各自特殊的制度需求,以更好地回应问题的特殊性。针对此特性,可以考虑借鉴水资源保护和污染防治的流域管理体制以及美国在页岩气开发监管中以州政府为监管主体的经验,在完善国家层面系统的监督管理和风险规制制度的基础上,允许并推行在不同页岩气区块构建符合其特殊监管和环境风险规制需求的区块地方立法。

---

[1] 刘超:《“二元协商”模型对我国环境公众参与制度的启示与借鉴》,载《政法论丛》2013 年第 2 期。

（五）规制页岩气开发利用中的环境风险专门立法

完善扩大既有法律制度体系与进行专门立法并行，这也是美国“页岩气革命”的重要经验和仍在积极推进的工作。我国《环境保护法》《水污染防治法》《矿产资源法》等法律规范虽然可以通过逻辑推导、扩大解释和类推适用来规制页岩气开发中的环境风险，但这种规制是间接和零散的。我们应当针对页岩气开发利用过程环境影响的特殊致害机理，构建专门的针对性制度。包括：(1)对作为页岩气开发的核心技术的水力压裂法在石油和天然气钻井项目中的使用进行专门立法，可以制定细致的环境标准（包括环境质量标准和污染物排放标准）和监管规范；(2)对页岩气开发中使用的页岩气井套管、压裂液的规格、材料和成分等进行专门规范；(3)出台规范页岩气开发准入、废水排放标准、有害空气排放标准、环境监测和突发环境事件应急预案等内容的专门立法。

第三节　波兰页岩气开发管理制度的经验与启示

波兰的页岩气储量丰富且在欧洲率先进行了大规模商业开发，总体而言，波兰是世界上仿效美国页岩气产业政策最为积极的国家，对比欧洲其他页岩气储量丰富国家的谨慎与犹疑，波兰是较为全面系统出台政策和更新法律制度以鼓励与保障页岩气产业迅速发展的国家。在全面推动页岩气商业开发过程中，波兰构建了一系列法律制度，可以为我们提供一些有益的经验和借鉴。

一、波兰页岩气开发管理中的制度安排

波兰是欧洲页岩气储量最为丰富的国家之一，拥有分别位于波罗的海、波德拉谢以及卢布林地区的三大页岩气盆地，根据美国能源信息署（EIA）的数据，波兰页岩气储量达到 5.3 万亿立方米，位列欧洲第一。与此同时，波兰传统的石油和天然气资源极度匮乏，虽然煤炭储量巨大，波兰 90% 的电力来源于火力发电，但火力发电不但效率低下、能耗严

重,而且环境成本高昂。波兰在每年消耗的140亿立方米天然气中,本国仅能满足30%的能源需求,70%的天然气依赖从邻国俄罗斯进口。[1]因此,出于满足国内能源需求、改变能源结构单一的现状、追求能源独立、摆脱对俄罗斯天然气的依赖性以及削减二氧化碳排放量等多重诉求,波兰致力于推进页岩气开发,并在为页岩气的大规模开发利用而突破技术"瓶颈"的同时,积极出台政策或创新制度。概括而言,波兰为促进页岩气开发利用中的制度安排可以归纳为以下几个方面。

(一)波兰对页岩气资源权属的一般和特殊规定

各国在推进与规范页岩气资源开发利用的一个前提性问题是明确页岩气资源的权属制度。页岩气作为一种矿产资源,其资源权属的界定从属于各国对于自然资源权属的法律定位,当然也会适当考虑各种资源种类的特殊性而设定一些特殊规则。波兰系统规范矿产资源权属与矿业行为的法律规范是1994年颁布的《地质与采矿法》。该法律第7条第1款规定,矿产资源并不属于土地房产的一部分,而是属于国家财产。在符合法律规定的情况下,国家可以通过授予采矿使用权来利用、处置该权利。根据该法第9条的规定,在采矿使用权协议及其他法规规定的范围内,采矿使用权能排除他方勘探指定的矿物。不过,矿产资源的所有权由国家保留。[2] 质言之,在波兰已经确立的矿产资源法律制度体系中,矿产资源的所有权属于国家所有,再兼之波兰在突破能源短缺危机、扭转能源进口依赖性的特殊诉求,这使其针对页岩气这一新能源的权属制度制定专门的规则,以重申和突出国家的能源利益。

波兰不仅在《地质与采矿法》中规定矿产资源属于国家所有,并且为保障页岩气国家所有权的实现,制定了从宏观制度目标到微观制度手段全方位的制度体系,包括:(1)通过具体规定,国家实现其对战略资源的唯一控制权;(2)通过现有的监管,勘探、发掘、利用资源的控制权也由

---

〔1〕 具体数据可参见《美媒:波兰大力推动页岩气开发为减少对俄天然气依赖》,载新华网,最后访问时间:2014年3月13日。

〔2〕 Wojciech Bagiński, "Shale Gas in Poland—The Legal Framework for Granting Concessions for Prospecting and Exploration of Hydrocarbons", *Energy Law Journal* 32, 2011, pp. 145 - 155.

国家保留;(3)国家对勘探者在他们的活动中获得的珍贵地质信息保留控制权;(4)在波兰能源依赖受到行为实体持有优惠的探索、前景或利用资源损害的情况下,国家可以通过条款捍卫自己的利益。[1]

(二)波兰对页岩气勘探开采特许权的体系化规定

波兰的矿产资源所有权由国家保留,且为页岩气国家所有权的实现特别制定了专门规则。所以,当波兰预期推进页岩气开发时,必须设计出体系完整的页岩气勘探特许权制度,以兼顾实现上述两种制度目标。具体而言,在波兰《地质与采矿法》框架下,其页岩气勘探与开采特许权制度可以归纳为以下几个方面:

1. 设定专门的特许机构。波兰《地质与采矿法》第16条规定:"除第二项以外,特许权均由环境保护、自然资源和森林部授予。"也即波兰立法赋权其环境保护、自然资源和森林部作为矿产资源勘探与开采特许权的特许机构,根据该法第103条规定,该部人员的资格由部长会议批准。

2. 取得特许权的资质要求。企业预期在波兰进行页岩气的勘探与开发,必须从波兰环境保护、自然资源和森林部取得特许权。该机构作为国家授权机关负责许可证的颁发。为了取得这一许可,企业必须符合特定的法律要求,特别是《地质和采矿法》和《经济活动自由法案》的资质要求。

3. 取得特许权的程序要求。该程序性要求可以概括为:(1)招标,依据《地质和采矿法》第11条规定,在预期开放设定探矿权与采矿权的矿区应先进行招标程序。(2)申请,社会主体特许申请的内容规定于《地质与采矿法》第18条,包括:申请人的名称(在企业家或公务记录的登记地址,号码)、对经营活动的类型和指定范围、申请人已申请在该区域将要进行活动的内容、特许权授予的期限(企业只能在该期限内进行活动)、申请在指定范围内的开采资源的名称。(3)签订采矿使用权协议,即特许机构在审查的基础上与特定主体签订采矿权适用协议,根据《地

---

〔1〕 刘超:《页岩气开发中环境风险法律规制:一个初步分析框架》,载《中国地质大学学报》(社会科学版)2013年第4期。

质与采矿法》第9条规定,在采矿使用权协议及其他法规规定的范围内,采矿使用权能排除他方勘探指定的矿物。在波兰,采矿使用权协议是以书面形式设立并由国家财政部审议,该协议规定各方当事人对地下资源开发活动时的权利和义务。[1]

(三)波兰对页岩气勘探开采中环境风险预防与管理的制度规范

波兰重视矿产资源开发利用的同时,也非常注重在此过程中的环境保护与环境风险管理:(1)从立法规定上看,波兰《地质与采矿法》第17条规定:"特别是与环境保护有关的问题,则要授予特许权必须对因进行特许权所包括的活动所造成的后果签订担保书,提交保证金。"(2)从机构设置上看,波兰设置环境保护、自然资源与森林部作为职能部门代表国家行使矿产资源的所有权与管理权可见一斑。(3)从特许条件上看,作为特许机构,波兰的环境保护、自然资源与森林部在审查采矿使用权申请主体的勘探开采特许权申请时,如果该主体申请在矿区范围内进行的活动可能影响到环境,其作为授权机关可以拒绝特许权申请,禁止资源开发。(4)对环境风险的全过程监控,波兰基于其对矿产资源的所有权,即使授予了企业勘探采矿特许权,也能作为矿产资源所有权人对矿产资源勘探开采的全过程监管,以保持国家对页岩气勘探、开发、利用波兰资源的人的控制。

二、波兰页岩气开发管理制度经验的启示

波兰传统能源极度稀缺,但页岩气储量丰富,页岩气资源成功开发利用对于波兰改变能源结构、解决能源危机意义重大,这与我国对新能源的开发利用的需求类似。页岩气资源开发利用近几年才进入世界各国的视野,在资源开发技术和制度保障上都面临全新的挑战。波兰为促进页岩气资源工业化开发的制度保障体系可以为我国正在积极推进的页岩气发展规划的实施提供一些有助益的启示。

---

[1] Wojciech Bagiński, "Shale Gas in Poland—The Legal Framework for Granting Concessions for Prospecting and Exploration of Hydrocarbons", *Energy Law Journal* 32, 2011, pp. 145 - 155.

（一）页岩气资源国家所有权制度的完善

在我国现行的法律制度框架中，国务院已经批准将页岩气为新发现的独立矿种，则页岩气资源属于国家所有不言而喻。我国《宪法》第9条第1款规定："矿藏、水流、森林、山岭、草原、荒地、滩涂等自然资源，都属于国家所有，即全民所有；由法律规定属于集体所有的森林和山岭、草原、荒地、滩涂除外。"我国《物权法》第46条规定："矿藏、水流、海域属于国家所有。"我国《矿产资源法》第3条也规定矿产资源属于国家所有。质言之，在我国立法确立的所有权的种类、结构和内涵中，国家对于一切关系到国计民生的自然资源概括地享有所有权。并且，自然资源的内涵并不限于上述相关立法中列举未尽的规定，而是随着科技进步与社会发展不断拓展其种类与范围。比如，全国人大常委会根据当前的自然资源开发利用的新进展，将自然资源的范围界定为土地资源、水资源、矿产资源、生物资源、气候资源、海洋资源等。[1] 在这种立法思路和制度逻辑下，尚未进入立法视野的地热能、页岩气、可燃冰等新型能源也当然属于国家所有权的客体。

从法理上看，我国页岩气资源属于国家所有。但问题的关键是现行规定，能否承载与实现页岩气国家所有的制度目标与社会功能？作为自然资源的页岩气国家所有应当承载的社会价值有：生态价值保障功能、能源公益属性的实现功能、任何个体独占的排除功能以及控制所有权与收入所有权的兼顾功能。[2] 但是，现实中，我国矿产资源所有权制度的运行实践经常出现制度实施逻辑错位、制度功能异化和制度运行目标落空等问题。现实中矿产资源国家所有权制度的实践困境主要有：(1)矿产资源国家所有基本上是宣示性的规定，没有系统的法律制度与经济制度予以落实。(2)我国《矿产资源法》第5条规定：国家实行探矿权、采矿权有偿取得的制度，开采矿产资源，必须按照国家有关规定缴纳资源税和资源补偿费。但是，美国的资源补偿费率是12.5%，澳大利亚、马来

---

〔1〕 全国人大常委会法制工作委员会民法室：《中华人民共和国物权法条文说明、立法理由及相关规定》，北京大学出版社2007年版，第75页。

〔2〕 刘超：《气候资源国家所有权的社会功能与权利结构》，载《政法论丛》2014年第3期。

西亚是10%，而我国石油、天然气的补偿费率仅为1%，[1]资源补偿费率的低下使国家基于矿产资源所有权所享有的经济利益受损，同时也滋生了权力寻租的空间。(3)现实中，国家对于矿产资源所有权主要通过收取资源税和资源补偿费转让矿产资源使用权的方式实现，基于执法监管力量等的限制，没有有效地实现全过程监督，现实中采富弃贫、采大弃小、采易弃难等造成矿产资源贫化和浪费的现象时有发生。(4)我国自然资源实行分级分条块管理，国土资源部门、各级地方政府及国有企业代表国家分别行使不同形式与类型的自然资源所有权，但是，现实中地方政府和国有企业在开发利用矿产资源时，更多注重其经济利益而忽视其生态利益与能源公益属性。

借鉴波兰对页岩气国家所有权的规定，我们可以采取的制度完善路径有：(1)在立法思路上，改进当前法律体系仅在《宪法》《物权法》《矿产资源法》中宣示性规定矿产资源国家所有的立法思路，进一步归纳与设计出系统的实现矿产资源国家所有权的法律制度与政策工具。(2)借鉴波兰在《地质与采矿法》中区分基础矿产与普遍矿产的分别立法思路，[2]实现国家(国务院地质矿产主管部门)对基础矿产和战略资源的唯一控制权，且不能通过授权地方政府的方式实现。(3)应当通过立法保障国家基于对矿产资源享有所有权而实现其多重价值，不仅是经济价值，而且包括其生态价值与勘探中获取的珍贵地质信息等价值。(4)国家对于矿产资源享有的所有权的权能与效力还应当体现在全过程控制中，即使通过特许协议转让矿产资源的勘探开采权，也应当进行全过程控制以避免矿产资源贫化、效率低下和浪费现象。(5)对于页岩气等新型能源除了适用既有的矿产资源国家所有权的一般规定，针对页岩气资

[1] 李志学、彭飞鸽、吴文洁：《国内外石油资源税费制度的比较研究》，载《国土与自然资源研究》2010年第1期。

[2] 波兰《地质与采矿法》第5条中规定了普通矿产是基础矿产之外的矿产，该法第16条第2项规定：普通矿产之普查、勘探及开采的特许权由市镇长授予，其余的均由国家授予。波兰的这种公共权力的国家整体性在层级上的明确，当不再夹杂着中央和地方的财产利益时，更容易形成权力的向心力。参见康纪田：《波兰矿业法给我国矿业立法的启示》，载《中国矿业》2006年第7期。

源自身的自然规律、勘探需求而制定专门的规则体系。

(二)页岩气资源特许权制度的完善

我国有系列法律制度体系规定了探矿权与采矿权。我国《物权法》第123条规定:“依法取得的探矿权、采矿权、取水权和使用水域、滩涂从事养殖、捕捞的权利受法律保护。”也即在我国《物权法》的框架中,探矿权和采矿权属于用益物权。在我国民法学界的共识中,一般将探矿权和采矿权合称为矿业权,与取水权、养殖权、捕捞权等一起被称为特别法上的物权,因其需要通过行政许可的方式取得而称为特许物权。[1] 质言之,《物权法》上的矿业权是特许物权,由行政许可取得。根据我国《行政许可法》第12条规定,“有限自然资源开发利用、公共资源配置以及直接关系公共利益的特定行业的市场准入等,需要赋予特定权利的事项”可以设定行政许可。我国《矿产资源法》的相关条文对于矿产资源勘探开发的行政许可进一步细化了规定,设定了具体的矿产资源特许制度。

在笔者检索的文献中,鲜见对我国当前矿业特许权的专门研究。因为矿产资源属于自然资源的构成部分,对该问题的研究多被纳入对我国当前的自然资源特许权的反思与检讨中。总体上而言,我国环境法学界对当前矿业特许权的批评集中于我国《物权法》将矿业权等有争议的权利界定为用益物权,使之物权化。[2] 行政法学者对于自然资源特许权的批评集中于当前的制度忽视自然资源特许权的私权属性,特许权取得以审批方式为主,从而导致利害关系人的利益保护不周和对特许权人救济不充分。[3]

基于论述目的和主题,笔者在本研究中不预期系统讨论我国当前自然资源特许权制度的得失。《行政许可法》第53条第1款规定:“实施本法第十二条第二项所列事项的行政许可的,行政机关应当通过招标、拍卖等公平竞争的方式作出决定。但是,法律、行政法规另有规定的,依照

---

〔1〕 王利明主编:《民法》(第五版),中国人民大学出版社2010年版,第219页。

〔2〕 邱秋:《中国自然资源国家所有权制度研究》,科学出版社2010年版,第154~155页。

〔3〕 田君臣:《论自然资源特许使用权》,苏州大学2010年硕士学位论文。

其规定。”我国的法律已经规定了行政许可权的取得可以通过招标、拍卖等市场经济手段,并非只有行政审批的方式。比如,我国国土资源部(现自然资源部)在已经完成的两轮页岩气探矿权招标中均采用的是市场公平竞争的方式。笔者在此处仅从波兰在页岩气勘探开采特许权中对于勘探特许权与开采特许权之间关系的规定,来探究我国页岩气特许权的体系化完善。

结合上述波兰在设定矿产资源特许权一般规定,以及为规范页岩气特许权进行的专门制度建构,我国页岩气特许权取得制度应该完善之处有:

1. 明确规定并普遍实施页岩气等矿产资源特许权取得的招标制度。我国虽然在《行政许可法》第 53 条规定对于行政许可要“通过招标、拍卖等公平竞争的方式作出决定”,但《矿产资源法》第二章对矿业权特许权的取得只规定了行政审批的方式。而波兰《地质与采矿法》第 11 条明确规定了开放设定探矿权与采矿权的矿区应先进行招标程序,并在第 18 条对于该程序实施规定了具体规则。虽然我国在《页岩气发展规划(2011 - 2015 年)》中规定“要制定准入门槛和资质,推动矿权招投标制度、区块退出机制及合同管理”,但该规划仅为部门规章,效力层次不高且规定较为宏观简略,难以为我国页岩气招标提供完善的规则依据。故此,建议修改《矿产资源法》,明确将招标、拍卖等市场机制与行政审批程序并重,并且细致规定市场机制的具体规则。

2. 重视探矿权与采矿权特许权取得的制度差异与内在关系。我国法律体系虽然在概念与权利内涵上区分了探矿权与采矿权,但实际上在我国矿业权特许的制度体系中,并没有重视这二者的区别及其特许权取得在条件、权利产生方式、权利效力、权利构成和权利行使等方面的差异。梳理我国《矿产资源法》的相关规定,虽然该法在第 3 条第 3 款规定“勘查、开采矿产资源,必须依法分别申请、经批准取得探矿权、采矿权,并办理登记”,并在第三章规定了“矿产资源的勘查”,第四章规定了“矿产资源的开采”,但这两章规定的分别是矿产资源勘查和开采的管制性规范。第二章规定的是矿业权特许权的取得,但标题是“矿产资源勘查的登记和开采的审批”,也即在特许权取得的规定中是将“勘查、开发”

及“探矿权、采矿权”放在一起规定的。反观波兰在《地质与采矿法》第12条第1款中规定了成功的探矿者可以在2年内申请优先授予其矿业开发权，但是法律并没有规定国家授予使用权的义务，也没有具体说明该权利被授予的时期。申言之，在波兰勘探特许权的取得并不意味着可以自动获得采矿特许权，其意义在于保障国家作为矿产资源所有权人对于矿产资源的控制。而我国，虽然在概念与法理上区分了探矿权与采矿权，但在制度设计上将二者合并为矿业权予以一体规范，在特许权取得中将探矿权作为采矿权的前提予以制度设定，这样不能保证国家对于矿产资源的有效控制。

（三）页岩气勘探开采环境风险法律规制制度的完善——以机构设置为重心

所有的矿产资源开发利用的过程均会对既有的环境生态系统造成影响。虽然页岩气是低碳新能源，页岩气的利用排放少、污染程度小，对于节能减排具有积极作用。但与此同时，开发利用页岩气的过程又会产生特殊的环境风险。美国联邦环境保护署和杜克大学多项研究均表明，页岩气开发的关键技术水压裂法的使用导致PM2.5、SO_2、NO_X、VOCs等有毒气体和挥发性有机化合物的排放，成为空气污染的主要来源，并且，水利压裂的过程会消耗大量淡水，导致对生态系统和饮用水供应的严重影响。[1] 规制的法律制度框架，此处并不预期展开系统论述，而是从上述的波兰页岩气勘探开采中环境风险预防管理的结构设置经验得出一些完善的启示。

我国的行政职能部门之间存在细密的分工，各环境资源保护职能部门以环境单行法作为依据，对各种环境要素担负各自的职责，从而导致规制机构上的断裂。各风险规制执法机构即使对本部门职责范围内的环境风险高度敏感、迅速回应，但在分业体制下，也只能囿于部门职责，有效地规制某一领域的环境风险而难以兼顾环境整体性。[2] 在我国，

---

〔1〕 Patrick Parenteau, Abigail Barnes, “A Bridge too Far: Building Off - Ramps on the Shale Gas Superhighway”, *Idaho Law Review* 49, 2013, pp. 325 - 362.

〔2〕 刘超：《环境风险行政规制的断裂与统合》，载《法学评论》2013年第3期。

根据《矿产资源法》第11条的规定，由地质矿产主管部门主管全国矿产资源勘查、开采的监督管理工作，但其过程中产生的环境污染、生态破坏等环境风险则由环境保护主管部门负责兼顾管理。在我国国务院职能部门分工中，国土资源部（现自然资源部）作为地质矿产主管部门负责土地资源、矿产资源、海洋资源等自然资源的规划、管理、保护与合理利用。环境保护部（现生态环境部）作为国家环境保护主管部门，其主要职责是制订并实施环境保护规划、政策和标准，监督管理环境污染防治等。尤其是在《环境保护法（修正案）》于2015年1月1日起正式施行后，环境保护部的职能重点突出该法第5条所要求的"保护优先"原则。

地质矿产主管部门主要负责自然资源的规划、管理和合理利用，但保护自然资源也是其职能的一部分，比如，我国《矿产资源法》第32条规定："开采矿产资源，必须遵守有关环境保护的法律规定，防止污染环境。"且保护自然资源本身属于合理利用自然资源的应有内涵。环境保护主管部门负责保护生态环境，防治环境污染与破坏。虽然这两个职能部门的职能并不是直接对立，但其背后却分别代表国家实现的是自然资源对于人类的经济功能与生态功能。现实中，基于我国的国情和地方政府的政绩诉求，地方政府往往在经济发展冲动中陷入环境保护的"底线竞争"，尽可能地在现有环境法律规制框架中实现自然资源的经济价值。地方环境保护职能部门屈从于地方政府的经济利益诉求，经常会悬置环境保护职能，此次《环境保护法（修订案）》专门规定"保护优先"，即对于原有的环境保护中秉持的保护环境与促进经济发展"二元目的"理念与路径进行反思与矫正。可以预见，既然自然资源对于人类同时具有经济价值与生态价值，那么，两个职能部门之间的冲突将不可避免。一旦国土资源部（现自然资源部）维护的经济价值与环境保护部（现生态环境部）维护的生态价值发生冲突，必须提交国务院协调解决，而这不是制度常态。

因此，为应对此规制机构断裂的弊端，建议适当借鉴波兰机构设置的经验。波兰设置环境保护、自然资源与森林部代表国家行使矿产资源的所有权与管理权，即体现了其并重自然资源的经济价值与生态价值的思路。当符合法定资质的主体预期从该部门取得矿产资源特许权时，在我国现行的机构设置中，地质矿产主管部门要按照我国现行《矿产资源法》第 15 条“设立矿山企业，必须符合国家规定的资质条件，并依照法律和国家有关规定，由审批机关对其矿区范围、矿山设计或者开采方案、生产技术条件、安全措施和环境保护措施等进行审查”规定审查企业是否符合国家规定的资质条件，很明显，其中的“环境保护措施”审查仅为众多审查项目中的一项，但不是主要内容。若参考波兰的机构设置，则主管部门对环境保护措施的审查与对企业法定资质的审查置于同等重要的地位，如果该主体申请在矿区范围内进行的活动可能影响到环境时，其作为授权机关可以拒绝签发特许授予特许权，禁止矿产资源勘探开发。

三、审慎地借鉴波兰页岩气开发制度经验

波兰是继美国之后，政府推进页岩气开发最为积极的欧洲国家，页岩气的开发承载其提高能源自给率、减少能源进口依赖的诉求。波兰近几年出台了专门的政策和法律制度，制定了页岩气开发计划，并先后向国际大型能源企业颁发了超过一百张天然气勘探许可证，允许其在波兰境内勘探和开采页岩气。但是，近两年来，波兰页岩气勘探开发却遭遇了多重困境，除了民众对于页岩气开发可能会引致环境破坏的抗议，也存在波兰页岩气资源储量、商业价值等问题，一些国际能源企业逐步退出波兰页岩气开发领域。因此，这里介绍与借鉴波兰页岩气开发的制度经验，并不意味着笔者赞成波兰页岩气法律制度框架是成熟的、成功的。但是，波兰页岩气开发管理制度体系中一些符合页岩气资源开发利用的自然规律、能够规制开发利用过程环境风险的制度经验，依然可以为我们提供一些有助益的启示。

第四节 页岩气勘探开发中信息公开制度的疏失与完善

近几年来我国出台系列政策推动页岩气勘探开发，但页岩气勘探开发过程伴随着环境风险、技术风险与市场风险，信息公开成为了页岩气

勘探开发的内在需求。我国的页岩气勘探开发中政府环境信息公开存在疏漏与缺位，同时由于没有明确的规制规范，企业会以保护商业秘密为由拒绝公开核心技术中的化学物质成分。完善页岩气勘探开发信息公开的制度路径包括两个方面：首先，应当在资源储量、地质资料和配套服务等方面完善政府信息公开的范围；其次，应当完善现行制度以强制要求油气企业公开其使用的压裂液中的化学成分。

一、页岩气勘探开发中信息公开的内在需求

我国尚未如美国一样针对页岩气勘探开发及其监督管理进行专业立法，我国页岩气开发中的环境风险监管适用于我国现有的环境保护和矿产资源法律体系。基于页岩气资源及其勘探开采工作的特殊性，信息公开是推动页岩气健康有序开发的内在需求，主要表现为以下两个方面。

（一）页岩气资源总量及区块资源的信息公开

虽然我国被普遍认为在世界上已经发现的48个有页岩气岩层国家中，页岩气储量最为丰富，但是，我国国土资源部（现自然资源部）与美国能源信息署（EIA）对我国页岩气储量的报告与测算存在着较大差别。美国能源信息署公布的报告认为中国页岩气可采资源储量为46万亿立方米。我国国土资源部（现自然资源部）发布的《页岩气发展规划（2011－2015年）》中，未有页岩气资源总量的准确信息，仅有“专家预测数据”可采资源量为25万亿立方米。这是由页岩气的地质背景决定的。页岩是一种沉积岩，主要由黏土大小的颗粒黏结而成。沉积形成页岩的主要是在低能量沉积环境中沉积的淤泥，例如潮汐滩地和深水盆地等平静的水域中由悬浮液中落下的有细密纹理的黏土颗粒。在这些具有细密纹理的沉淀物沉积过程中，也会伴随着有机物（以水藻、植物和来自动物的有机物碎屑等形式）的沉积。[1] 不同于常规天然气存在于岩层中内部相同的空隙中使得整个矿藏存在渗透流的特点，页岩气作为非常规

---

〔1〕 Davis R. Jr., *Depositional Systems: An Introduction to Sedimentology and Stratigraphy*, Prentice Hall, 2nd Edition, 1992.

天然气,是从低渗透性(致密)岩层中开采,该特性使之要通过水力压裂等方式进行储层改造来增加额外的渗透性。资源特性决定了页岩气资源的储量很难测定。但是,我国《行政许可法》第12条规定,开发利用矿产资源作为对"有限自然资源开发利用",属于"需要赋予特定权利的事项",适用特许程序。我国《矿产资源法》第5条规定了探矿权、采矿权有偿取得制度,"开采矿产资源,必须按照国家有关规定缴纳资源税和资源补偿费"。申言之,企业在缴纳资源税和资源补偿费的前提下获得页岩气矿业权,对其付费而获得的权益产生可期待利益,国家作为所有权人公开资源储量等信息是所有权人必须履行的义务。

(二)页岩气勘探开发工作中的信息公开

页岩层是致密岩层,不能使用常规手段开采,必须进行储层改造才能开采。当前储层改造的关键技术为水力压裂技术。该技术需要将混有支撑剂的上百万加仑水基压裂液依次以可控制监督的方式压进目标页岩地层中,压裂液主要成分为水,还包括各种添加剂,化学添加剂的数量依据各井的具体情况而定。压裂液添加剂的主要类型及其对应主要成分分别为:稀释酸(HCI或者盐酸)、抗菌剂(戊二醛)、破乳剂(过硫酸铵)、缓蚀剂(N,n二甲基乙酰胺)、交联剂(硼酸盐)、减阻剂(聚丙烯酰胺、矿物油)、凝剂(瓜尔胶或羟乙基纤维素)、金属控制剂(柠檬酸)、防塌剂(氯化钾)、除氧剂(亚硫酸氢氨)、pH值调节剂(碳酸钠或者碳酸钾)、支撑剂(石英砂)、防垢剂(乙二醇)、表面活性剂(异丙醇)。[1] 压裂液中化学物质的剂量过大或者使用不恰当时,会引起蓄水层和地下水的污染,压裂液本身在运输、转移、使用中的泄漏以及压裂废水的储存、排放也会导致公众的健康风险。因此,页岩气矿权人在使用水力压裂技术进行页岩气勘探开采时,必须具体公开其在页岩气区块及钻井中使用的压裂液的化学成分及压裂技术运用的全过程信息,使公众对于压裂液中的化学成分及压裂液的环境影响能够知情。

页岩气勘探开发压裂过程中信息公开的必要性与积极意义有:

---

〔1〕[美]凯特琳·M. 纳什(Katelyn M. Nash)主编:《页岩气开发技术》,汪丽华、周靖、王建强、姜政、杨科译,上海科学出版社2013年版,第60~63页。

(1)保障公民环境知情权。页岩气矿权人及时、充分地向公众公开压裂技术使用全过程的信息,是为保障公众环境状况知情权必须履行的法定义务。(2)页岩气勘探开发过程会对生态环境造成诸多影响,因此,页岩气矿权人的勘探开发页岩气的过程会产生“溢出效应”,行为实施会牵扯到多方社会主体的利益,相关利益方有权利参与页岩气政策制定及具体的页岩气勘探开发行为,而公众充分享有对页岩气水力压裂信息的知情权。(3)公众能够参与页岩气公共政策并监督页岩气主管机构的前提。个体公民参与和监督国家、社会对环境资源的管理、环境问题的决策,以及个人有权参与有涉环境资源的有关行为,这既是环境民主的内涵,同时也是实施环境资源保护的内在需求。[1] 公众只有充分了解页岩气勘探开发中使用的核心关键技术水力压裂技术的具体内容,才能够合理地判断该技术的使用对于生态环境及自己的环境权益造成的影响,从而能够积极参与页岩气的公共决策以及监督页岩气主管机构的职权行为。

二、我国页岩气勘探开发中信息公开的现状及其弊端

我国已经初步构建了体系较为完整的环境信息公开法律制度。我国现行法律体系中已有《档案法》《立法法》《行政许可法》等法律对信息公开作出了规定。我国于2015年1月1日开始施行的《环境保护法(修订案)》增设了专章规定环境信息公开和公众参与制度体系。《信息公开条例》是对政府信息公开的专门立法,明确规定了政府信息公开的范围、渠道、方式和监督保障机制等问题。原国家环境保护总局(现生态环境部)颁布的《环境信息公开办法(试行)》是专门针对环境信息公开出台的部门规章,该办法规定了政府环境信息公开的范围、方式和程序以及企业环境信息公开的义务与奖惩措施。原环境保护部(现生态环境部)部务会议2014年12月15日审议通过《企业事业单位环境信息公开办法》,2014年12月19日以中华人民共和国环境保护部令第31号公

---

〔1〕 刘超:《“二元协商”模型对我国环境公众参与制度的启示与借鉴》,载《政法论丛》2013年第2期。

布，规定了企业事业单位如实向社会公开环境信息的具体办法。页岩气勘探开发过程中信息公开在逻辑上适用于上述法律确立的制度体系。但是，从现实情况考察，页岩气勘探开发过程中的信息公开存在诸多缺陷，这既基于我国现行政府信息、环境信息公开制度本身的缺陷，也与宏观制度适用于具体领域时的价值疏离密切相关。我们可以剖析当前页岩气勘探开发中信息公开制度实施的现状，并归纳其弊端与困境。

(一)页岩气勘探开发中政府环境信息公开的疏漏与缺位

我国《政府信息公开条例》(2007 年)第 2 条界定了政府信息"是指行政机关在履行职责过程中制作或者获取的，以一定形式记录、保存的信息"，第二章详细列举了政府信息公开的具体范围。该条例第 9 条规定"涉及公民、法人或者其他组织切身利益的"信息属于政府应当主动公开的信息的范围。[1] 现实中，除了该条例明确列举的政府应当公开的信息事项，哪些属于"涉及公民、法人或其他组织切身利益的"要根据不同领域不同行业的具体情况进行界定。在页岩气勘探开发中，除了《政府信息公开条例》第 10 条列举规定的 11 项由县级以上各级人民政府及其部门应当重点公开的政府信息之外，根据该新兴产业的特点与需求，"涉及公民、法人或其他组织切身利益的"、应当由政府公开的信息，至少还应包括下述几个方面的内容，但是，政府及其职能部门在页岩气产业中相应的信息公开工作却存在着疏漏与缺位之处。

第一，政府应当公开中国当前的页岩气资源的总体储量和技术可采储量等基础数据信息，因为这从前提上决定了当前的油气企业是否决定投资。但是，我国当前的页岩气资源储量信息存在严重缺位，国土资源部(现自然资源部)发布的《页岩气发展规划(2011 - 2015 年)》难以提供准确信息。现实中，由于没有官方数据，当前对我国页岩气储量数据没有定论，国内多家研究机构及其学者没有获得第一手研究资料。这使

---

[1] 《政府信息公开条例》第 9 条规定："行政机关对符合下列基本要求之一的政府信息应当主动公开：(一)涉及公民、法人或者其他组织切身利益的；(二)需要社会公众广泛知晓或者参与的；(三)反映本行政机关机构设置、职能、办事程序等情况的；(四)其他依照法律、法规和国家有关规定应当主动公开的。"

我国当前页岩气储量处在一种不确定状态,社会中积极参与页岩气勘探开发的企业面临极大的资源不确定性风险。

第二,政府及其职能部门应当公开中国当前招标页岩气区块与常规油气资源重叠的信息,因为这是油气企业判断投入页岩气产业是否存在投资成本风险,进而决定是否要积极参与招投标的前提。页岩气资源与传统油气资源区块存在重叠现象。作为非常规天然气资源,页岩气可采资源中,77%在现有石油天然气区块中。而我国当前常规油气的探矿权和采矿权大部分由中石油、中石化、中海油及延长石油拥有。在我国已经进行的两轮页岩气探矿权招标中,共有20家企业获得23个区块的页岩气探矿权。这些企业大致上可以分为两大类。一类是以中石油中石化为代表的巨型国有企业,这些企业基本垄断了地质条件好、储量丰富且风险较小的优质区块。另一类是以华瀛山西能源投资有限公司和北京泰坦通源天然气资源技术有限公司这两家民营企业为代表的实力相对较弱的企业,它们中标的是地质条件差、储量贫乏且风险较大的劣质区块,在关键技术存在"瓶颈"、资源储量不明和存在生态环境安全风险且运输管道被中石油垄断的背景下,中标企业基本上都处于观望、前期准备或寻找合作伙伴阶段,甚至部分企业萌生了退意。[1] 在当前页岩气区块非常规资源与常规资源重叠情况不明的情况下,已中标页岩气探矿权的企业置于投资成本难以收回的高风险中,使之在页岩气勘探开发中处于进退维谷的两难困境。

第三,自然资源部还应当在页岩气储层地质构造、成藏条件、储量和可采资源量评估、核心技术、环境风险评估与预防等层面进行基础的资料数据提供与服务工作。反观我国已经进行的两轮页岩气探矿权招标工作,在招标出让工作实施前,国土资源部做过基础性、公益性的通用类地质工作,掌握地质地形图、矿产分布图、地层构造图等基本地质资料,有的区块也有初步的油气地质资料,较为齐备地涵盖了地表和基础地质数据,这些数据资料都已公开出版。[2] 但是,在国土资源部(现自然资

[1] 王璐:《部分页岩气中标企业萌生退意》,载《经济参考报》2013年5月28日。
[2] 王尔德:《页岩气革命"中国式"探路》,载《21世纪经济报道》2012年12月11日。

源部)公布的《页岩气探矿权招标公告》中,仅显示了出让页岩气探矿权区块的名称、地理位置、面积和拐点经纬度坐标等简单信息,基本未公开对区块资源价值判断有效的地质数据资料。这种状态最后也导致华瀛山西能源投资有限公司和北京泰坦通源天然气资源技术有限公司两家民营企业,在招标区块地质资料不明确清晰且难有效用的情况下,中标的是地质条件复杂、资源储量贫乏的最差的劣质区块,承担了巨大的商业风险。

(二)油气企业环境信息公开与商业秘密保护的博弈与规避

水力压裂技术是页岩气勘探开采必须使用的核心技术。压裂液中的化学成分会产生水资源污染和公众健康损害等诸多问题,需要油气企业对其使用的压裂液中的化学物质的信息予以披露。我国尚未有专门针对水力压裂技术进行的立法,我国《环境保护法(修订案)》第55条规定:"重点排污单位应当如实向社会公开其主要污染物的名称、排放方式、排放浓度和总量、超标排放情况,以及防治污染设施的建设和运行情况,接受社会监督。"《环境信息公开办法(试行)》在第三章"企业环境信息公开"中规定了企业公开环境信息的内容、范围、方式和时间。根据该《环境信息公开办法(试行)》的规定,"列入本办法第十一条第一款第(十三)项名单的企业",即属于"污染物排放超过国家或者地方排放标准,或者污染物排放总量超过地方人民政府核定的排放总量控制指标的污染严重的企业名单"的企业,"应当向社会公开下列信息:(一)企业名称、地址、法定代表人;(二)主要污染物的名称、排放方式、排放浓度和总量、超标、超总量情况;(三)企业环保设施的建设和运行情况;(四)环境污染事故应急预案。"若从严格的语义解释角度审视,则压裂液属于生产原料,水力压裂生产后产生与排放的废水才属于"主要污染物",其名称、排放方式、排放浓度等属于应当向社会公开的信息。但若从扩大解释角度,也可以将压裂液解释为企业的"主要污染物",可以适用该条规定进行信息公开。在现实中,压裂液化学成分公开尚存在以下障碍与困境:

第一,我国当前的页岩气产业政策由国家推行,少数油气企业有资格参与,社会公众仅为旁观者。页岩气勘探开发过程存在水资源浪费、环境风险与技术风险，即使在已经实现页岩气大规模商业开发的美国，环保组织与社会公众对之的聚众抗议与激烈反对远未平息，纽约等州基于公众对页岩气开发政策的反对而严禁页岩气开发。而在我国，从页岩气产业系列政策的出台到实施，均未提供社会公众参与以及表达利益诉求的通道。这宏观上决定了公众无缘参与页岩气勘探开发的每个环节，而公众既然普遍未能从产业政策层面洞悉页岩气勘探开发的环境风险，不能熟知页岩气开发的技术流程，也便无动力无意愿去要求油气企业使用的压裂液化学成分的公开。

第二，排污企业对其主要污染物、环保设施与环境污染事故应急预案负有强制性的环境信息公开义务，这也折射了我国现行环境污染制度中的末端治理与事后控制思路，未真正落实源头治理理念。页岩气水力压裂技术使用中，压裂后排放废水的排放方式、浓度和总量属于企业法定信息公开的范围。但是，在现行法律规定中，企业对作为生产原料的压裂液的成分及其比例、数量却没有明确的法定公开的义务。

第三，《环境信息公开办法（试行）》第 20 条规定："企业不得以保守商业秘密为借口，拒绝公开前款所列的环境信息。"虽然没有法律明确规定一个企业使用的压裂液的成分构成是否属于商业秘密，但是，压裂液的化学成分是压裂技术的核心之一，目前，我国该技术落后，压裂所形成的"体积改造"效果差，导致单井页岩气产量较低且递减快，压裂工艺技术及配套工具仍需从国外引进。现实中已经中标页岩气探矿权的民营企业和地方国企也受制于水力压裂技术的落后而迟迟不能勘探。在此背景下，压裂液的成分会给企业带来独特的经济利益，企业会出于保护商业秘密的目的而拒绝公开压裂地点使用的化学物品的信息。

三、完善我国页岩气勘探开发信息公开的制度路径

在我国尚未对页岩气权属制度、生产过程与规制监管制度进行专门立法的制度背景下，虽然现有的（环境）信息公开立法概括适用于页岩气勘探开发，但正如上述分析，页岩气资源与行业特殊性也提出了相应的信息公开制度需求，但当前的制度体系并不能充分因应该需求，因此，必须针对当前页岩气勘探开发中信息公开的弊端进行有针对性地完善。

（一）政府页岩气资源信息公开的路径完善

国家是包括页岩气资源在内的一切矿产资源的所有权人，国家在出让页岩气探矿权和采矿权时，必须履行所有权人的社会义务，对页岩气资源的总储量、技术可采资源储量及拟招标出让探矿权采矿权区块的资源储量和地质资料等信息予以公开。页岩气资源国家所有权人公开页岩气资源信息，从宏观层面看，是社会公众参与矿产资源政策决策，以判断是否要将稀缺社会资源投入页岩气行业的前提；从微观层面看，是每个油气企业判断投资的风险、利润，进而决定是否积极参与页岩气资源探矿权采矿权招标的前提。具体而言，针对上述制度现状及其缺陷，完善政府对页岩气资源信息公开的路径主要包括以下三个方面：

第一，作为国务院地质矿产主管部门的自然资源部（原国土资源部）应当尽可能在当前的经济、技术条件允许情况下，测算并公开我国当前的页岩气资源的探明储量和技术可采储量，使得社会公众对页岩气资源储量及行业发展前景有基本认知。在以后的页岩气探矿权采矿权招标出让工作中，对于计划出让页岩气勘探权的页岩气区块，自然资源部也应尽量做到信息公开。

第二，根据《地质资料管理条例》第 2 条的规定，地质资料是指在地质工作中形成的文字、图表、声像、电磁介质等形式的原始地质资料、成果地质资料和岩矿芯、各类标本、光薄片、样品等实物地质资料。公开详细而完整的地质资料信息是维护探矿权人权益的重要前提。国家和省、自治区、直辖市的地质矿产主管部门应当公开页岩气区块的相关地质资料。页岩气资源作为新能源，很多与传统油气资源重叠，此时，根据《地质资料管理条例》第 9 条规定，地质资料汇交人应向国务院地质矿产主管部门汇交，已由常规油气资源矿权人汇交的地质资料也应当向页岩气矿权人公开。因此，地质矿产主管部门首先应当要求传统油气资源矿权人按照《地质资料管理条例》等相关立法提交详尽的地质资料；其次对于企业汇交至油田岩心库和资料馆的地质资料信息，要进行统一管理和向油气企业披露公开。

第三，矿产资源主管部门还应当提供页岩气探矿权招标区块的配套服务工作，即应当提供页岩气储层的地质构造、成藏条件、核心技术、环境风险和市场风险的评估与预防等层面的基础的资料数据与服务。

(二)改进企业在页岩气勘探开发中压裂液信息披露的具体路径

要求企业完全披露页岩气勘探开发水力压裂中使用的压裂液的所有信息是不可能的。因为作为水力压裂技术核心内容的压裂液的化学物品成分的构成不是公共知识和行业共识,需要油气企业投入资金、技术和人才进行专门研究。在不同的地质条件钻井中,由不同化学物品成分以不同的精确比例形成的压裂液,可以确保该企业从中持续获得独特的经济利益和保持创新激励。因此,问题的关键在于如何确定合理的压裂液信息披露程度和水平。

在美国,虽然政府积极推动专门针对天然气钻井中水力压裂技术的专门立法,但该法案当前尚在争议之中。在其现行《紧急事件计划与社区知情权法案》的制度框架下,联邦法律没有明确作出在压裂地点使用化学物质的信息披露的具体要求,也没有明确要求石油天然气公司报告每年的有毒物质排放信息。天然气企业通常拒绝公开在压裂地点使用的化学物品的信息,其认为该信息属于商业秘密,理由包括:(1)不同的压裂地点和钻井中使用的压裂液的化学成分有差异,其配方有专门的公式,具有独立的经济价值,保持秘密性是维持信息私有性的必需。(2)压裂液是根据独特的配方混合而成的,不同公司不同压裂地点的压裂液的化学成分及其比例不同。这决定了压裂公司不能轻易地、不通过任何研究和投资就获得能够在页岩地层中有效使用的"神奇的组合",因此,这种混合物的确切内容在该行业中就不是普遍性的常识,可以为一个压裂公司带来独特的经济优势。(3)压裂液的配方是水力压裂技术的核心之一,石油天然气企业保持压裂液的商业秘密也是其对抗竞争对手的需要。[1]

虽然当前法律并没有明确规定油气企业要公开其压裂液配方信息,适度保持该秘密不但能够保障企业的商业利益,在我国当前技术匮乏与滞后的背景下也有鼓励企业持续投入进行技术创新的功能。但是,必要

---

〔1〕 Hannah Wiseman, "Trade Secrets, Disclosure, and Dissent in A Fracturing Energy Revolution", *Columbia Law Review* 111, 2011, pp. 1 – 13.

的信息披露却能够服务于更高的环境公益诉求，立法机构和执法部门应当从此价值选择出发推动压裂液信息披露，具体路径概括如下：

第一，修改《环境信息公开办法（试行）》第20条的规定。在立法理念上，从重视末端治理和事后控制转向对源头治理和过程控制的并重。在具体制度规范上，修改该条对排污企业应当公开的环境信息法定义务范围的规定，除了《环境信息公开办法（试行）》列举的四类信息之外，还应增加企业强制公开的环境信息的范围包括，“在生产过程中会导致环境污染的生产原料的名称、成分的浓度、比例、总量情况”。

第二，借鉴美国联邦和各州针对页岩气勘探开发中的水力压裂技术进行专门立法的做法，制定专门的水力压裂技术的监管规范，系统规定水力压裂技术使用的全过程规范制度。该规范中还要以不同地质条件下钻井所使用的压裂液的类型为依据进行信息公开的具体规定。

第三，国家环境保护主管部门和国家地质矿产主管部门在矿产资源与环境保护的执法中，必须充分重视并要求油气企业公开压裂液化学成分及其精确比例与数量的信息。当上述环境资源相关执法部门在执法中，根据《环境保护法（修订案）》《政府信息公开条例》《环境信息公开办法（试行）》等规定要求油气企业向其披露与提交水力压裂技术及使用相关信息时，不能对企业提交的压裂液化学成分等信息作为企业商业秘密进行处理进而有选择性地主动公开，而应当对之予以完整披露。

第四，当基于企业压裂液使用而导致受害人人身财产损害时，受害人也可以通过提起侵权诉讼的方式，在环境污染诉讼举证责任倒置的制度框架下由侵权行为人举证压裂液的化学成分。在保障环境公益与公众健康的诉求下要求企业公布压裂液化学成分等信息时，也可以允许企业对其压裂液的化学成分、比例公式等申请专利，以保护其基于压裂液独特配方获得的市场价值与经济利益。

四、结语

页岩气是一种新兴清洁能源，我国已出台系列产业政策将其定位为战略性新兴产业，页岩气在缓解能源危机、改变能源结构、推动能源革命中被寄予厚望。但是，当今世界各国基于页岩气开发所可能产生的诸多环境风险、技术风险与商业风险而产生广泛争议。虽然国际能源机构(IEA)旗帜鲜明地宣称天然气的“黄金时代”仰仗页岩气的成功开发,但同时也承认,页岩气开发“一般会对环境造成比常规天然气开发更大的印记”。[1] 我国在大力推动页岩气资源勘探开发过程中,也必须正视与重视由此可能产生的诸多风险,在制度设计与实施层面从政府与企业两方面完善信息公开制度,这不但是环境民主的内在需求,也是促进页岩气健康有序开发的需要。

〔1〕 冯洁:《页岩气开发:赢得信任,先须透明》,载《南方周末》2012 年 7 月 19 日。

第三章　页岩气开发土地侵害法律责任制度之弊端与完善

页岩气是一种赋存于微小的碎屑、黏土和有机质等组分、具有页状或薄片状层理的页岩中的非常规天然气资源，其以吸附态游离态存在于具有低渗透性的致密页岩层中。因此，页岩气是地下土地资源的有机构成部分。开发页岩气的过程就是要创新水平钻井和水力压裂等新技术，以更为有效地作用于土地资源的过程。本质上而言，当今世界以美国为引领的页岩气储量丰富国家，之所以能够推动页岩气的商业开发，关键即在于能够研发新技术，对比常规油气资源的开发，能够进行更为细致密集的钻孔，形成地下“井工厂”，再配合以水力压裂技术对矿区土地资源进行更为强烈、快速且有效的土地干扰，通过技术使用对页岩气储层造成更多更细密的断裂与缝隙，创造出裂缝网状结构来额外增加页岩气储层的渗透性。质言之，页岩气开发的过程就是使用现代新技术更有效地破坏土地资源的过程。页岩气开发过程对土壤结构的破坏、所使用的水力压裂液中的化学成分导致的土壤污染以及固体废弃物的处置和勘探开采过程产生的地表扰动，都会造成土地侵害。而土地资源承载多种土地权利，页岩气开发过程会导致多种类型的土地侵害。在我国现行的法律制度体系中，因为开采矿产资源导致土地损毁，矿业权主体要履行土地复垦义务，未履行土地复垦义务或者页岩气开发过程导致土地侵害的，均要承担法律责任。因此，完善的页岩气土地侵害法律责任制度，既是保障其他相关主体权益的需要，也能为规制页岩气矿业权行使提供必要的制度约束。

页岩气矿业权主体在勘探开采页岩气时，开发页岩气本质上是一种生产建设活动，其导致的土地损毁，要按照相关规定采取必要的整治措施实现土地复垦，这是一种法定义务，是页岩气矿业权主体基于法律规定向国家承担的法定义务，由政府相关职能部门监管履行，本章在第一节研究我国现行的土地复垦制度体系能否有效规制页岩气开发中的土地损毁行为。与此同时，页岩气开发过程导致的土地损毁，侵害了土地资源上同时存在的其他土地权利主体（所有权人与用益物权人）的土地权利，作为平等权利主体的其他土地权利人可以要求页岩气矿业权主体承担侵权责任。因此，本章第二节在我国现行的侵权责任法理与制度框架内结合页岩气土地侵害特殊性，梳理与检讨页岩气土地侵害侵权责任的制度绩效，进而相应地论证制度完善建议。

第一节　我国页岩气开发土地复垦制度之缺陷与矫正

页岩气开发作为新兴产业，虽然在增加能源供给中被寄予厚望，但页岩气勘探开采存在生态环境风险也使其毁誉参半。21 世纪初以来，页岩气产业发展取得突破的根本原因在于，作为页岩气勘查开采关键技术的水平钻井和水力压裂技术取得突破性进展。有别于赋存于内部相通孔隙中的常规天然气，页岩气储存于低渗透性（致密）页岩层，一般需要通过储层改造来增加额外的渗透性。水平钻井和水力压裂技术的进展为页岩气产业发展提供了有效的技术驱动。但是，水力压裂技术是页岩气开采中最具争议的内容之一，水力压裂过程通过外力高强度地将密封的水、化学剂和支撑剂注入页岩层内来造成页岩细微的断裂而使天然气逸出并最终在井孔处收集。[1] 这使水力压裂过程不但会因为包含有毒害化学物质的压裂液的泄漏以及水力压裂之后从矿井回流出的废水导致环境污染，并且，使用水力压裂技术会造成更为显著的地质影响和

---

〔1〕 Russell Bopp, "A Wolf in Sheep's Clothing: Pennsylvania's Oil and Gas Lease Act and the Constitutionality of Forced Pooling", *Duquesne Law Review* 52, 2014, pp. 439 – 464.

更为严峻的土地损毁。我国预期推动页岩气产业的健康快速发展，必须高度重视和充分规制页岩气开发中导致的土地损毁现象。我国现行土地复垦制度体系是规制页岩气开发中土地损毁问题的法律依据，但其存在重形式目的而轻实质目的、重视土地而忽视人、重视土地复垦义务而疏忽对应责任制度等内生困境。我们应当从引入土地复垦制度的公众健康价值目标与指导思想、从"恢复原状"升级到环境修复以及完善土地复垦责任制度体系等方面，矫正现行土地复垦制度的缺陷。

一、页岩气勘探开发中的土地破坏

所有的油气资源开发都会在不同程度上导致对土地资源的影响与破坏。这主要表现在：(1)就矿业权本身内涵而言，矿业权所支配的绝不是单纯的(局部的)矿产资源，必定有特定矿区或工作区内的地下部分。在矿产资源埋藏于地下时，矿业权所支配的，首先是特定的矿区或工作区内的地下部分，而后才会接触到(局部的)矿产资源。[1] 因此，矿区内土地资源地表之下的地下土壤本身即为矿业权的客体，以此角度观之，所有的矿业权的行使必然会产生与土地所有权(或使用权)的冲突，矿业权行使过程即是作用于土地资源过程。(2)油气资源开发过程中在矿区或工作区中架设必需的供电、供水、通信的管线以及建设油(气、水)井场及地面作业设施，集、输油(油、汽、水)设施等，即使矿业权人取得了临时使用土地证，也很有可能对土地资源造成污染和破坏。(3)废弃物存储池中的废弃液中含有大量的酚类化合物、重金属和有毒害物质，属危险废物，长期堆积、泄漏或处理不彻底将会导致土壤侵蚀、结构破坏、土体板结营养元素减少等问题。除了上述共性问题外，页岩气开发过程使用的水平钻井和水力压裂等关键技术，导致了其伴生的土地破坏问题具有特殊性。

(一)水力压裂技术使用中的土地物理性破坏

水力压裂技术是针对页岩层较低渗透性、克服页岩气流入井眼过程

---

[1] 崔建远：《准物权研究》(第二版)，法律出版社2012年版，第241页。

中的较大阻力，从而提高页岩气渗透率的关键技术。水力压裂过程即为将压力液以设计的速率和压力压进地层中，以在目的地层产生断裂或裂隙的过程。在水力压裂过程中，通常将页岩气钻井在水平方向分割成一个个孤立的部分，称为段，从钻井孔最远端的段开始压裂，待压裂工作完成后，再依次移至距离垂直井筒较近的段，直至整个横向钻井压裂完成。[1] 申言之，水力压裂技术的目的就是针对渗透率低的地下页岩层，采用水力压裂、分段压裂、多层压裂及重复压裂等多种技术手段，[2]以尽可能密集地打开地下岩层的裂缝、使裂缝继续发育和扩大开放性裂缝的长度。因此，水力压裂过程使整体性较强、渗透率低的地下页岩层产生更细密的裂缝网络，这就会增加地质塌陷、地裂缝、地面沉降等风险，也会进一步导致地表耕地破损。

（二）水力压裂技术使用中的土地污染

使用水力压裂技术的关键是使用压裂液，压裂液的主要成分是水，其他成分则为各种添加剂，化学添加剂的剂量与成分依据各矿井的具体情况而定。不同压裂液中化学添加剂的具体成分构成及其比例公式是水力压裂技术的关键，因而成为不同压裂公司的“商业秘密”。不同压裂公司的压裂液中使用的化学品超过250个独特的类型，同时以这些压裂液中不同化学成分及其独特配方的混合比例公式构成“商业秘密”为由拒绝公开。[3] 使用压裂液会产生负面环境影响，不当使用或在储存、运输、转移、使用过程中发生的泄漏，以及压裂液返排和废水排放，其中的有毒害化学物质均会污染破坏矿区土地，导致土壤板结、毒化、肥力降低、营养流失等后果，受到污染破坏的土壤上生长的生物，在吸收、积累和富集土壤污染物后，会进一步导致人体健康风险。

---

[1] ［美］凯特琳·M. 纳什（Katelyn M. Nash）主编：《页岩气开发技术》，汪丽华、周靖、王建强、姜政、杨科译，上海科学出版社2013年版，第59页。

[2] John B. Curtis, “Fractured Shale – Gas Systems”, *AAPC Bulletin* 86, 2002, pp. 1921 – 1938.

[3] Hannah Wiseman, “Trade Secrets, Disclosure, and Dissent in A Fracturing Energy Revolution”, *Columbia Law Review* 111, 2011, pp. 1 – 13.

二、我国现行页岩气开发损毁土地复垦制度之梳理与检讨

我国尚未对页岩气开发利用及其环境风险防治进行专门立法，页岩气开发利用中导致的土地损毁及相应的复垦义务制度，也当然应在既有的复垦制度中寻找法律依据。我国现有的土地复垦制度体系基本能够规制页岩气开发中的土地损毁，但是，上述页岩气勘探开采中的土地损毁特殊性也重新审视了我国现有的土地复垦制度。

（一）我国矿产资源土地复垦制度现状

土地复垦既关系到耕地资源安全，也是实现矿产资源产业可持续发展的内在需求，我国在推动矿产资源开发中非常重视土地复垦工作，在不同阶段陆续出台相关法律制度和政策措施，以保障与规制土地复垦工作的有序开展。新中国成立之后至20世纪80年代，虽有个别矿山企业自发组织一些小规模的土地复垦工作，但并未重视构建专门土地复垦制度。20世纪80年代以来，随着社会主义法制建设进程的加快，我国开始注重土地复垦制度建设。国务院于1982年5月14日颁布实施、1987年1月1日失效的《国家建设征用土地条例》第18条第1款规定："……使用期满，用地单位应当负责恢复土地的耕种条件，及时归还生产队，或按恢复工作量向生产队支付费用。"该规定虽然没有直接使用"土地复垦"概念，但其规定的"用地单位应当负责恢复土地的耕种条件"等内容，可视为我国最早规定的土地复垦制度。

"土地复垦"制度正式进入国家法律是于1986年颁布实施的《矿产资源法》，该法第18条规定："关闭矿山，必须提出矿山闭坑报告及有关采掘工程、不安全隐患、土地复垦利用、环境保护的资料，并按照国家规定报请审查批准。"并且该法在第30条规定："开采矿产资源，应当节约用地。耕地、草原、林地因采矿受到破坏的，矿山企业应当因地制宜地采取复垦利用、植树种草或者其他利用措施。"我国分别于1996年和2009年两次对《矿产资源法》进行了修改，但修改后的第21条、第32条关于

土地资源保护及复垦的规定均依然保持原条文表述。[1] 自此之后，我国的矿产资源、环境保护和土地管理相关立法中更多重视了土地复垦制度系统构建。概括而言：《土地管理法》(2004 年修订)第 42 条对挖损、塌陷、压占等造成土地破坏进行复垦的规定，第 47 条对征收土地的按照被征收土地的原用途给予补偿予以规定，以及第 75 条对拒不履行土地复垦义务的规定；《土地管理法实施条例》(2011 年)第 28 条"恢复种植条件"的规定；《环境保护法》(1989 年)相关条文对土地资源开发利用监管及防治土地沙化、地面沉降、植被破坏、水土流失等法律义务及相关法律责任的规定；《煤炭法》(2016 年修正)第 25 条规定："因开采煤炭压占土地或者造成地表土地塌陷、挖损，由采矿者负责进行复垦，恢复到可供利用的状态；造成他人损失的，应当依法给予补偿。"

除了上述法律、法规及规章中涉及矿产资源开发利用过程中对土地损毁的土地复垦规定之外，我国出台的专门的土地复垦法律制度为我们规制矿产资源开发中的土地损毁行为提供了更为系统的法律依据，主要是国务院 2011 年颁布实施的《土地复垦条例》以及 2012 年由国土资源部(现自然资源部)审议通过的《土地复垦条例实施办法》。上述土地复垦的专门立法与综合立法中的相关条款构成了我国矿业权用地复垦的主要制度来源。

(二)页岩气矿业权用地复垦制度之检讨

我国尚未针对页岩气开发中的技术规范与环境风险进行专门立法，所以，对页岩气勘探开发过程中权利配置与生态环境风险防控的法律制

---

[1] 我国《矿产资源法》1986 年制定，1996 年和 2009 年进行了两次修改，两次修改对于矿山企业应履行的环境保护、土地复垦义务的规定在具体内容与表述形式上没有任何变化，《矿产资源法》(1996 年)第 21 条、《矿产资源法》(2009 年)第 21 条与《矿产资源法》(1986 年)第 18 条规定内容一致："关闭矿山，必须提出矿山闭坑报告及有关采掘工程、不安全隐患、土地复垦利用、环境保护的资料，并按照国家规定报请审查批准。"《矿产资源法》(1996 年)第 32 条、《矿产资源法》(2009 年)第 32 条与《矿产资源法》(1986 年)第 30 条规定内容一致："开采矿产资源，必须遵守有关环境保护的法律规定，防止污染环境。开采矿产资源，应当节约用地。耕地、草原、林地因采矿受到破坏的，矿山企业应当因地制宜地采取复垦利用、植树种草或者其他利用措施。开采矿产资源给他人生产、生活造成损失的，应当负责赔偿，并采取必要的补救措施。"

度也只能从矿业资源法律制度及相关规范体系中寻找法律依据，包括土地复垦制度的适用。但是，页岩气作为一种非常规油气资源，对于勘探开采过程中环境风险存在一些不可忽略的特殊性，我们需要在梳理既有规制制度延伸适用的前提下，去归纳其提出的特殊制度需求。

1. 土地复垦制度目标与价值选择之偏差

虽然在我国当前法律体系中关于复垦制度的立法规范，甚至是《土地复垦条例》等专门立法中都没有关于立法价值的直接表述，但我们可以通过梳理这些规定予以归纳。《土地复垦条例》第 1 条规定："为了落实十分珍惜、合理利用土地和切实保护耕地的基本国策，规范土地复垦活动，加强土地复垦管理，提高土地利用的社会效益、经济效益和生态效益，根据《中华人民共和国土地管理法》，制定本条例。"该条文规定了土地复垦制度实施以实现合理利用土地和保护耕地的双重目的，确定制度价值是提高土地利用的社会效益、经济效益和生态效益。而《土地复垦条例》第 2 条规定了土地复垦制度实施目标是使受到损毁的土地"达到可供利用状态"。其他规定土地复垦制度的法律规范，仅规定的是土地复垦的具体义务措施，《土地复垦条例》之后出台或修改的法律规范中涉及土地复垦制度的规定，也沿用的是"达到可供利用状态"的立法表述，典型如《煤炭法》第 25 条的规定。[1] 虽然《土地复垦条例》第 1 条规定了提高土地利用的社会效益、经济效益和生态效益，之后的《土地复垦条例实施办法》第 2 条第 1 款也有此规定，但这仅为宣示性规定，制度实施的具体目的是要通过复垦使土地"达到可供利用状态"。土地作为最为基本的一种环境资源类型，对于人类存在多重价值，它既是人类劳动对象和财富来源，产生经济价值，同时也是人类生境家园，产生生态价值。因此，土地对于人类是产生多重价值和功能的，从理论上看，土地对于人类的"可供利用状态"也理当包括多个层次。当前立法规定存在抽象与模糊之处，这为我们提供了制度解释空间：

〔1〕《煤炭法》第 25 条规定："因开采煤炭压占土地或者造成地表土地塌陷、挖损，由采矿者负责进行复垦，恢复到可供利用的状态；造成他人损失的，应当依法给予补偿。"

(1)土地复垦重形式标准而轻实质标准

我国《土地复垦条例》第2条规定了土地复垦制度实施目标是使受到损毁的土地"达到可供利用状态"。这里存在形式目的与实质目的的差异。形式目的是通过一些技术指标来考量的,因为现行规范中并未提供具体的技术标准和实施规范,只能从《土地复垦条例》第32条的规定去推断,该条规定:"土地复垦义务人在规定的期限内将生产建设活动损毁的耕地、林地、牧草地等农用地复垦恢复原状的,依照国家有关税收法律法规的规定退还已经缴纳的耕地占用税。"因此,现行法律规范中对"可供利用状态"的关键判断标准是"恢复原状"。申言之,若复垦义务人采取了整治措施使损毁土地"恢复原状",那么,就视为义务主体的整治措施使土地达到"可利用状态",履行了法定义务。

实际上,"恢复原状"在我国法律制度体系中是一个出现频率非常高的法律概念,它主要作为一种基本的民事责任形式适用,但在我国大量的行政法律规范与刑事法律规范中也频繁使用。在行政法律规范中,"恢复原状"又呈现出三种形态:作为特殊侵权责任承担方式的恢复原状、作为行政强制执行方式的恢复原状和作为行政法律责任的恢复原状。[1] 如何实现对损毁土地的"恢复原状"本身是一个非常不明确的标准,至少有以下几种类型的理解与认定标准:第一,原状是与未破坏前的环境资源完全相同的状态;第二,原状是与未破坏前的环境资源处于基本相同的状态;第三,原状是相对的概念,符合国家相关的环境质量标准即可。[2] 因此,如何理解《土地复垦条例》第32条规定的作为判断土地复垦制度实施绩效的"恢复原状",依然要结合其他规范进行解释。

根据国土资源部(现自然资源部)2013年实施的《土地复垦质量控制标准》(TD/T1036—2013)的规定,矿产资源勘探开发导致的损毁土地包括挖损土地、塌陷土地、压占土地和其他(污染土地)几种类型。仔细

---

〔1〕 对"恢复原状"在我国法律规范体系中的立法例的具体梳理,可参见胡卫:《民法中恢复原状类型与规范意义》,载《行政与法》2015年第5期。

〔2〕 王立新、黄剑、廖宏娟:《环境资源案件中恢复原状的责任方式》,载《人民司法》2015年第9期。

梳理《土地复垦质量控制标准》(TD/T1036—2013)对上述几类损毁土地复垦质量要求及具体技术规范,主要是针对不同具体类型的损毁土地通过整体覆土、客土穴植、挖深垫浅、填平补齐、土地平整、压实整治等方式来进行土地复垦。即使针对污染土地,"可根据污染物性质及污染程度,采取物理、化学或生物措施去除或钝化土壤污染物。"但是,如果通过上述措施仍无法将污染物消除或抑制其活性至目标水平的污染严重的土壤,"可通过采取工程措施铺设隔离层,再行覆土,覆土厚度一般50cm以上。""对于污染严重的土壤也可采取深埋措施。"申言之,即使将土地复垦的客体限制于受到污染的土地,理论上应当将污染物消除或抑制其活性至目标水平,但这一标准有很大的不确定性,现实中也很容易以无法实现为由,转换为对污染土地进行铺设隔离层、污染土壤深埋、再行覆土的方式来处理,因为在《土地复垦质量控制标准》(TD/T1036—2013)中,以铺设隔离层再行覆土的物理处理方式有较为明确的可操作性的标准。

反观前述页岩气勘探开发中的土地损毁行为类型,使用水平钻井和水力压裂技术所导致的挖损土地、塌陷土地和压占土地等损毁类型,可以通过整体覆土、填平补齐、土地平整、压实整治等方式来进行土地复垦以实现功能的"恢复原状"。但上述仅为对土地的物理损毁,而水力压裂技术使用过程对土地构成的化学损毁,在我国现行的土地复垦法律制度体系及其适用的《土地复垦质量控制标准》中很难得到救济。概言之,完整意义上的土地复垦应当包括物理、化学和生物方法的综合适用,以应对不同类型和层次的土地损毁。但是,我国当前法律体系及技术标准、质量标准中的土地复垦的要求主要是物理修复,以实现物理层面的"恢复原状"。并且,这种潜在的土地复垦质量标准还可以在当前的土壤污染案件司法处理中得到印证。比如,在杨某诉金鑫煤业环境侵权责任一案中,被告金鑫煤业因生产经营需要,从原告承包土地中开挖一条道路通行,此行为引发了土地垮塌和泥石流,进而导致原告杨某的5亩耕地被损毁而不能耕种,一、二审法院均判决被告煤业公司赔偿原告杨某的承包地损失,但一审法院回避了对该纠纷的性质界定,二审则认为这是耕地物理毁损纠纷,是属于"耕地环境物理毁损行为"导致的普通的用益物权纠纷。[1]

(2)制度实施重视土地而忽视人

我国《土地复垦条例》及其配套的《土地复垦条例实施办法》规定,土地复垦制度的立法目的是"落实十分珍惜、合理利用土地和切实保护耕地的基本国策",土地复垦制度同时实现保护耕地与合理利用土地的双重目的。我国现行的土地复垦制度双重目的与我国1989年的《环境保护法》所秉持的"二元目的"相契合,该法第1条规定的立法目的同时追求的是"环境保护"与"经济增长"并重的立法目的。二元立法目的在立法理念上陈旧,是一种环境资源工具价值观的体现,容易成为地方政府为发展经济而置环境保护于不顾的借口。[2] 若从土地管理法律部门属性而言,土地复垦制度通过实施过程来贯彻"保护、开发土地资源,合理利用土地"的立法目的无可厚非,因为土地是最为基础重要的生产资料和财富来源,保护与合理利用土地是实现土地对人类产生可持续经济价值的必需。

我国于2015年1月1日开始实施的《环境保护法(修订案)》第1条规定:"为保护和改善环境,防治污染和其他公害,保障公众健康,推进生态文明建设,促进经济社会可持续发展,制定本法。"该法律规定对比于修改前的条文,在立法目的和价值追求上有了全新进展和全面深化。"保护和改善环境,防治污染和其他公害"是形式目的,其实现的实质目的是"保障人体健康"。申言之,环境法律制度实施所追求的污染防治与生态保护,其内在价值追求是以"公众健康"为最终价值指引的。

以《环境保护法》的最新立法精神与制度规范去检视《土地复垦条例》中的立法目的,则可以发现土地复垦制度体系的实施目的止步于对损毁土地"恢复原状"以实现其"可利用状态"。质言之,当前的土地复垦制度仅重视通过物理修复的方式使得受到损毁的土地资源"恢复原状",而并没有重视到损毁土地对人体健康的损害,因而,土地复垦制度也并没有以保障人体健康为目标。虽然,土地管理法律与环境保护法律

---

〔1〕 参见《杨某诉金鑫煤业环境侵权责任案》,(2014)遵市法环民终字第15号。

〔2〕 李昌麒:《中国农村法治发展研究》,人民出版社2006年版,第188页。

分属不同法律部门，二者在立法价值与制度体系上存在差异，但土地同属于二者保护与调整的对象，其分别从保护土地资源的经济价值与生态价值层面综合发挥土地对于人类的复合功能。当《环境保护法》的立法目的从重视“保护和改善环境，防治污染和其他公害”的形式目的进一步深化到以“保障公众健康”为实质的价值目标时，其已经超越了部门法的个性差异，应当成为土地管理法律部门在实施土地复垦制度时实现的立法目的和价值追求的更高标准。

在页岩气勘探开发中不同环节会导致不同类型的公众健康风险，这主要有：(1)对地下页岩层的钻探会引致土地塌陷等地质灾害引起的矿区地表公众人身财产损害风险；(2)页岩气开发水力压裂过程中，压裂液的使用、储存、泄漏以及废水排放时，压裂液中有毒害的化学成分不但会直接导致人体致害，残留于土壤也会间接导致公众健康风险。但是，当前我国的土地复垦制度体系仅注重损毁土地本身的“恢复原状”而没有重视损毁土地会导致的公众健康风险。

2. 土地复垦法律责任制度的缺失

我国在数个法律规范中规定了矿业权用地复垦制度，但可以发现现行法律体系主要将其规定为一种法律义务制度，并没有被系统规定为相应的法律责任制度，一旦义务人违反了土地复垦义务时，则存在追责制度的缺失。梳理当前的土地复垦法律规范体系，土地复垦法律责任制度可以归纳为以下几种类型：(1)专门规定土地复垦法律责任。作为专门的土地复垦法律规范，我国《土地复垦条例》及其配套的《土地复垦条例实施办法》有专章规定了土地复垦法律责任。我国《土地管理法》第 42 条规定了“因挖损、塌陷、压占等造成土地破坏”，用地单位和个人应当按照国家有关规定承担土地复垦义务；该法第 75 条规定了不履行土地复垦义务要承担的法律责任。(2)仅规定土地复垦义务而无对应法律责任。《矿产资源法》是我国矿业资源行业基础法律，该法律第 21 条和第 32 条规定了土地复垦是矿山企业要履行的法律义务，但并未规定违反该义务要承担的法律责任。《煤炭法》第 25 条规定了“因开采煤炭压占土地或者造成地表土地塌陷、挖损”，采矿者要承担“负责进行复垦，恢复到可供利用的状态”的义务，但亦未规定相应的法律责任。(3)《土地管理法实施条例》第28条规定:“建设项目施工和地质勘查需要临时占用耕地的,土地使用者应当自临时用地期满之日起1年内恢复种植条件。”该条中并没有直接使用“土地复垦”的立法用语,但该条例第44条规定若“逾期不恢复种植条件的”,则责令限期改正,并“可以处耕地复垦费2倍以下的罚款”,这也可以解释为对土地复垦的法律责任规定。

通过上述法律规范的梳理,我们可以进一步归纳当前的矿业权行使导致的土地损毁中,土地复垦法律责任制度立法存在的缺陷与弊端:(1)作为专门的规范矿产资源的勘查、开发利用和保护的《矿产资源法》以及《煤炭法》仅简单规定了矿山企业、矿业权主体在行使权利、采矿矿产资源过程中要履行土地复垦义务,但对于该义务的具体内涵,尤其是未履行义务后要承担的法律责任并没有明确规定,这使得矿业权主体的土地复垦义务的规制功效大打折扣。(2)虽然《矿产资源法》等没有规定矿业权主体的土地复垦法律责任,但是,在《土地复垦条例》及配套的《土地复垦条例实施办法》中有关于违反土地复垦义务要承担法律责任的规定。但是,《土地复垦条例》与《土地复垦条例实施办法》作为法规与部门规章,其制定部门分别为国务院与国土资源部,在法律位阶上属于下位法,并不能当然弥补适用于《矿业资源法》中法律责任制度存在的缺漏。并且,《土地复垦条例》的立法根据是《土地管理法》,根据《土地管理法》的立法结构和篇章结构,其第42条规定的土地复垦制度在第四章“耕地保护”中。申言之,该条规定主要适用于“因挖损、塌陷、压占等”行为导致的耕地破坏,其对应的法律责任条款是第75条不履行复垦义务的要承担限期改正、缴纳复垦费或行政罚款的法律责任。因此,其法律责任条款也是针对行为破坏耕地的情况。而现实中,矿业权主体行使导致的土地损毁的类型远不止于耕地破坏,并且,其行为致害方式也比“挖损、塌陷、压占”等方式更为多样。况且,《土地管理法》《土地复垦条例》及配套的实施条例、实施办法有专门的针对违反土地复垦义务的法律责任规定,即使通过扩大解释将其适用于耕地之外的林地、草地、荒地、滩涂及其他土地,难以充分因应矿产资源勘探开发中导致的土地损毁的特殊性及其提出的土地复垦制度需求。

土地复垦制度体系中出现的法律责任制度缺失导致的直接结果是

难以为现实中的矿业权行使时导致具体土地损毁提供有针对性的制度供给。具体到我国页岩气开发领域,虽然我国页岩气政策中有土地复垦的规定,但也仅见于《国土资源部关于加强页岩气资源勘查开采和监督管理有关工作的通知》(国土资发〔2012〕159 号)(该通知已失效)。该通知第 12 条规定:"依法加强环境保护和安全生产。页岩气矿业权人在勘查、开采过程中,应当严格执行相关法律法规和国家标准,保护地下水、地表和大气环境,并确保安全施工。在勘查、开采工作结束后,必须按规定进行土地复垦。"该条仅规定的是页岩气矿业权人在勘查、开采工作结束后要按照规定进行土地复垦,但针对页岩气勘查、开采导致的特殊类型和表现形式的土地损毁如何进行土地复垦并没有具体规定,尤其是对矿业权人未承担土地复垦义务亦未有涉及。这使得该通知中的土地复垦的规定仅为一种宣示性规范,并未提供实质的约束制度,客观上导致矿产资源管理部门在考察页岩气矿业权行使时更为重视矿业权主体是否按照约定完成了投入并积极履行勘查义务,而不是是否履行了土地复垦义务。以我国页岩气开发实践为例,我国第一轮页岩气探矿权招标工作始于 2011 年,我国国土资源部规定页岩气探矿权勘查许可证为 3 年有效期,从 2011 年至今,已招标出让的页岩气区块的探矿权均已满 3 年,但是,基于当前法律责任制度的疏漏与缺失,当页岩气探矿权有效期结束后,国土资源部更关注的不是矿业权主体是否履行了环境保护、土地复垦等义务,而是重点去考察页岩气探矿权主体是否按照《页岩气探矿权出让合同》履行积极投入进行勘查的义务。现实中,当页岩气探矿权 3 年有效期满后,国土资源部(现自然资源部)对未完成承诺的勘查投入的中国石化和河南煤层气开发利用有限公司进行处罚,要求其缴纳相当数额的违约金并核减区块面积。

笔者认为,现行法律体系中对土地复垦责任制度立法的缺失,具体到矿产资源法律规范中,矿业权主体应承担的土地复垦法律责任的实质缺位,本质上是页岩气探矿权制度设计背后的制度逻辑与价值选择上的偏差。在矿业特许权被定位为配置稀缺矿产资源的制度逻辑下,一旦申请人经过申请通过审批被授予探矿权采矿权,则意味着国家将稀缺的矿产资源开发利用权利配置给权利人。特许制度的价值选择和预期效果在于通过授权充分实现国家的矿产资源所有权。因此,在对矿业权主体所应承担的法律责任的制度设计中,虽然也从法理上宣示矿业权主体要履行环境保护、污染防治的法定义务,包括土地复垦义务,但是,法律责任制度实施主要还是规制擅自采矿、越界开采、倒卖牟利和破坏性开采等可能损害到国家矿产资源所有权的行为。这种制度逻辑体现在页岩气探矿权制度设计上,即为重视页岩气探矿权是经由国土资源部(现自然资源部)代表国家授予的一种特许经营权,特许目的是实现国家的页岩气所有权。因此,现行制度逻辑导致其对页岩气探矿权行使的监管重点在于,页岩气探矿权人的行为是否损坏国家矿产资源所有权,以及是否遵照约定履行了积极投入进行勘查的义务以实现国家的页岩气产业发展政策,而环境保护、土地复垦等义务规范并不是监管重点。

3. 土地复垦资金制度上的掣肘

我国近些年虽然高度重视矿产资源开发中的土地复垦工作,陆续出台一些法律法规和政策措施,但就现实的统计数据来看,效果并不理想。根据统计资料,"十二五"期间,我国有2亿亩废弃荒地有待复垦,占我国耕地总面积的10%以上,其中仅采矿损毁的土地面积就达9000万亩,但是,财政投入资金仅能保证1200万亩土地的复垦,土地复垦所需资金缺口高达1.6万亿元。当前,国际上矿地复垦率已达50%~70%,美国因采矿业破坏的土地复垦率达到85%以上,德国土地复垦率超过了90%,远高于我国15%左右的矿地复垦率。[1]

我国当前的土地复垦制度实施绩效不佳,重要原因在于土地复垦资金制度存在的结构性缺陷,存在较大的复垦资金缺口。

(1)我国在较长的历史时期,注重经济发展而忽视生态环境保护,产生了较大面积的历史遗留损毁土地,同时,我国每年新增的400万亩损毁土地中有90万亩自然灾害损毁土地。根据《土地复垦条例》第23

---

〔1〕 另外,根据2009年相关资料统计,矿山建设和开发占地面积达1.35万平方千米,40多个矿城出现地面塌陷,土地损毁比较严重,矿山废弃物的堆积达220多亿吨。参见徐绍史:《积极稳妥推进国土资源管理制度改革 提高统筹保障发展保护资源能力——在推进土地管理制度改革研讨班上的报告》,载《国土资源通讯》2009年第17期。

条规定,对于历史遗留损毁土地和自然灾害损毁土地,“县级以上人民政府应当投入资金进行复垦,或者按照‘谁投资,谁受益’的原则,吸引社会投资进行复垦”,但在现实中这些类型的损害土地均要依靠政府财政投入,[1]缺乏社会资金投入,对历史遗留损毁土地缺乏足够的、有效的损毁资金投资激励机制。与此同时,现实中还会发生历史遗留损毁土地与矿产资源开发发生土地损毁叠合的情况,尤其是在传统油气资源矿区勘探开采类似于页岩气的独立矿种的新型能源,会更为频繁发生矿业权用地损毁与既有的历史遗留土地损毁难以清晰区分的情形,若这时按照《土地复垦条例》第3条规定的“谁损毁,谁复垦”的原则来要求矿业权人对损毁土地承担复垦责任,则对其是不公平的;但若统一由县级以上人民政府投入资金进行复垦,则会导致矿业权人规避土地复垦责任。

(2)我国现行的土地复垦制度存在内生缺陷。如上所述,我国现行的土地复垦法律制度体系中对于土地复垦义务主体不积极履行复垦义务、不落实土地复垦资金缺乏明确的法律责任制度设计、监督约束机制和强制规范。由此导致的结果是一些有较强经济实力的企业会利用现行法律责任制度的缺失规避法律责任、拒绝足额投入应当负担的土地复垦资金。

(3)在现行土地复垦制度规范的实施过程中,土地复垦义务人所缴纳的土地复垦费不足以承担其行为导致的土地损毁复垦的现实需求。这可以表现为以下几个方面:

第一,土地复垦费用征收标准模糊。《矿产资源法》第32条仅仅概略规定:“开采矿产资源,应当节约用地。耕地、草原、林地因采矿受到破坏的,矿山企业应当因地制宜地采取复垦利用、植树种草或者其他利用措施。”《土地管理法》第42条也仅规定复垦义务人“没有条件复垦或者复垦不符合要求的,应当缴纳土地复垦费,专项用于土地复垦。”根据我

---

[1] 我国《土地复垦条例实施办法》第32条规定:“条例第二十三条规定的历史遗留损毁土地和自然灾害损毁土地的复垦资金来源包括下列资金:(一)土地复垦费;(二)耕地开垦费;(三)新增建设用地土地有偿使用费;(四)用于农业开发的土地出让收入;(五)可以用于土地复垦的耕地占用税地方留成部分;(六)其他可以用于土地复垦的资金。”

国《土地复垦条例》的立法精神，原则上鼓励生产建设单位或者个人（土地复垦义务人）自行承担复垦义务；但是，如果土地复垦义务人未自行复垦，或者复垦验收中经整改仍不合格，则应当缴纳土地复垦费，由有关国土资源主管部门代为组织复垦。该条例第18条第2款规定："确定土地复垦费的数额，应当综合考虑损毁前的土地类型、实际损毁面积、损毁程度、复垦标准、复垦用途和完成复垦任务所需的工程量等因素。土地复垦费的具体征收使用管理办法，由国务院财政、价格主管部门商国务院有关部门制定。"但是，笔者检索了我国的法律体系，尚未见在国家层面颁布土地复垦费的具体征收使用管理办法，仅有湖南省财政厅、物价局、国土测绘管理局于2000年联合颁布的《湖南省耕地开垦费土地复垦费征收使用管理办法》地方规范性文件，且该文件也并未明确规定土地复垦费的征收标准。

第二，未履行土地复垦义务时法律责任制度设计不合理。我国现行法律体系中大多未规定土地复垦义务人未履行复垦义务时的应承担的法律责任，仅在《土地复垦条例》中规定了对应法律责任。但这些法律责任制度设计存在不合理之处，未起到有效的惩戒功能与制度绩效。虽然该条例第40条规定，若土地复垦义务人将重金属污染物或者其他有毒有害物质用作回填或者充填材料的，又不采取治理措施，"环境保护主管部门可以指定有治理能力的单位代为治理，所需费用由违法者承担"，是我国环境法律体系中环境代执行制度的具体运用，也能契合我国当前正在积极推行的环境污染第三方治理制度。但总体而言，《土地复垦条例》中除了规定责令限期改正、第三方治理、吊销采矿许可证之外，频繁规定的是对复垦义务人不履行义务后的罚款，而除了第42条规定针对土地复垦义务人应当缴纳土地复垦费而不缴纳处应缴纳土地复垦费1倍以上2倍以下的罚款之外，针对其他的违反土地复垦义务的行为类型，罚款的上限是50万元，并未区分土地损毁面积，由此不但会导致不公平的现象，而且会产生负面的制度激励效应。更为重要的是，这些罚款即使专款专用于损毁土地复垦，也难敷其用。以我国已经实施的两轮页岩气探矿权招标为例，在2012年《国土资源部页岩气探矿权招标公告》中，国土资源部（现自然资源部）在国内公开招标出让探矿权的20

个页岩气区块中,面积最大的湖北鹤峰页岩气区块为2306.71平方千米,面积最小的湖北来凤咸丰页岩气区块也有369.23平方千米。[1] 如果页岩气矿业权主体实施未履行土地复垦费用列入生产成本或者建设项目总投资、将重金属污染物或者其他有毒有害物质用作回填或者充填材料等违反行为,仅承担10万元以上50万元以下的罚款,则很难实现土地复垦的制度预期目标。

三、我国页岩气矿业权用地土地复垦制度之完善

我国当前的生产建设活动导致土地损毁的情况非常严峻,其中,矿产资源开发损毁土地面积占损毁土地面积比重较大。据有关资料统计,我国一些粮食主产区采矿占用耕地在项目用地中的比重超过50%,况且,我国当前的矿产资源行业中有2/3的矿产资源处于中后期开采阶段或接近枯竭阶段,在未来的几十年内将陆续有矿山关闭,大量的废弃地亟待复垦。因此,矿业权用地复垦工作关系到保障我国18亿亩耕地红线,也关系到我国生态文明建设战略的实现。土地复垦工作的顺利开展需要完善的法律制度保障,有针对性地完善我国矿业权用地复垦制度体系,是推动我国矿产资源产业健康有序发展的需求,也是我国在大力推进页岩气开发这一战略性新兴产业发展必须高度重视的制度建设问题。

(一)更新土地复垦制度的立法价值和指导思想

我国现行法律体系中,无论是在以《矿产资源法》为代表的行业法中规定的土地复垦制度,还是专门立法《土地复垦条例》,其立法价值追求的是保护耕地和实现土地的合理利用,其指导思想和判断标准是将土地恢复到损毁土地的"可供利用状态"。正如前文分析,这种土地复垦制度立法价值与指导思想,追求了土地复垦的形式目的而忽视其实质目的,因此,有必要在土地复垦制度的立法价值与指导思想上进行有针对性的更新。

---

[1] 对我国国土资源部(现自然资源部)第二轮页岩气探矿权招标出让20个区块的序号、名称、面积、拐点经纬度坐标等详细资料介绍,参见《国土资源部页岩气探矿权招标公告》,载中华人民共和国国土资源部网站,最后访问时间:2012年9月10日。

1. 引入土地复垦制度的公众健康价值目标

我国当前的土地复垦制度的立法目的是注重耕地保护与土地合理开发利用,而这种立法目的的判断标准是损毁土地是否恢复原状。换言之,当前的土地复垦制度仅重视土地本身,而忽视依赖于土地生存生活的人。环境污染与生态破坏最终要作用于人本身,生产建设活动导致的土地损毁最终会导致严重的人身权与财产权损害。近些年来,我国各地频繁发生矿产资源开发导致的土地损毁引发矿山企业与周边居民房屋裂缝、农作物受损或减产等财产权益损害。而土地污染、土地生态破坏等损毁土地情形导致的公众健康损害,则因难以直接可见,往往得不到应有的重视。比如,页岩气勘探开发水力压裂技术使用过程中,水力压裂中包含的有毒害化学物质的致害机理很难被公众知悉。

因此,为了矫正以前的环境保护法律体系仅重视环境不重视人的弊病,我国 2015 年 1 月 1 日开始实施的《环境保护法(修订案)》明确规定,保护和改善环境、防治污染和其他公害的制度措施要以保障公众健康为目标,申言之,具体的环境污染防治与生态保护法律制度除了重视实现环境质量标准之外,其背后的价值选择要回归与重申"以人为本"。

矿产资源开发中导致的土地损毁是生产建设活动导致的诸多环境问题的一个重要方面,当前修订后的《环境保护法》所秉持的最新的立法目的与价值理念也当然应体现在土地复垦制度的理念更新上。具体而言,笔者认为,矿产资源开发中损毁土地复垦工作贯彻公众健康保护立法目的和价值理念应当体现在以下四个方面:(1)修改与更新《土地复垦条例》的立法目的,在实现耕地保护与实现土地合理开发利用的形式目的之上,还应当确立土地复垦制度的实质目的,即保障公众人体健康。(2)确立以公众健康风险为核心的土地损毁评估机制,在评估生产建设活动导致的土地损毁中,不能仅重视《土地复垦质量控制标准》(TD/T1036—2013)所列举与定义的挖损土地、塌陷土地、压占土地和其他(污染土地)等几种土地损毁类型及其具体表现形式,还应当进一步评估这些土地损毁形式导致的环境健康损害。(3)实现技术规范的法定化,以人为本来完善与更新《土地复垦质量控制标准》(TD/T1036—2013)中所确立的每种类型的土地损毁形式的土地复垦技术标准。

(4)完善土地复垦费的收费标准,拓展土地复垦费作用的范围,将生产建设活动中土地致害行为的负面后果拓展到生存生活于该土地上人群的健康损害。

2. 从"恢复原状"拓展到"环境修复"

我国土地复垦制度是以损毁土地是否恢复原状作为复垦义务人是否履行复垦义务的判断标准。《土地复垦质量控制标准》(TD/T1036—2013)从土地复垦质量要求及具体技术规范的规定上对"恢复原状"规定进行了具体化,主要包括整体覆土、客土穴植、挖深垫浅、填平补齐、土地平整、压实整治等方式对实损毁土地物理恢复原状。当前在《土地复垦条例》等行政法律法规中的"恢复原状"作为一种特殊侵权责任方式,实际上源于民法中一种源远流长的侵权责任实现方法。而民法上的恢复原状,"是指将损害的财产加以修复,具体来说,当所有权人的财产被非法侵害而损坏时,能够修理的,所有权人有权要求加害人通过修理,恢复财产原有的状态,例如,修理被撞毁的汽车、修缮被破坏的房屋、填平被挖掘的土地等。"[1]因此,《土地复垦条例》中作为土地复垦制度实施判断标准的"恢复原状"是对民法上恢复原状的一种借鉴适用,它主要是指对于受到损害的财产(损毁土地)进行物理性的修复。事实上,《土地复垦质量控制标准》(TD/T1036—2013)对每种类型的土地损毁形式即主要制定的是物理修复的标准,而现实的土地纠纷案件中违法行为人也主要承担是对损毁土地进行物理修复责任。

但是,生产建设活动与矿产资源开发中导致的土地损毁的原因行为与表现形式具有多样性,既有物理上的土地挖损、土地塌陷、占地土压等,也有前述页岩气勘探开采水力压裂过程导致的化学污染,还有病原体和有害生物种群从外界侵入土壤,破坏土壤生态系统的平衡,引起土壤质量下降的土壤生物污染。这就使得仅仅要求复垦义务人对损毁土地仅承担物理修复责任难以契合真实的土地损毁情况,故有必要将土地复垦的指导思想与判定标准从"恢复原状"拓展到环境修复。

将土地复垦制度的指导思想和实施标准从"恢复原状"拓展到"环

[1] 程啸、王丹:《损害赔偿的方法》,载《法学研究》2013年第3期。

境修复”，是对页岩气开发导致的土地损毁的类型所提出的土地复垦制度需求的归纳，也是近几年来我国的一系列宏观环境政策和修订后的《环境保护法》的相关规定对完善土地复垦制度的要求。2013 年中共十八届三中全会通过的《中共中央关于全面深化改革若干重大问题的决定》提出了“完善环境治理和生态修复制度”，2015 年开始实施的《环境保护法》第 32 条规定：“国家加强对大气、水、土壤等的保护，建立和完善相应的调查、监测、评估和修复制度。”从环境科学角度考察，环境修复是指“恢复被损害生态系统到接近于它受干扰前的自然状态的管理与操作过程，即重建与该系统干扰前的结构与功能有关的物理、化学和生物特征。”[1]从法律制度层面考察，具体到土地复垦领域，环境修复视阈下的土地复垦制度应当拓展的具体内容包括：(1)针对土地损毁会导致土地资源发生物理、化学、生物等多个方面的性质变化，导致土地多层次功能受损，应当修改《土地复垦质量控制标准》(TD/T1036—2013)中所规定的土地损毁的种类与形式，全面揭示土地复垦要求应当包括物理修复、化学修复、生物修复、生态修复等多个方面。(2)基于土地损毁的多种原因行为与多重表现形式，土地复垦不能仅从外观与物理上要求采取整体覆土、客土穴植、挖深垫浅、填平补齐、土地平整、压实整治等方式，而更应当注重的是土地复垦措施的综合实施，恢复到土地损毁之前的功能与状态，应当以恢复土地资源对人类产生的多重价值(经济价值、生态价值和美学价值等)为标准检视土地复垦制度的实施绩效。(3)重视有些类型土地损毁一旦产生则难以逆转的特性，单纯物理恢复无济于事，应当要求土地复垦义务人采取间接的、替代的、异地的修复途径，比如复植补绿、补种林木、异地补植林木、支付土地复垦公益资金等方式。

(二)完善土地复垦法律责任制度体系

从首次在 1982 年的《国家建设征用土地条例》(现已失效)中规定土地复垦制度雏形至今，我国的土地复垦制度逐步发展完善，如今已形成了略具规模的土地复垦制度体系。前述内容已经归纳了我国的土地

[1] 米文宝：《生态恢复与重建评估理论与实践——以宁南部山区退耕还林还草工程为例》，中国环境科学出版社 2009 年版，第 13 页。

复垦制度体系存在的内生性的结构缺陷,土地复垦法律责任制度的缺失,是制约土地复垦制度体系实施绩效的重要因素,应当有针对性地予以完善。

1. 在《矿产资源法》等行业法中规定土地复垦法律责任

我国《矿产资源法》《煤炭法》等矿产资源行业法律规定了矿产资源开发中矿山企业作为复垦义务人要承担的土地复垦义务,但均未规定若未履行土地复垦义务需要承担的相应法律责任。首先必须承认,这是当前立法中存在的缺陷,不能认为《土地复垦条例》作为专门立法有法律责任制度体系规定,便可以通过立法体系解释来予以适用,其原因是:(1)在立法效力位阶层次上,《矿产资源法》和《煤炭法》是上位法,《土地复垦条例》是下位法;(2)虽然《煤炭法》经过2013年和2016年两次修正,但其对土地复垦制度的表述仍借鉴2011年《土地复垦条例》的用语;(3)现行《矿产资源法》的修改时间(2009年)早于《土地复垦条例》的颁布实施时间(2011年),因此,《矿产资源法》中对土地复垦责任制度立法缺失是其固有的内生缺陷。矿产资源行业综合立法中土地复垦法律责任制度缺失,使这些法律规定的土地复垦义务制度的履行难以得到有效的强制力的保障。

针对《矿产资源法》《煤炭法》等行业综合性法律中土地复垦制度的缺陷,笔者建议完善立法,在其"法律责任"一章中增加对应的法律责任条款。一旦矿业权主体在行使权利时未按照法律规定履行土地复垦义务,则应当承担明确的法律责任,使得土地复垦义务的履行得到有效保障,形成强制力约束规范。具体而言,笔者建议在《矿产资源法》等行业综合性法律中完善土地复垦义务制度的内容包括:(1)在《矿产资源法》的"法律责任"一章中明确规定,矿业权主体一旦违反土地复垦制度规范、未履行土地复垦义务,则要承担法律责任;(2)土地复垦法律责任的内容和形式可以借鉴《土地复垦条例》中规定的责令停止违法行为、责令限期改正、限期采取治理措施和罚款等责任形式,不履行土地复垦义务的严重行为构成犯罪的,承担刑事责任;(3)为了实现土地复垦的专业性以实现土地功能完整修复,应当要求和允许一旦矿业权主体自己不能完全履行土地复垦义务,必须以支付聘请专业机构代为实施土地复垦所需费用这种形式来履行义务。

2. 完善《土地复垦条例》中的法律责任制度体系

《土地复垦条例》及其配套《土地复垦条例实施办法》是我国专门的土地复垦制度立法，系统规定了土地复垦制度规范，包括了专章的法律责任制度。但是前述内容已经归纳了《土地复垦条例》中的法律责任制度的缺陷，针对此缺陷，结合我国现实的土地复垦制度多样化需求和我国《环境保护法(修订案)》的最新立法精神与法律制度，笔者建议的完善路径有：

(1)《土地复垦条例》中较为频繁地采用了罚款这一责任手段，但总体而言，这些罚款数额偏低，难以实现预期的责任制度惩戒与预防效果。比如，其第 37 条规定针对土地复垦义务人未按照规定补充编制土地复垦方案的违法行为处 10 万元以上 20 万元以下罚款，第 38 条针对土地复垦义务人未按照规定将土地复垦费用列入生产成本或者建设项目总投资的行为、第 40 条针对土地复垦义务人将重金属污染物或者其他有毒有害物质用作回填或者充填材料的行为均处 10 万元以上 50 万元以下罚款。这些最高限额为 50 万元的罚款，根本上难以有效制止投资动辄数亿数十亿元的矿业权主体实施违法行为。因此，为了形成有效的违法行为禁止与督促土地复垦义务履行的预期，需要与时俱进地在进行大量实证研究基础上，设定合理的罚款数额。

(2)笔者认为，《土地复垦条例》第 42 条"土地复垦义务人依照本条例规定应当缴纳土地复垦费而不缴纳的，由县级以上地方人民政府国土资源主管部门责令限期缴纳；逾期不缴纳的，处应缴纳土地复垦费 1 倍以上 2 倍以下的罚款，土地复垦义务人为矿山企业的，由颁发采矿许可证的机关吊销采矿许可证"的优点在于对应当缴纳土地复垦费而不缴纳，经过追缴之后仍然不缴纳的义务人处应缴土地复垦费 1 倍以上 2 倍以下的罚款，这样的规定在罚款力度上既能起到有效的惩戒、教育、预防违法与监督土地复垦义务履行的作用，同时又能为专款专用的土地复垦费提供充足的资金保障。但是，如果实施该违法行为(未按照规定缴纳土地复垦费)的土地复垦义务人为矿山企业的，"由颁发采矿许可证的机关吊销采矿许可证"的规定则过于严苛。因为，这一规定没有充分尊重矿业权作为一种我国《物权法》规定与保障其独立性的物权(准物权)地位。这种规定的制度逻辑是:一旦矿业权主体没有履行相关法定义务(土地复垦),则直接剥夺其矿业权,这将使得矿业权主体依照《物权法》享有与行使的独立物权处于极大风险之中。因此,笔者建议应当修改这一条的规定,不能因为矿业权主体没有履行相关义务就直接以吊销采矿许可证的行政手段剥夺其物权,而应当是在充分尊重其物权(矿业权)的前提下加大其对行为的惩戒力度。

(三)完善多元化的土地复垦资金制度

土地复垦必须有充裕的资金保障,但我国当前土地复垦制度面临的重大问题是资金来源不足、数量短缺。根据相关数据统计,2001 年至 2006 年,全国土地复垦资金的投入达 36 亿元,但是,全国的老矿山环境恢复至少需要 1300 亿元;2007 年,全国仅收取了 3 亿元土地复垦费,远远满足不了全年被破坏土地(每年 200 万亩)的复垦费用;"十二五"期间,我国有 2 亿亩废弃荒地需要复垦为农田,而财政投入资金仅能保证 1200 万亩土地的复垦,资金缺口高达 1.6 万亿元。[1] 我国当前土地复垦资金短缺成为我国损毁土地复垦率远低于世界发达国家的重要制约因素,其原因包括:(1)我国在长期的生产建设活动和矿产资源开发中产生了大量的废弃荒地,这成为沉重的历史包袱;(2)我国实行了土地复垦制度后,由于制度缺陷导致土地复垦义务人不能及时足额缴纳的土地复垦费,而土地复垦责任制度的缺陷又放纵了这种未履行义务行为;(3)我国每年还有因为自然因素导致的土地损毁,仅依靠政府财政投入也难敷其用。这些原因综合导致了我国土地复垦资金短缺,迫切需要完善多元的土地复垦资金制度体系。

《土地复垦条例》第 3 条确立了生产建设活动损毁的土地的复垦义务分配基本原则,即按照"谁损毁,谁复垦"的原则,由生产建设单位或者个人(以下称土地复垦义务人)负责复垦。《矿产资源法》第 21 条规

---

〔1〕 相关统计数据,参见徐绍史:《积极稳妥推进国土资源管理制度改革　提高统筹保障发展保护资源能力——在推进土地管理制度改革研讨班上的报告》,载《国土资源通讯》2009 年第 17 期。

定了矿山企业、《煤炭法》第 25 条规定了采矿人为土地复垦义务人。这些不同法律法规中规定的主体虽然表述稍有差异,但均为在生产建设活动中导致土地损毁的主体,应当承担土地复垦义务。其承担土地复垦义务的方式有两种:第一种是由生产建设活动从业者(包括矿山企业或采矿人)直接负责土地复垦,《土地复垦条例》第二章"生产建设活动损毁土地的复垦"具体规定了生产建设活动主体作为土地复垦义务人负责复垦的损毁土地范围、土地复垦方案等;第二种是生产建设活动从业者间接履行土地复垦义务,即《土地复垦条例》第 18 条第 1 款规定:"土地复垦义务人不复垦,或者复垦验收中经整改仍不合格的,应当缴纳土地复垦费,由有关国土资源主管部门代为组织复垦。"因此,现实中,由于土地损毁的原因复杂、形式多样,土地复垦提出较强的专业性和技术性需求,土地复垦义务人通过缴纳土地复垦费来履行土地复垦义务。

因此,缴纳土地复垦费是矿山企业等主体对生产建设活动中导致的土地损毁承担复垦责任的主要形式。但是,我国当前土地复垦制度中缺乏具有可操作性的对土地复垦费明确的规定。《矿产资源法》《煤炭法》《土地管理法》等法律中仅概括规定了相关主体要土地复垦或"应当缴纳土地复垦费,专项用于土地复垦",并没有具体规定土地复垦费的具体来源、构成与计算标准,《土地复垦条例》第 18 条第 2 款规定:"确定土地复垦费的数额,应当综合考虑损毁前的土地类型、实际损毁面积、损毁程度、复垦标准、复垦用途和完成复垦任务所需的工程量等因素。土地复垦费的具体征收使用管理办法,由国务院财政、价格主管部门商国务院有关部门制定。"但该规定也仅确立了土地复垦费的计算原则和办法,尚未有进一步的细致规定。因此,针对当前土地复垦费规定的缺陷,建议由自然资源部根据《土地复垦条例》进一步规定土地复垦费的计算原则,进而制定更为具体细致的土地复垦费的具体征收使用管理办法。具体而言,土地复垦费的具体征收使用管理办法应当包括的内容有:土地复垦费的具体构成、土地复垦费的计算方法、针对不同类型的土地损毁进行复垦应遵循的技术要求和应达到的质量要求,以此分别制定不同的土地复垦费的征收标准。

四、结语

矿产资源勘探开发必然会导致各种形式的土地损毁,通过法律制度保障矿区损毁土地复垦工作是坚守我国18亿亩耕地红线、促进经济社会可持续发展、贯彻生态文明建设方略的内在需求。从20世纪80年代我国开始实施土地复垦制度至今,我国的土地复垦工作取得了卓越成效。但40年的经济社会高速发展中又累积了很多新的土地损毁问题,这使我国生产建设活动中导致的土地损毁情形日趋严峻。我国土地复垦工作面临困境的重要原因是现行土地复垦法律制度难以提供有效的行为约束。页岩气等新型矿产资源勘探开发过程中所引发的新型环境风险以及特殊土地损毁形式,也重新检视与拷问了现行的土地复垦制度的立法价值、指导思想和制度体系。这要求我们更新土地复垦制度的立法价值,重视土地损毁对于公众健康的危害,革新土地复垦制度的立法指导思想,从“恢复原状”升级到“环境修复”,兼顾土地复垦的形式目的与实质目的,完善土地复垦的责任立法以加强对生产建设活动复垦义务人的强制效力。

第二节 页岩气矿业权行使中土地侵权类型与规制制度之检讨

页岩气开发中,水平钻井与水力压裂等技术使用过程会频繁引发土地损毁,由此又进一步引致内生性土地损害与外溢性土地损害等多种土地侵害类型,导致土地资源的物理结构性破坏、功能性破坏与依附于土地资源的财产损害。我国主要采用责任规则救济受到侵害的国家土地所有权,混用责任规则与财产规则救济受到侵害的集体土地所有权,仅适用赔偿损害责任方式来救济其他主体土地权益。行政权主导与管制模式下的矿业权主体土地侵权行为规制思维与路径,体现了我国对将稀缺土地资源向矿产资源开发领域的倾斜配置导致了诸多弊端,应重视侵权责任法律规则在解决矿业权行使导致的土地侵权纠纷中的功能。

页岩气产业发展依赖于地质理论创新以及资源评价、目标区优选技术、水平钻井技术以及水力压裂增产技术的进步。但这些技术的使用，也使页岩气资源开发过程在产生传统天然气开发伴生的共性环境问题的同时，又对生态环境产生更大的影响力与破坏力，因而引致独特的环境风险。页岩气开发本质是采用各种技术手段从地下封闭的地质构造中开采出页岩气的过程，因此，页岩气开发中产生的各种环境风险是直接针对土地资源或在作用于土地资源中间接产生。具体而言，在页岩气开发中，勘探开发技术使用过程导致的土地破坏主要有以下几种情形：水平钻井技术使用导致的土地损毁、水力压裂技术使用导致的土地损毁、水力压裂技术使用导致的土地污染。

一、页岩气矿业权行使引致的土地侵权及损害结果类型

页岩气开发过程导致多种形式的土地损毁进而引发土地侵权纠纷，这首先是我国立法选择的土地所有权与矿产资源所有权的关系决定的。世界上不同国家对土地所有权与矿产资源所有权之间的关系有不同的制度安排，概括而言，有合一制与分离制两种模式：合一制模式将矿产资源所有权与土地所有权合一，归属于同一个权利人，将矿产资源视为土地的组成部分，只有土地所有权人或经土地所有权人授权的人才有权勘查和开采矿产资源，合一制模式主要是英美法系国家采纳。分离制是将矿产资源所有权与土地所有权相分离，可以分别归属于不同权利人，大陆法系国家实行的是分离制，大都通过国家首先强行占有有价值的、战略上十分重要的地下资源而完成。[1]

我国当前采取的是土地所有权与矿产资源所有权分离的立法模式。根据我国《宪法》《物权法》等法律规范，土地资源属于国家或集体所有，而一切矿产资源属于国家所有。在我国，由于土地所有权与矿产资源所有权的分离，土地所有权人并不当然享有矿产资源所有权。根据我国《矿产资源法》第 3 条第 3 款规定："勘查、开采矿产资源，必须依法分别

---

〔1〕 房绍坤主编：《矿业权法律制度研究》，中国法制出版社 2013 年版，第 67 ~ 71 页。

申请、经批准取得探矿权、采矿权,并办理登记;"第 3 条第 4 款规定:"从事矿产资源勘查和开采的,必须符合规定的资质条件。"也即符合《矿产资源法》等法律规定资质条件要依法申请,经过行政特许程序获得探矿权和采矿权(合称为矿业权)。获得矿业权的矿山企业并不享有土地所有权,也不享有矿产资源所有权。矿业权是一种准物权,矿业权主体在行使矿业权时必然对其不享有所有权的土地造成侵扰与破坏,导致复杂的土地侵权。

(一)页岩气矿业权行使时的土地侵权类型

矿产资源所依附的土地可能属于国家所有也可能属于集体所有。如果矿产资源所依附的土地属于国家所有,则自然资源部(原国土资源部)既是国务院地质矿产主管部门也是土地行政主管部门,根据《国土资源部行政许可事项目录》,自然资源部(原国土资源部)可以代表国务院在审核符合法定资质要求的矿山企业勘查、开采矿产资源申请,批准其取得矿业权时,也同时批准矿业权主体的土地使用权。在这种情形下,矿业权主体行使矿业权时与国家土地所有权的冲突不是很激烈。如果矿产资源依附于集体所有土地,则会更为频繁发生土地侵权纠纷。就现实中国土资源部(现自然资源部)已经实施的两轮页岩气探矿权招标出让的经验来看,我国通过招标出让探矿权的页岩气区块均集中于人口稀少的山区,页岩气探矿权主体为行使权利均难以避免地作用于集体土地所有权,频繁导致土地侵权现象发生。具体而言,页岩气开发中土地侵权纠纷可以归纳为以下两种类型。

1. 矿业权行使中的内生性土地侵权

虽然不同矿种勘查开采需求技术措施有差异,但主要机理是通过外力作用于矿区土地资源,将矿体上覆的岩层剥离或致使岩石破碎、松散物料移运和流体输送等。21 世纪之后,大规模商业开发页岩气的关键是水平钻井和水力压裂技术的进展,其实质就在于可以采取氮气泡沫压裂、凝胶压裂、分段压裂、多层压裂、清水压裂、同步压裂、水力喷射压裂和重复压裂等多种技术措施,以改变致密页岩的地下结构,促使储层产生密集的裂缝网络,进而提高储层渗透率,使地层中的页岩气更容易流入井筒。[1] 申言之，页岩气开发技术的进步依靠水平钻井和水力压裂等新技术能够更有力地破坏地下结构。

矿产资源赋存于地下，故而矿业权的客体是复合型的，包括特定矿区或工作区内的地下部分与赋存其中的矿产资源。矿业权在权利构成上包括两个部分：第一，以特定矿区或工作区内勘探、开采矿产资源的权利为要素；第二，对矿区或工作区内的地下使用权，即地下使用权。[2] 质言之，矿业权主体为勘探开采矿产资源而使用矿产资源依附土地的地下部分，是矿业权的当然构成部分。因此，页岩气矿业权主体钻探土地资源地下部分导致其储层裂缝与岩石破碎是行使权利的需要。但是，矿业权中仅包含土地资源地下使用权，并不包含地表使用权。为了矿业权的顺利行使，在矿区或工作区地表建设油（气、水）井场及地面作业设施、配套设施，需要使用地表土地资源。根据我国《矿产资源法实施细则》第 16 条规定，探矿权人的权利包括“根据工程需要临时使用土地”，第 30 条规定，采矿权人的权利包括“根据生产建设的需要依法取得土地使用权”。但是，即使矿业权人取得地表土地使用权，依然会存在合理行使权利还是侵权的界限划分与争议。

2. 矿业权行使中的外溢性土地侵权

矿业权行使中的外溢性土地侵权，是指矿产资源勘探开采行为会对矿区之外的土地造成影响与破坏。根据我国《矿产资源勘查区块登记管理办法》第 3 条的规定，国家对矿产资源勘查实行统一的区块登记管理制度，矿产资源勘查工作区范围以经纬度 1′×1′划分的区块为基本单位区块，并规定了每个勘查项目允许登记的最大范围，其中，石油、天然气矿产区块最大范围为 2500 个基本单位区块。矿产资源区块登记后，煤炭等固体矿产资源在地下土壤中赋存具有确定性，矿业权主体行使权利的区块范围基本能够确定。但是，页岩气等油气资源属于流体矿产，其赋存于地下土壤中具有流动性。即使按照规定进行区块登记，在现实的勘查开采过程中，资源流动性使得钻井作用于地下土壤的范围很难严格

[1] 汪民主编：《页岩气知识读本》，科学出版社 2012 年版，第 22 页。

[2] 崔建远：《准物权研究》（第二版），法律出版社 2012 年版，第 228 页。

局限于矿业权审批和登记时限定的区块范围，在此过程中，开发页岩气难免对超过批准登记矿区范围之外的土地资源造成影响。并且，在水平方向，随着勘探工作进行到一定阶段，矿区或工作区的面积应随着缩减，这是例行的面积缩减。此外，还有惩罚性的面积撤销，[1]比如国土资源部（现自然资源部）2014 年年底公布了首次招标出让的“渝黔南川页岩气勘查区块”和“渝黔湘秀山页岩气勘查区块”这两个页岩气探矿权勘查期满的处置结果，3 年勘查期内，两个页岩气区块的探矿权人未完成承诺勘查投入，国土资源部（现自然资源部）要求其按照未完成承诺勘查投入的比例缴纳违约金，分别核减面积 593.44 平方千米和 994.15 平方千米。[2] 页岩气区块内页岩气资源的流动性和可能存在的矿区面积削减，使矿业权主体在行使权利过程中会突破矿区面积边界，侵犯土地所有人的利益。

（二）矿业权行使中土地侵权致害后果类型

从侵权法理审视，页岩气开发过程的土地侵权，本质上是一般侵权行为在矿产资源开发领域的具体体现，是矿业权主体对其他土地资源权利主体的侵权。矿业权行使中土地侵权损害后果可以归纳为以下几种具体类型：

1. 对土地资源的物理结构性破坏。这类损害主要表现为矿产资源勘探开采中导致土地的物理性损毁，根据国土资源部（现自然资源部）2013 年实施的《土地复垦质量控制标准》（TD/T1036—2013）的归纳，主要有：(1) 土地挖损，因采矿、挖沙、取土等生产建设活动致使原地表形态、土壤结构、地表生物等直接损毁，土地原有功能丧失；(2) 土地塌陷，因地下开采导致地表沉降、变形，造成土地原有功能部分或全部丧失；(3) 土地压占，因堆放剥离物、废石、矿渣、粉煤灰、表土、施工材料等，造

〔1〕 惩罚性的面积撤销是指如果矿业权人不按照许可证核准的矿区或工作区、任务、工作性质、规划期限作业，视情节轻重，可能核减矿区或工作区的范围，甚至撤销全部矿区面积，吊销许可证。参见崔建远：《准物权研究》（第二版），法律出版社 2012 年版，第 245 ~ 246 页。

〔2〕 具体资料可参见李平：《首次招标出让试点的两个页岩气探矿权到期》，载《中国矿业报》2014 年 11 月 4 日。

成土地原有功能丧失。土地挖损、塌陷和压占是矿业权行使导致土地结构破坏后,对该土地上其他权益主体造成侵权的主要类型,其后果是对其他土地用益物权主体的财产权损害,侵权行为实施方式是直接破坏权利客体。这种土地侵权情形在页岩气开发中尤为突出。

2. 对土地资源的功能性破坏。这类损害主要表现为矿产资源勘探开采时,排放的污染物造成土壤原有理化性状恶化,损害了土地资源功能,从而导致了其他主体土地用益物权价值贬损。这种情况在页岩气开发中非常明显,水力压裂技术使用中,压裂液中的多种有毒害化学物质仍然会驻留于页岩层中,60%~80%会返排地表,在储存、运输和使用过程中还会发生泄漏,这些情形都会导致压裂液及废水中有毒害化学成分会污染地下与地表土地资源。

3. 对依附于土地资源的财产损害。土地资源有多重功能,土地所有权人会在对土地资源多种用途的开发利用中获取土地资源的经济价值。所有权包括两组合法的权利成分:一组以所有者对其财产所拥有的"基本功能控制"为标志,另一组以所有者拥有从交易和开发其财产获得"收入的基本权利"为标志。[1] 因地制宜地开发利用多种类型的土地资源是国民财富的重要源泉,因此,国家和集体作为土地资源所有权人固然对土地资源享有收入所有权(比如在以出让方式设立建设用地使用权时收取土地出让金),但很多时候只能基于土地资源的稀缺性享有控制所有权。此时,土地上产生的经济收益主要归于用益物权人所有,而矿业权主体在勘探开采矿产资源时可能因为对土地的损毁而进一步侵犯其他用益物权主体的财产权益。

二、页岩气矿业权主体土地侵权规制制度梳理与检讨

矿业权主体在勘探开采页岩气过程中导致的土地侵权,这本质上是不同权利主体的侵权纠纷,可以纳入我国《侵权责任法》所规定的制度框架中予以解决。但在制度设计上,基于土地和矿产资源的特殊所有权

〔1〕[美]克里特斯曼:《财产的神话——走向平等主义的所有权理论》,张绍宗译,张晓明校,广西师范大学出版社2004年版,第36~37页。

性质与类型，以及矿产资源开发对我国经济社会发展的重要功能，客观上使得矿业权主体的土地侵权纠纷不等于一般侵权纠纷，现行的侵权救济制度在运行逻辑与实施绩效上存在不少有待检讨之处。

我国《侵权责任法》将侵权责任划分为一般侵权责任和特殊侵权责任。特殊侵权责任的划分标准不是根据侵权行为人或被害人的主体类型，而是在一般侵权责任之外，根据当事人的行为、物件、事件或其他特别致害原因划定几种特殊侵权责任类型，从而在责任的构成要件、适用范围和承担方式等方面规定不同于一般侵权责任的制度设计。但是，我国现行法律规范在规制矿业权主体的土地侵权责任时却是基于被侵权主体的类型及不同类型主体所享有的土地权利的差异进行责任划分。这不符合我国侵权责任法律规范的主流思路，未针对行为而是针对法律关系主体的种类不同进行法律规制，存在规制制度的疏漏。概括而言，在页岩气矿产资源开发导致的土地侵权纠纷中，遭受损害的权利包括三种类型：第一，国家土地所有权；第二，集体土地所有权；第三，其他社会主体根据法定条件和程序享有的土地使用权，即我国《物权法》中规定的几种法定用益物权类型。在我国专门规制矿业权主体土地侵权行为的规范体系中，矿业权主体因为土地侵权行为致害对象的差异，而承担的法律义务与责任不同。如上所述，矿产资源勘探开采行为会引致多种类型的土地损毁，但现行法律体系根据这些土地权利性质不同，规定土地所有权人与使用权人分别要求矿业权主体承担不同的法律义务。这种法律责任的划分逻辑与实质差异客观上存在不少弊端，也与当前的法律理念相背离。

（一）责任规则下的侵犯国家土地所有权责任之逻辑与弊病

在任何一个特定的争端中，国家不仅必须决定哪一方获胜，而且必须决定给予保护的方式。一旦法律界定了初始权利之后，根据其受到保护的方式，权利可以分为三种：受财产规则保护的权利、受责任规则保护的权利和不可让与的权利。[1] 通过责任规则保护的权利是指,当为了推进国家和社会公共事业建设和实现公共利益,允许在支付一个经过客观评定的价值标准之后,该项权利向妨害人转移。因此,责任规则与其说是保护环境资源权利规则,不如说是确立对环境权利的合法侵害的补偿规则。

适用责任规则保护环境资源权利的前提是行为目的是公共利益。而在我国,矿产资源开发被认为是经济社会发展不可或缺的战略产业,此过程中导致的土地资源破坏也被认为是实现公共利益的需要。这种逻辑也适用于矿业权行使导致的土地侵权的制度设计。我国现行法律体系将保护环境与土地复垦作为矿山企业申请获批矿业权的前提条件,比如,我国《矿产资源法》第 15 条规定:"设立矿山企业,必须符合国家规定的资质条件,并依照法律和国家有关规定,由审批机关对其矿区范围、矿山设计或者开采方案、生产技术条件、安全措施和环境保护措施等进行审查;审查合格的,方予批准。"具体到土地资源保护领域,《土地复垦条例》第 13 条第 1 款、第 2 款规定:"土地复垦义务人应当在办理建设用地申请或者采矿权申请手续时,随有关报批材料报送土地复垦方案。土地复垦义务人未编制土地复垦方案或者土地复垦方案不符合要求的,有批准权的人民政府不得批准建设用地,有批准权的国土资源主管部门不得颁发采矿许可证。"从上述规定可知,矿山企业编制土地复垦方案并按照相关规定履行土地复垦义务是获得和正当行使矿业权的前提条件。与此同时,转换一种解释视角,即矿业权主体在履行土地复垦等义务后可以合法地侵害土地所有权人的土地资源。以对土地造成损毁的方式行使建设用地使用权是矿业权的权利内容与效力的当然构成部分,只是需要矿业权主体对矿产资源勘探开采过程中造成的土地损毁履行复垦义务。

我国现行规定并未将矿业权人行使矿业权侵犯国家土地所有权的

---

[1] [美]吉多·卡拉布雷西、A. 道格拉斯·梅拉米德:《财产规则、责任规则与不可让与性:一个权威的视角》,明辉译,载徐爱国编译:《哈佛法律评论·侵权法学精粹》,法律出版社 2005 年版,第 279 页。

纠纷界定为平等主体之间的侵权纠纷,而是在允许矿业权主体勘探开采过程中损毁土地之后,遵循一种过程控制制度。比如,《土地复垦条例实施细则》第 24 条规定,要求土地复垦义务人在生产建设活动中遵循"保护、预防和控制为主,生产建设与复垦相结合"的原则。这种制度逻辑进一步展开为《土地复垦条例》中的几种具体要求:(1)第 13 条规定"土地复垦义务人应当在办理建设用地申请或者采矿权申请手续时,随有关报批材料报送土地复垦方案。"(2)第 14 条规定"土地复垦义务人应当按照土地复垦方案开展土地复垦工作。矿山企业还应当对土地损毁情况进行动态监测和评价。"(3)第 15 条规定:"土地复垦义务人应当将土地复垦费用列入生产成本或者建设项目总投资。"(4)第 16 条规定:"土地复垦义务人应当建立土地复垦质量控制制度,遵守土地复垦标准和环境保护标准,保护土壤质量与生态环境,避免污染土壤和地下水。"(5)第 17 条规定:"国土资源主管部门报告当年的土地损毁情况、土地复垦费用使用情况以及土地复垦工程实施情况。县级以上地方人民政府国土资源主管部门应当加强对土地复垦义务人使用土地复垦费用和实施土地复垦工程的监督。"

因此,在我国现行的制度体系中,矿业权主体在行使矿业权过程中可以根据勘探开采矿产资源的需要,在履行土地复垦义务的基础上合法地损毁土地。在我国,国家是矿产资源的唯一法定主体,当国土资源部门代表国家将矿业权特许给符合法定资质的矿山企业时,对矿业权行使时对土地资源的破坏行为采取的处理方式是:第一,将矿业权主体对矿区地下土地资源的破坏的权利设定为矿业权中的地下使用权,性质上属于建设用地使用权;第二,国家允许矿业权主体在履行环境保护、土地复垦等规定的前提下侵犯属于国家的土地所有权,对于矿产资源勘探开采行为导致的土地损毁不适用侵权法律关系要求其承担停止侵害、赔偿损失等责任,而是通过行政监管的方式督促其履行土地复垦义务。

(二)责任规则与财产规则下侵犯集体土地所有权责任之检讨

矿产资源可能赋存于国家所有土地之下,也可能赋存于集体所有土地之下。如果矿区位于国有土地上,矿业权人向国土资源部门申请办理建设用地使用权出让及登记手续,领取建设用地使用权证,取得建设用地使用权。如果该宗土地为荒漠等非耕地,矿业权人又是国有矿山企业,建设用地使用权通过行政划拨方式产生;如果该宗国有土地为耕地,建设用地使用权通过出让方式取得,矿业权人需要支付出让金。[1] 因此,如果矿区位于国有土地,矿业权行使过程中对土地资源的损毁通过上述制度设计,由不同主体之间的侵权法律关系转换成矿业权主体取得建设用地使用权后要承担的权利对价。这是基于矿产资源与国土土地的所有权人均属于国家,国家作为所有权人在授予矿山企业矿业权与矿区土地建设用地使用权时具有利益一致性,因而适用财产规则下的土地资源权利保护规则。

但是,如果矿产资源位于集体所有土地,矿区土地属于集体所有,矿产资源属于国家所有,国土资源部门在特许矿山企业获得矿业权时并不能当然有权出让矿区中属于集体所有的土地使用权,而集体则可能出于多种原因在利益衡量之下(比如基于矿产资源开发会导致土地损毁等)并不愿意出让土地使用权给矿山企业。但是,在我国《矿产资源法》与《土地复垦条例》等关于矿产资源开发土地损毁规制与复垦义务的法律规范体系中,并未区分土地所有权的性质。申言之,现行法律规范对可能出现的矿业权主体对侵犯集体土地所有权的处理方式,等同于对国有土地所有权的处理模式,亦即适用规则同时保护国有与集体所有土地所有权,使得矿山企业在获得矿业权的同时被授予矿区土地建设用地使用权,可能对国有土地与集体所有土地的侵权均转换成其在行使权利时要承担的土地复垦法律义务,这种义务不是一种私法义务,而是一种接受行政监管的法律义务。

但是,矿区所在集体所有土地并不属于国家,从法理角度考察,国土资源部门(现自然资源部)在特许矿山企业矿业权时并无权将集体所有土地的建设用地使用权赋予矿业权主体。现实中,我国进入勘探开发环节的矿区很多位于农村地区集体所有土地上。以页岩气探矿权为例,我国 2012 年的国土资源部(现自然资源部)页岩气探矿权招标中,探矿权招标出让的 20 个页岩气区块基本上位于贵州凤冈、湖南桑植、湖北鹤峰

---

[1] 崔建远:《准物权研究》(第二版),法律出版社 2012 年版,第 240 页。

等农村地区。为应对此问题,我国采取的处理方法是,土地征收机关先将矿区所在的集体所有权土地征收为国有,再由国土资源部门将该宗土地的建设用地使用权出让给矿业权主体,矿业权主体向集体土地所有权人支付土地出让金。这种制度设计的本质是让矿业权主体在支付土地出让金作为对价的基础上获得集体所有土地使用权,不但能获得矿产资源开发所需要的矿区土地使用权,同时也能规避可能出现的土地侵权责任。

矿业权主体通过支付土地出让金的方式获得集体所有土地的使用权,从理论上看,这应当是平等主体之间的土地出让,应当在双方意思自治的基础上通过土地出让协议完成。因此,集体所有土地权利保护受财产规则保护的权利。受财产规则保护的权利的核心在于假定权利主体作为理性经济人,会在符合其主观意愿与评估拥有的权利价值的前提下出让该项权利。就我国现实中的集体所有土地出让来看,如果适用财产保护规则,则应当是集体土地所有权人可以自主判断是否出让以及在符合其预期的土地出让金的前提下出让土地使用权。但在我国现实的矿产资源开发中,并未充分尊重集体土地所有权人的权利,而是通过国家先征收集体所有土地将其出让给矿业权人,矿业权主体再向集体土地所有权人支付出让金这种方式来实现的。具体的土地出让金也并不是经由矿业权主体与集体土地所有权人之间协商达成一致,而是服务于国家开发矿产资源的需要;具体的土地出让金数额也并非基于集体土地所有权人与矿业权主体之间充分协商达成一致,而是基于国家规定的标准,比如,我国《土地管理法》第47条即规定了详细的土地出让金标准。这种制度逻辑从另外一个角度展示了我国土地资源权利结构,集体土地所有权存在的"虚置"的特征。[1]

(三)侵犯其他用益物权人土地使用权的单一责任形式之偏差

我国《物权法》第三编规定了土地承包经营权、建设用地使用权、宅基地使用权和地役权四种主要用益物权。矿业权与上述四种法定用益

---

〔1〕 陆剑:《我国农村集体统层法律制度缺失及其完善——基于湖北省"一镇三村"的实证研究》,载《南京农业大学学报》(社会科学版)2015年第1期。

物权均为法定的土地使用权。矿业权行使也会侵犯矿区土地上其他用益物权主体权利。我国《物权法》第136条规定:“建设用地使用权可以在土地的地表、地上或者地下分别设立。新设立的建设用地使用权,不得损害已设立的用益物权。”该条在规定分层地上权、构建了我国土地分层利用制度的同时,也确立规则:一旦后设立的矿产资源建设用地使用权因为损毁土地,妨碍了已设立用益物权主体行使权利,则构成侵权。由于我国土地资源只能属于国家所有和集体所有,但土地资源又是国民享有和行使其他自然资源权利的源泉,因此,我国《物权法》通过设置用益物权的形式赋予国民土地资源使用权益。由于土地等自然资源对于国民生产生活的重要性,我国《物权法》规定了广泛的用益物权权利来源,这首先便体现在《物权法》规定了广泛的用益物权客体范围,第118条规定的作为用益物权客体的自然资源有三类:一是国家所有未确定给集体使用的;二是国家所有由集体使用的;三是集体所有的。[1] 现实中,土地资源上设置的用益物权客体范围广泛、主体类型与数量众多,很容易发生用益物权主体与矿业权主体在行使矿业权过程中产生的土地权益纷争。

我国《侵权责任法》第15条规定了八种责任承担方式,包括停止侵害、排除妨碍、消除危险、返还财产、恢复原状、赔偿损失、赔礼道歉、消除影响和恢复名誉等。但是,我国《土地复垦条例》规定了矿业权主体对其他用益物权主体造成土地侵权,承担的责任方式仅为赔偿损害,其第19条第1款规定:“土地复垦义务人对在生产建设活动中损毁的由其他单位或者个人使用的国有土地或者农民集体所有的土地,除负责复垦外,还应当向遭受损失的单位或者个人支付损失补偿费。”现实中矿山企业在勘探开采矿产资源时的土地侵权实现上表现为三种类型内容和形式:第一,土地损毁;第二,土地功能减损或灭失;第三,依附土地的财产损失。根据我国《土地管理法》第47条关于征收土地原用途补偿的规定和《土地复垦条例》第19条的规定可知,我国现行法律规范中认定矿业权主体对其他用益物权主体土地侵权损害范围仅限于受损土地上财产

---

〔1〕 高海:《农场国有农用地使用权的权利属性与物权构造》,载《法商研究》2015年第2期。

损失，这不利于矿区土地上已设立的用益物权主体的权利保护，难以契合法律的公平原则，其价值选择在于，在土地上设置的多种类型的用益物权的利益衡量中，我国立法更偏重实现土地的矿业权建设用地使用权。

三、代结语：页岩气矿业权行使土地损毁侵权责任的回归

页岩气开发能极大缓解全球能源危机，页岩气矿业权主体行使权利时，会损毁土地导致多种形式和内容的土地侵权。在矿业权与国有土地所有权的互动关系中，国家土地所有权是一种适用责任规则保护的权利。申言之，在我国现行法律中，矿业权主体对国家土地所有权的外部侵权法律关系被转化为内部的行政监管法律关系。其背后的制度逻辑是：矿业特许权仅为国家行使矿产资源所有权的一种方式和手段，而探矿权、采矿权主体的矿业权实质上沦为附庸地位，[1]这典型体现在制度设计上赋予矿业权主体丰富的权利内涵；反之，若矿业权主体违反法定义务，实施破坏性的开采、未按照规定缴纳矿产资源补偿费和滞纳金等行为时，则会被吊销采矿许可证，矿业权作为一种独立物权的地位得不到应有的尊重。因此，当行使矿业权需要使用土地资源时，国家将国有土地建设用地使用权与矿业权一起转让给矿业权主体，若矿产资源开发需要使用的土地属于集体所有，则国家将集体所有土地征收国家所有，矿业权主体与集体土地所有权之间的冲突便转换为矿业权主体与国家所有土地所有权之间的关系，适用前述制度逻辑予以解决。

质言之，我国立法思路是允许矿业权主体损毁土地进而履行土地复垦义务来实现对土地资源的保护。这种制度逻辑体现在并未将矿业权主体在勘探开采矿产资源时导致的土地侵权现象作为平等主体之间的侵权纠纷，而是作为行政监督管理事项，矿业权人在勘探开采中导致的土地损毁的侵权行为被界定为一种违反监管规范的行为，而非侵权行为，由此导致大量的土地损毁现象不能得到及时有效的规制。为应对此

〔1〕 刘超：《页岩气特许权的制度逻辑辨析》，载《云南师范大学学报》（哲学社会科学版）2016年第3期。

问题，应当重回《侵权责任法》的规制思维与路径，将矿业权行使时的土地损毁导致的权益纷争重新界定为侵权法律关系，将矿业权主体的土地侵权行为纳入我国《侵权责任法》规制视野，适用侵权责任法律规则解决不同类型主体之间的土地权益纠纷。

第四章　页岩气开发环境损害第三方治理之法理与制度

页岩气大规模商业开发有望推动我国能源革命,但需警惕和规制与其伴生的多种类型的环境风险,尤其是使用水平钻井与水力压裂等关键技术造成类型多样的土地损毁问题。我国现行的规制矿产资源开发中的土地损毁行为的法律制度秉持的是管制模式的制度,这体现为以行政权主导思路配置页岩气矿业权行使中需要的土地使用权,并以行政监管为主要手段解决页岩气矿业权行使导致的土地损毁与土地侵权纠纷。管制模式下的制度体系会产生诸多弊端,既会导致现行制度在规制页岩气开发过程产生环境风险的失效,也难以充分保障与救济矿区土地上诸多类型权利主体的土地权益,表现在国有土地承载的环境公益不能得到充分表达与有效救济、集体土地所有权人和其他使用权人的权利被遮蔽、受损权利主体难有充分表达利益主张与救济需求的制度空间。应对当前制度困境的关键是要针对制度逻辑的内生弊端予以矫正,实现制度从管制模式向互动模式的更新,我国当前正在积极推进的环境污染第三方治理制度为实现这种更新提供了切入点。

《中共中央关于全面深化改革若干重大问题的决定》提出的"推行环境污染第三方治理"是环境问题治理领域前所未有的理念与制度创新。我国现行的环境污染防治制度体系秉持的是管制模式,制度目标围绕环境行政管理为主线,制度类型以"命令—服从"为重心,导致了环保目标悬置与制度异化、运动式环境执法以及执法者与污染者合谋形成法律规避等弊病。我国 2014 年修订的《环境保护法》提出的"损害担责"

原则为环境污染第三方治理提供了法律依据，环境代执行制度已初具环境污染第三方治理制度的雏形，未来我们应当从完善污染防治市场制度体系、改进环境代执行制度和设立清洁水和清洁空气基金等方面构建体系完整的环境污染第三方治理制度。

我国当前的法律制度主要以监管矿业权主体承担土地复垦义务规制矿业权行使中的土地损毁行为，这种制度逻辑过于依赖行政监管手段，效果不佳，也遮蔽了其他主体的侵权救济诉求。在规制矿业权行使土地损毁现象制度设计中，应当从管制模式更新为互动模式，环境污染第三方治理制度为其提供了具体的制度路径。矿业权行使中土地损毁的第三方治理既有现实迫切需求，也有政策支撑与法律依据，我们应当从完善环境代履行制度的效力层次与制度内涵、系统构建土地复垦制度实施的市场体系、构建我国第三方治理面向的土地复垦基金制度等层面，具体展开土地复垦第三方治理的制度设计。

第一节　环境问题第三方治理的理论与逻辑

从 1979 年我国颁布《环境保护法（试行）》至今，我国陆续颁布实施了三十多部污染防治与资源保护的单行法。2014 年 4 月 24 日，十二届全国人大常委会第八次会议表决通过了修订后《环境保护法》，但随着社会发展，近些年来爆发的重大突发污染事件此起彼伏，拷问了现行的环境法律制度。

现行环境污染防治制度的缺陷折射出环境治理中管制与互动二元模式之间的博弈与利弊，虽然二者并非截然对立，但在不同的社会情势、制度语境与现实需求下，我们应当对这二者的价值位序作出选择。当以管制为核心的环境污染防治制度弊病丛生之时，互动模式应成为适时之选，我国近期的宏观环境治理政策已经从制度层面反映了这种环境污染治理理念与路径的转换。2013 年 11 月 12 日中国共产党第十八届中央委员会第三次全体会议通过的《中共中央关于全面深化改革若干重大问题的决定》（以下简称《决定》）对“加快生态文明制度建设”做了系统规定,《决定》提出的"推行环境污染第三方治理"是环境污染治理上的前所未有的理念创新,其实质上对现行的环境问题法律治理制度从管制向互动模式转换提出了全新的要求。

一、环境污染防治管制模式的制度逻辑及其内生缺陷

改革开放40年来,是我国经济高速持续增长的关键时期。这一历史时期内,我国经济建设和社会发展取得了巨大成就,但与此同时产生了大量能源消耗和沉重环境问题。我国很早就重视环境问题的法律治理,推动环境法制系统建设。沿着1979年我国颁布《环境保护法(试行)》、1989年正式颁布实施了《环境保护法》、2015年1月1日开始施行《环境保护法(修订案)》的环境保护领域基础法律的主线,我国陆续颁布实施了30部污染防治、资源保护、能源管理、清洁生产与循环经济促进方面的单行法,制定了60多部环境与资源保护的行政法规,600多部环境与资源保护部门规章和地方性法规或规章,1200多项各类环境标准,[1]初步构成了一个体系庞大的环境法律体系。但是客观上在实现环境问题法律治理的预期效果上难以尽如人意。尤其是进入21世纪以来,各种类型的突发环境事件此起彼伏,各种新型的环境污染事件络绎不绝,这很大程度上是由于我国现行的环境法律制度体系秉持的是管制制度模式。

(一)我国现行的环境问题治理的法律制度逻辑

我国的环境法律体系着眼于保护环境要素,当前的环境法律体系的立法思路是依据环境要素的具体分类分别制定法律制度,最终形成了近30部控制环境污染和生态破坏的单行法。环境污染防治法是指防治环境要素污染为立法对象的一类法律法规,以各具体环境要素为立法依据,以防治某一环境要素污染为内容,在我国主要有《大气污染防治法》《水污染防治法》《海洋环境保护法》《环境噪声污染防治法》《固体废物污染环境防治法》等。

---

〔1〕 汪劲主编:《环保法制三十年:我们成功了吗》,北京大学出版社2011年版,第352页。

我国当前的环境污染防治立法思路是以环境要素为标准,环境要素种类的多样性决定了环境污染防治单行法数量众多,各环境要素的污染产生及其防治在具体迁移转变规律、致害机理和规则需求上有所差异,但环境污染防治法律制度确立过程,实际上也是决定如何将环境法基本制度运用于环境污染防治的过程。[1] 宏观层面梳理我国的环境法制现状可以发现我国当前的环境法制是在政府环境管制模式下展开制度设计,立法重点和大量规范均属于行政规制制度,环境法律体系基本呈现"重公民保护环境义务、轻公民享用环境权利""重规范企业环境责任、轻规范政府环境责任"等特征。[2] 环境法律制度基本上围绕着对政府及其相关职能部门确权与授权,以公民、法人或者其他组织为规制对象而展开。

1. 制度目标围绕环境行政管理为主线

环境保护与污染防治是现代国家的一项基本职能,但如何实现这项职能路径有异:或以赋予公民个人权利、控制行政权为核心,或以赋予行政权、约束公民个人权利为核心。我国现行的污染防治法律体系为典型的"监管者监管之法":第一,在制度价值选择上围绕着赋予政府各项环境行政管理权展开制度设计;第二,在立法思路上尽可能体系化地向政府确权与授权;第三,在制度手段上偏向于采取行政指令的方式向污染制造者与排放者下达排污指标,直接限制规制对象(企业)的污染物排放。[3]

我国当前的几部重要的污染防治法可以佐证这一特点。以《水污染防治法》为例,2017 年修正的《水污染防治法》有 103 个条文,但有关公民权利的规定仅有第 11 条第 1 款、第 96 条第 1 款和第 97 条 3 个

---

[1] 汪劲:《环境法学》(第二版),北京大学出版社 2011 年版,第 160 ~ 161 页。

[2] 蔡守秋:《论修改〈环境保护法〉的几个问题》,载《政法论丛》2013 年第 4 期。

[3] 参见吕忠梅:《监管环境监管者:立法缺失及制度构建》,载《法商研究》2009 年第 5 期。

条款,[1]其余全是命令式的管理制度安排。再以《大气污染防治法》为例,2000 年修订的大气污染防治法是以命令式管制规范为主,仅有第 5 条和第 62 条第 2 款规定了公众权利;[2]而 2015 年修订的《大气污染防治法》有 129 个条文,则进一步删除了前述公众权利的概括规定,仅在其第 31 条进行了方便公众举报的规定。[3] 在这些各环境要素的污染防治单行法中,"污染防治的监督管理"均是条文比重较大的一章,运用大量的"禁止""不得""应当"等法律用语。

2. 制度类型以"命令—服从"为重心

当前的环境污染防治单行法环境监管理念与路径下的污染防治法律制度基本是以自上而下的"命令—服从"或"权威—依附"型制度为重心。这类制度的典型特征在于以政府行政权力为主导来控制各类污染排放行为,其制度运行的特征可以概括为以下几个方面:(1)在制度逻辑上,由于现行污染防治法律体系是以各环境要素为依据制定的单行法群,各环境要素污染防治的监管执法权分属不同职能部门,这使环境污染治理的任务被条块分割,难以兼顾自然生态环境的整体性和各生态要素的相互依存关系。[4] (2)在制度实施上,行政权力运行的科层制特征

---

〔1〕《水污染防治法》第 11 条第 1 款规定:"任何单位和个人都有义务保护水环境,并有权对污染损害水环境的行为进行检举。"第 96 条第 1 款规定:"因水污染受到损害的当事人,有权要求排污方排除危害和赔偿损失。"第 97 条规定:"因水污染引起的损害赔偿责任和赔偿金额的纠纷,可以根据当事人的请求,由环境保护主管部门或者海事管理机构、渔业主管部门按照职责分工调解处理;调解不成的,当事人可以向人民法院提起诉讼。当事人也可以直接向人民法院提起诉讼。"

〔2〕《大气污染防治法》(2000 年)第 5 条规定:"任何单位和个人都有保护大气环境的义务,并有权对污染大气环境的单位和个人进行检举和控告。"第 62 条第 2 款规定:"赔偿责任和赔偿金额的纠纷,可以根据当事人的请求,由环境保护行政主管部门调解处理;调解不成的,当事人可以向人民法院起诉。当事人也可以直接向人民法院起诉。"

〔3〕《大气污染防治法》(2015 年)第 31 条规定:"环境保护主管部门和其他负有大气环境保护监督管理职责的部门应当公布举报电话、电子邮箱等,方便公众举报。环境保护主管部门和其他负有大气环境保护监督管理职责的部门接到举报的,应当及时处理并对举报人的相关信息予以保密;对实名举报的,应当反馈处理结果等情况,查证属实的,处理结果依法向社会公开,并对举报人给予奖励。举报人举报所在单位的,该单位不得以解除、变更劳动合同或者其他方式对举报人进行打击报复。"

〔4〕汪劲主编:《环保法治三十年:我们成功了吗?》,北京大学出版社 2011 年版,第 172 ~ 173 页。

使地方政府在解释与适用上位环境污染防治法律制度时，存在法律再解释与政策界定的过程。有研究在实证调研的基础上，归纳了当前我国地方政府对中央宏观环境法律与政策再界定的四种类型，[1]现实中国家层面污染防治立法的任务目标在层层分包之下很容易异化。(3)在制度工具上，以行政权力为主导的"命令—服从"型的制度目标主要依赖于发放排污许可证、制定环境质量和污染物排放强制性环境标准来实现。但对于创设或实施污染防治标准的主体，所面对的主要困境是让标准变得更为平易从而可以更为广泛的适用，还是让标准趋于特定化以更好地量体裁衣来适应于特定的地区、公司和污染物。[2] 从便于行政执法和法制统一角度而言，环境标准的简化与统一性有助于环境行政执法，但规制对象的多样性又使得环境标准特定化与复杂化才能契合污染防治目标，这种矛盾是现实中环境污染防治执法困境产生的重要原因。

(二)环境污染防治管制制度模式之缺陷

当前环境污染防治制度体系适用管制模式隐含的当然假定是，环境资源是纯公共产品，作为公共服务提供者的政府是保护环境资源的最佳主体，同时，管制的典型正当化的依据是市场在处理环境行为负外部性上的无能。但是，现实中的污染防治法律制度却存在诸多缺陷。

1. 地方再界定中的环保目标悬置与制度异化

我国当前的环境污染执法中存在严重的地方保护主义是内生性顽疾。中国作为一个民族众多、疆域辽阔、各地区发展不平衡的大国，各地在环境状况、资源禀赋和经济社会发展水平等方面存在较大差异，因此，需要中央与地方的分权以分担环境治理的责任。由于信息不完全，也由于需要在地方个性差异的基础上抽象出共性规律以加强政策与法律的

---

[1] 地方政府对环境政策的再界定主要表现为以下几种方式：第一，地方政府对中央环境政策进行具体化并严格执行；第二，地方环境政策公然违反或者"阳奉阴违"中央环境政策；第三，"用足"地方权力，创造性地体现中央环境政策精神；第四，地方打政策的"擦边球"，在执行中央环境政策时，尽量向本地的地方利益倾斜，以多种形式使中央环境政策落空。相关研究的具体内容，参见刘超：《环境法律与环境政策的抵牾与交融——以环境侵权救济为视角》，载《现代法学》2009 年第 1 期。

[2] [美]史蒂芬·布雷耶：《规制及其改革》，李洪雷、宋华琳、苏苗罕、钟瑞华译，北京大学出版社 2008 年版，第 375 页。

普适性,中央层面的环境政策比较粗略、国家层面的环境法律制度比较宏观,只是作原则性说明和概括性规定。某种意义上,环境污染防治中行政权力主导管制模式的科层制特征,决定了环境污染治理中环境执法权的分离,中央政府负责宏观决策(比如生态环境部出台部门规章、制定各类强制性环境标准),而地方政府负责具体执法。这种执法权运行的逻辑导致了现实中环境执法地方保护主义盛行。(1)在政府权力主导的环境污染执法中,中央政府与各级地方政府之间理论上是层层委托—代理关系,但是,在地方环保执法部门的人员由当地任命、经费由地方支出的背景下,被设定为"代理人"的地方政府会有自己的地方利益与政绩诉求。(2)现实中,地方政府一般较少以公然违反国家污染防治立法的形式推行地方保护主义,而是在对抽象的环境政策再界定、对宏观的国家法律制度再解释过程中,虚化与悬置环境保护目标,从而导致污染防治制度功能的异化。比如通过地方环境保护条例等方式解释上位法,将硬性的环保目标分解,或对抽象的环境法律原则与倡导性制度作出有利于地方经济发展的解释,在法律制度存在空白与漏洞之处放之任之,不从环境污染防治的本质目标出发积极行政。

2. 运动式环境执法

在管制模式下,当环保地方保护主义出现时,国家会尝试采取环保执法机构垂直管理来避免地方干预,这既使环境执法权不断上移,也使现实中产生运动式环境执法现象,从而危害到环境污染防治执法的长效机制。(1)单一制国家普遍采取中央立法、地方执法模式,但当前所依赖的"以上压下"对抗地方保护主义的思路打破了机构的平衡,使国家环保职能部门不但要负责出台环境污染防治的规则,还要负责具体执法,但国家环保执法部门的执法力量有限。我国国家环保部机关只有200余人,加上直属单位、报社、出版社、环境科学研究院等也才1000余人,如此规模的机构显然在绝大多数情况下没有能力单独执法,因此环保执法及其监督必须依赖地方机关。[1] 于是,当执法权上移时,国家环保职

---

〔1〕 张千帆:《国家主权与地方自治——中央与地方关系的法治化》,中国民主法制出版社2012年版,第292页。

能部门的执法力量决定其只能针对特别重大的环境污染与破坏行为采取运动式执法的方式。比如,从 2005 年开始,国家环保总局(现生态环境部)连续三次发动“环保风暴”高调执法。[1] (2)在我国当前的环保机构与执法力量设置中,我国环境执法人员主要集中在市县,现有国家、省、市、县四级环境执法监察网络的 5 万人环境执法队伍中,市、县级占全国总数的 99%。[2] 地方环保机构应当成为环境执法的主要力量,但是,由于地方政府自身利益与政绩诉求所秉持的对环境治理“不求有功,但求无过”的“不出事逻辑”,使地方政府在维护社会稳定和满足公众环境权诉求的双重压力下游移选择,对于重大突发环境污染事件或公众关注与争议焦点事件采取运动式执法,成为地方政府回应公众环境权诉求的主要方式。[3]

3. 执法者与污染者合谋的法律规避

在管制模式下,执法者履行环境监管职能通过实施排污许可制度、发放排污许可证、征收排污费和现场检查、排污监测等制度工具实现,其手段是制定和实施各类环境标准。当经济发展冲动、地方利益诉求、政绩考核标准和“以上压下”机制交织在一起时,环境污染执法经常出现执法者与污染者之间合谋形成的法律规避:(1)干部考核指标体系是目前中央政府鼓励地方官员进行环境治理的一种制度性政治激励模式,带有明显的“压力型体制”的特征,但“压力型体制”下的政治激励模式导致地方官员逃避政府在地方环境治理中的必要责任,将操纵统计数据作为地方环境治理应付上级考核和民众诉求的捷径。[4] (2)管制模式下的环境执法要求有统一的监管制度和治理模式,企业应遵守《环境保护法》第 40 条“优先使用清洁能源,采用资源利用率高、污染物排放量少的

---

[1] 对“环保风暴”执法的具体分析,参见吕忠梅、刘超:《多种博弈与诉求下的剑走偏锋——关于“环保风暴”的法社会学分析》,载吕忠梅主编:《环境资源法论丛》(第 7 卷),法律出版社 2007 年版,第 52 ~ 68 页。

[2] 杨解君:《“法治”怯场之后——以环境治理困局的突破为分析对象》,载《中国地质大学学报》(社会科学版)2012 年第 6 期。

[3] 杜辉:《论制度逻辑框架下环境治理模式之转换》,载《法商研究》2013 年第 1 期。

[4] 冉冉:《“压力型体制”下的政治激励与地方环境治理》,载《经济社会体制比较》2013 年第 3 期。

工艺、设备以及废弃物综合利用技术和污染物无害化处理技术”、第41条“三同时”制度以及第42条规定安装使用监测设备。但是,这些规定没有考虑到不同企业主体在提高资源利用效率、使用防治污染的设施和安装使用检测设备的经济实力、技术条件和边际成本的差异,因此,很多企业千方百计地规避法律,而执法者出于地方保护、政绩考核等方面的考虑也会默许甚至是纵容企业的违法行为,比如现实中经常会出现环保部门与企业的“协商收(排污)费”的情形。

二、管制模式下现行环境污染防治制度缺陷之原因

我国当前遵循管制模式制度逻辑构建的环境污染防治制度弊病丛生,根源在于理念上的封闭与制度上的僵化,具体原因可以分述如下。

(一)规制机制断裂与制度抵牾

现行污染防治单行法立法以环境要素的分类为依据分别立法,每一环境要素的污染防治法对应专门的政府职能部门作为执法机构。现实中,这种监管体制体现出了规制机制的断裂:(1)以环境要素为依据的污染防治立法,没有充分重视各环境要素之间的联系性。(2)环境要素的联系性使得单一环境要素构成的整体生态环境污染的防治必须纳入系统考量范围内,但现行依据单一环境要素构建的污染防治法律制度及执法机构必然难以在科学分析和整体比较的基础上形成污染防治的整体行动计划,难以将稀缺资源合理配置于亟待防治的污染类型中。(3)现行的理念,忽视了附加环境风险或者替代风险,也即预期减少的某些环境污染可能会被其他类型的环境污染所替代,比如,我们重视核能发电带来的安全风险,但对于核能源使用的规制却会增加火能发电带来的环境污染。[1]

规制机制的断裂也导致污染防治制度呈现出不协调。现行的污染防治法律路径根据环境要素的种类制定相应的环境要素污染防治单行法,并针对这些环境要素设定行业环境质量标准的污染物排放标准,强

[1] 刘超:《环境风险行政规制的断裂与统合》,载《法学评论》2013年第3期。

制规制对象遵守,这导致了制度之间的不协调:(1)针对各环境要素分别构建污染防治制度是哈耶克所谓的人类"理性建构",但难以契合环境要素污染之间的联系性,环境诸要素之间产生的环境效应不是组成该环境要素性质的简单叠加,而是在个体效应基础上呈现出环境整体性。(2)在现实的环境污染防治中,各环境行政职能部门依据不同的环境单行法担负各自环境要素污染防治的任务,这种立法上的分割与行政上的分业体制不能体现环境整体性与环境要素之间的联系性,各单行法之间存在冲突之处。(3)各环境保护职能部门依据环境单行法,承担各种环境要素污染防治的职责。这种原则是一种分散管理模式和分业体制,可以体现专业性,各污染防治执法机构会对于本部门职责范围内的环境风险高度敏感、迅速回应,但同时也分割了污染防治任务,导致了污染防治制度之间的冲突或不协调,典型如我国水质水量分别由环境保护和水利部门负责管理的现行体制下《水污染防治法》与《水法》之间的不协调。[1] 不但如此,各污染防治执法部门倾向于从部门利益考虑,在对本部门职责范围内风险的"最后一成"或"最后一英里"耗费大量的社会资源现实中政府是否重视防治某一类型的污染时,取决于该污染防治执法部门所能支配的公共资源以及该污染类型与事件是否引起社会关注。比如,近些年频繁爆发的雾霾污染是全民关注的大气污染事件,但当类似于上海松江死猪事件、嘉陵江四川广元段铊污染事件、甘肃尾砂泄漏事件等成为新的突发环境污染事件时,媒体和公众关注的焦点暂时游移,则在污染防治执法重点与资源投入上也会发生变化。

(二)制度结构的单向性和封闭性

一般来说,法律要达到使企业自觉治理污染的目的,可以采取三类措施:一是推动企业降低污染治理成本;二是加大污染处罚力度;三是提高环境监管效率。前一种方式主要是靠市场发挥作用,通过立法建立环境保护的利益保护机制;后两种方式则主要是依靠政府实施,通过立法建立强有力的监管体制并严格执行。[2] 现行立法所确定的环境监管和

[1] 吕忠梅:《〈水污染防治法〉修改之我见》,载《法学》2007年第11期。

[2] 吕忠梅:《监管环境监管者:立法缺失及制度构建》,载《法商研究》2009年第5期。

污染防治制度，主要采取后两种方式，通过赋予环境保护职能部门体系完整的监管职权和丰富的行政执法手段来实现制度预期。仔细梳理《环境保护法(修订案)》和各污染防治单行法的规定，可以发现现行的污染防治制度具有单向性和封闭性，简单而言，即在制度思路和规范结构上构建与呈现“命令—服从”“标准—遵守”“违法—处罚”等二元关系模式。现行的污染防治单行法条文中大量充斥“禁止”“严禁”“不得”“应当”的规定。应当说，污染防治工作的推行有赖于执法者与污染者的共同努力，污染防治制度需要在洞悉双方目标价值与利益诉求的基础上探析利益交叉点，通过利益相关方的参与“沟通”互动来提高制度的绩效。但反观各污染防治单行法，在“执法者—企业”二元关系中，作为被规制对象的企业的诉求隐没不现；在法律历次修改过程中，立法机关、执法部门以及学界更关注的是如何完善环境监管制度体系、加大违法排污行为处罚力度、改变“守法成本过高，违法成本过低”的法律责任规则设计，至于被规制者的利益诉求、权利实现机制，甚至是制度的激励功能，则被遮蔽在单向性的管制制度完善中。因此，如何注重通过制度设计以体现推动企业降低污染治理成本，是突破现行污染防治法律制度实施困境的重要替代路径，要求在环境污染治理在理念上改变单向性和封闭性的管制路径，而注重兼顾互动治理的理念与制度路径、注重市场机制作用。

(三)闭环逻辑导致的制度僵化与规制俘虏

环境污染防治制度体系的单向性与封闭性特征，使其陷入“闭环逻辑”，导致制度僵化。在行政权力主导的污染防治制度逻辑中，环境治理的效果取决于立法中环境监管制度和行政手段的完善与丰富程度，以及环境行政执法的绩效，而规制对象自身的个体特殊性和态度并不纳入考量范围，或并未实质上影响环境污染防治制度构建。因此，当环境污染防治效果不佳时，思维惯性和路径依赖使第一选项往往是寻求制度更新。实际上，其重要原因在于规制俘虏现象。政府规制俘虏是指由于立法者和管制机构也追求自身利益的最大化，因而某些特殊利益集团(主要是被规制企业)能够通过“俘获”立法者和管制机构而使其提供利已的规制。[1] 规制俘获的后果可能体现在两个层面：一是规制政策设计层面，即规制对象通过各种途径操纵规制政策的制定者，以便让规制政策符合其自身利益；二是规制政策执行层面，即规制对象通过俘获公共执法人员，弱化现行规制法律的执行，以维护一己私利。[2]

在环境污染防治法律实施过程中，虽然在管制模式下的污染防治立法规定了系统的环境监管制度，貌似被规制对象无所作为，但环境执法机构在污染防治中占有绝对主导地位。这也使环保执法部门享有未受到有效限制与监管的宽泛的自由裁量权，这为现实中执法部门与规制对象利益结盟、被规制企业"俘获"规制机构提供了制度空间。实际上，在地方经济发展诉求与地方保护主义下，这种规制俘虏某种意义上成为地方政府的自愿选择。规制俘虏成为现实中环境污染执法效果不佳的重要制度性原因。但是，正如前述所言，管制模式下解决此问题的思路是偏好采取"以上压下"的模式，通过不断上移执法权、垂直管理和制度更新（以出台更为"先进"和严格的监管制度）等方式予以应对。当新的监管体制与制度出现时，新型的规制俘虏现象又升级换代以规避新的规制制度。于是，在闭环逻辑中，污染治理也陷入制度结构上的恶性循环，并伴随着制度的逐渐僵化。

三、互动模式下环境污染第三方治理的理论与制度

置诸上述环境污染防治的理念与制度体系中考察，我们可以发现，2013 年《决定》中首次提出的环境污染第三方治理，就不仅是简单地提出一种污染治理的新模式，而是在污染治理理念上从管制模式向互动模式的跨越，这为我们探究环境污染第三方治理的理论依据进而构建系统的制度体系提出了迫切需求。

（一）环境污染第三方治理之法律依据辨析

《决定》中提出要"推行环境污染第三方治理"，并不是凭空产生或

〔1〕 杜传忠：《政府规制俘获理论的最新发展》，载《经济学动态》2005 年第 11 期。

〔2〕 余光辉、陈亮：《论我国环境执法机制的完善——从规制俘获的视角》，载《法律科学》2010 年第 5 期。

纯粹的“理想建构”。运用体系解释和目的解释的方法来考察现行的环境法律体系,[1]环境法律的基本原则和制度也为环境污染第三方治理提供了法源依据,笔者根据新修订的《环境保护法》将此依据概括为“损害担责”原则和制度。

其实,在我国和国际社会对于该环境法原则的概括和表述上也历经了变迁,语词的变迁背后表征的是制度理念、内涵与外延的发展。我国1979年《环境保护法(试行)》第6条规定的是“谁污染,谁治理”原则,即“已经对环境造成污染和其他公害的单位,应当按照谁污染谁治理的原则,制定规划,积极治理,或者报请主管部门批准转产、搬迁。”1989年的《环境保护法》没有直接规定其该原则而是隐没于具体的制度措施中,因为没有立法界定所以学界对其该原则的表述便不尽统一,有“污染者付费,受益者补偿”[2]“环境责任原则”[3],但这一阶段学界较为通行的表述或认可该原则体现的理念是“污染者治理”,其目的在于明确污染者的责任,促进企业治理污染和保护环境。[4] “污染者治理”强调了国家提供环境公共服务、政府积极履行环境保护公共职能的同时,任何单位和个人对自己所造成的环境污染和生态破坏承担环境责任,该原则其实体现了我国现行的环境污染防治制度的“命令—服从”的制度封闭结构,突出强调了被规制者一旦造成环境污染和破坏则要承担“治理”的责任而不能转嫁于他人。

2015年施行的《环境保护法(修订案)》对于该原则的规定体现了理念的进步和制度的开阔视野。该法第5条规定:“环境保护坚持保护优先、预防为主、综合治理、公众参与、损害担责的原则。”第6条第3款规定:“企业事业单位和其他生产经营者应当防止、减少环境污染和生态破坏,对所造成的损害依法承担责任。”修订后的《环境保护法》不再规定“谁污染,谁治理”或“污染者治理”原则,而是“损害担责”原则。如果说

---

[1] 对体系解释、目的解释等法律解释方法的具体分析,参见陈金钊:《法律解释规则及其运用研究(中)——法律解释规则及其分类》,载《政法论丛》2013年第4期。

[2] 吕忠梅、高利红、余耀军:《环境资源法学》,科学出版社2004年版,第62~64页。

[3] 蔡守秋主编:《环境资源法教程》,高等教育出版社2004年版,第119~123页。

[4] 金瑞林主编:《环境法学》,北京大学出版社2002年版,第90页。

"污染者治理"更多强调污染者承担环境治理的责任,那么,"损害担责"则提供了一种开放式的责任承担方式——污染者、环境损害者既可以自己承担环境治理的责任,也可以通过市场付费替代履行环境治理责任。"损害担责"原则在目的上契合、在形式上回归到经济合作与发展组织(OECD)1972年在一项决议中明确提出的"污染者负担原则",其本意和宗旨在于要求企业为排污损害环境付出治理恢复环境的费用。[1] 污染者承担治理恢复环境的费用,具体治理环境的主体则在所不论,因此,这为环境污染第三方治理提供了制度依据和开放的制度空间。

(二)现行环境污染第三方治理之制度检讨

我国现行的环境法律制度体系中已经有环境污染第三方治理的制度雏形,其中的环境代执行制度在制度理念、逻辑、内涵和指向等方面初步体现环境污染第三方治理的主张。

环境法上的代执行制度主要指环境法定义务人不履行整治恢复的环境义务,经各级人民政府或者授权的相关职能部门责令限期改正,逾期仍拒不整治恢复的;或者法定义务人虽然进行了整治恢复,但处置不当或者延迟处置的,环保部门有权对法定义务人破坏环境的行为按照国家有关规定代为实施整治恢复。综观我国的环境法律体系,环境代执行制度不是一项普遍规定的制度,不但没有专门立法,在各单行法中的规定也较为鲜见,主要散见于一些法律法规中,比如,《城市市容和环境卫生管理条例》第37条的强制拆除、《河道管理条例》第四章中的强制清除、《防洪法》第56条的代为恢复原状、《水土保持法》第六章的强制治理等。最明确的规定也仅是《固体废物污染环境防治法》第55条的"代处置":"产生危险废物的单位,必须按照国家有关规定处置危险废物,不得擅自倾倒、堆放;不处置的,由所在地县级以上地方人民政府环境保护行政主管部门责令限期改正;逾期不处置或者处置不符合国家有关规定的,由所在地县级以上地方人民政府环境保护行政主管部门指定单位按照国家有关规定代为处置,处置费用由产生危险废物的单位承担。"

---

[1] 汪劲:《环境法学》(第二版),北京大学出版社2011年版,第103页。

2008 年修订的《水污染防治法》第 76 条引入并详细规定的水污染行政代治理制度和违法设施的代拆除制度成为重要亮点，该条规定："有下列行为之一的，由县级以上地方人民政府环境保护主管部门责令停止违法行为，限期采取治理措施，消除污染，处以罚款；逾期不采取治理措施的，环境保护主管部门可以指定有治理能力的单位代为治理，所需费用由违法者承担：……"2017 年修订的《水污染防治法》第 85 条也延续了 2008 年版本第 76 条关于"代为治理"制度的规定："有下列行为之一的，由县级以上地方人民政府环境保护主管部门责令停止违法行为，限期采取治理措施，消除污染，处以罚款；逾期不采取治理措施的，环境保护主管部门可以指定有治理能力的单位代为治理，所需费用由违法者承担：……"二者之间差别在于，2018 年修订的法律条文对比 2008 年法律条文，在行为的列举上与罚款额度上有所改进。[1] 新地方环境法规对于该制

---

[1] 《水污染防治法》(2008 年)第 76 条："有下列行为之一的，由县级以上地方人民政府环境保护主管部门责令停止违法行为，限期采取治理措施，消除污染，处以罚款；逾期不采取治理措施的，环境保护主管部门可以指定有治理能力的单位代为治理，所需费用由违法者承担：(一)向水体排放油类、酸液、碱液的；(二)向水体排放剧毒废液，或者将含有汞、镉、砷、铬、铅、氰化物、黄磷等的可溶性剧毒废渣向水体排放、倾倒或者直接埋入地下的；(三)在水体清洗装贮过油类、有毒污染物的车辆或者容器的；(四)向水体排放、倾倒工业废渣、城镇垃圾或者其他废弃物，或者在江河、湖泊、运河、渠道、水库最高水位线以下的滩地、岸坡堆放、存贮固体废弃物或者其他污染物的；(五)向水体排放、倾倒放射性固体废物或者含有高放射性、中放射性物质的废水的；(六)违反国家有关规定或者标准，向水体排放含低放射性物质的废水、热废水或者含病原体的污水的；(七)利用渗井、渗坑、裂隙或者溶洞排放、倾倒含有毒污染物的废水、含病原体的污水或者其他废弃物的；(八)利用无防渗漏措施的沟渠、坑塘等输送或者存贮含有毒污染物的废水、含病原体的污水或者其他废弃物的。有前款第三项、第六项行为之一的，处一万元以上十万元以下的罚款；有前款第一项、第四项、第八项行为之一的，处二万元以上二十万元以下的罚款；有前款第二项、第五项、第七项行为之一的，处五万元以上五十万元以下的罚款。"《水污染防治法》(2017 年)第 85 条："有下列行为之一的，由县级以上地方人民政府环境保护主管部门责令停止违法行为，限期采取治理措施，消除污染，处以罚款；逾期不采取治理措施的，环境保护主管部门可以指定有治理能力的单位代为治理，所需费用由违法者承担：(一)向水体排放油类、酸液、碱液的；(二)向水体排放剧毒废液，或者将含有汞、镉、砷、铬、铅、氰化物、黄磷等的可溶性剧毒废渣向水体排放、倾倒或者直接埋入地下的；(三)在水体清洗装贮过油类、有毒污染物的车辆或者容器的；(四)向水体排放、倾倒工业废渣、城镇垃圾或者其他废弃物，或者在江河、湖泊、运河、渠道、水库最高水位线以下的滩地、岸坡堆放、存贮固体废弃物或者其他污染物的；(五)向水体排放、倾倒放射性固体废物或者含有高放射性、中放射性物质的废水

度也重视不够,[1]仅有不多的地方环境保护条例规定了该制度,比如,《湖北省环境保护条例》第25条规定的"代为履行",[2]《厦门市环境保护条例》第8条"代为整治恢复"的规定。[3]

总结现行的环境代执行制度的特征及其弊端,可以归纳为以下几个方面:(1)现行的环境代执行制度并不是一项基本环境法律制度,1989年颁布的《环境保护法》和2014年修订的《环境保护法》并没有规定该制度,其规定在污染防治单行法中。实际上,"环境代执行制度"是对散见于《固体废物污染环境防治法》中的"代处置"和《水污染防治法》中的"代治理"等规定的学理总结,并没有统一的制度名称和稳固的制度内涵,故而,在现行的制度框架中并不能当然适用于所有类型的污染防治。(2)现行的环境代执行制度不是一个独立的污染防治制度类型,而是和限期治理制度联系在一起的,环境代执行制度被设定为限期治理制度的后续制度与保障制度,当限期治理制度没能有效起到环境整治恢复作用时,代执行制度才能进一步保障其制度预期实现。质言之,一些污染防

的;(六)违反国家有关规定或者标准,向水体排放含低放射性物质的废水、热废水或者含病原体的污水的;(七)未采取防渗漏等措施,或者未建设地下水水质监测井进行监测的;(八)加油站等的地下油罐未使用双层罐或者采取建造防渗池等其他有效措施,或者未进行防渗漏监测的;(九)未按照规定采取防护性措施,或者利用无防渗漏措施的沟渠、坑塘等输送或者存贮含有毒污染物的废水、含病原体的污水或者其他废弃物的。有前款第三项、第四项、第六项、第七项、第八项行为之一的,处二万元以上二十万元以下的罚款。有前款第一项、第二项、第五项、第九项行为之一的,处十万元以上一百万元以下的罚款;情节严重的,报经有批准权的人民政府批准,责令停业、关闭。"

[1] 对于我国现行国家和地方环境法律体系中关于环境代执行的立法规定的梳理,详见刘超:《断裂与耦合:环境执法语境中的代执行制度与限期治理制度》,载《政法论丛》2007年第6期。

[2] 《湖北省环境保护条例》第25条:"造成环境污染与破坏的单位和个人,拒不履行治理责任的,环保部门有权组织代为履行,代履行的费用由造成环境污染与破坏者承担。"

[3] 《厦门市环境保护法条例》第8条规定:"有关资源管理行政主管部门应当加强对自然资源的管理和保护。开发利用自然资源,应当采取有效措施防止环境污染和生态破坏。造成环境污染和生态破坏的,开发利用者应当承担整治恢复责任。拒不履行整治恢复责任或者整治恢复不符合要求的,由环境保护行政主管部门或者资源管理行政主管部门组织其他单位代为整治恢复,所需费用由开发利用者承担。开发利用者拒不承担所需费用的,由组织代为整治恢复的行政主管部门责令限期缴纳,开发利用者逾期仍不缴纳的,由组织代为整治恢复的行政主管部门依法申请人民法院强制执行。"

治单行法规定环境代执行制度的初衷与制度语境是以限期治理制度的实施并且不能发挥预期作用为前提。(3)当前的污染防治法律是在与限期治理关联的背景下定位与规定环境代执行制度,限期治理制度属于行政强制措施制度,而环境代执行制度属于行政强制执行制度。基于这种定位,严格来说,当前的环境代执行制度是在行政管理模式下的一种污染防治制度,该制度并未为其他主体参与污染防治提供开放空间,本质上还是由环境执法机构所主导,但由于当前的环境执法机构普遍不享有强制执行权,这也使环境执法机构和执法人员担忧越权或引发行政诉讼,而舍弃环境代执行制度。

(三)互动模式下环境污染第三方治理的制度建构

当前环境污染防治制度的制度缺陷,是管制模式下的环境污染防治立法存在机制断裂、制度抵牾、结构封闭等原因所致。为应对管制模式的上述弊病,互动模式注重将污染防治定位为多方主体共同参与的系统工程,充分了解各方主体的立场、利益与诉求。互动模式下的污染防治机制实施必须通过利益相关方的参与"沟通"互动提高政策的质量与效益,亦即由行动主体采取措施来应对治理困境并寻找新的策略以实现更优治理目标。对多方参与的强调,用以区别于传统的、层级性的国家权威治理形式。[1]

环境污染第三方治理是互动模式的典型体现,它必须秉持的污染治理理念是:第一,在制度类型上,污染治理不再采用由单纯行政权力主导的一元模式,而应当注重多方主体的积极参与;第二,在制度特征上,不再是单纯的"命令—服从"模式,而应当兼顾通过行业协会等的自我治理以及政府与社会的互动模式;第三,在制度价值上,基于环境资源的公共性和污染治理利益牵连性,不在制度设定中遮蔽被规制对象利益诉求、忽视规制对象(污染企业)积极性的发挥。从上述制度诉求出发,我们可以归纳环境污染第三方治理的制度框架至少包括以下三个方面。

---

〔1〕 谭九生:《从管制走向互动治理:我国生态环境治理模式的反思与重构》,载《湘潭大学学报》(哲学社会科学版)2012年第5期。

1. 污染防治市场制度的体系化构建

管制模式下以行政权力为主导一体推行的环境监管制度，难以兼顾被规制对象的个体差异进而发挥其积极主动性。现在污染防治制度的重要路径是增加立法以“加大违法成本”，使企业为环境污染行为承担责任。但是，这种制度逻辑难以契合企业作为理性经济人的自利倾向，单纯加大对企业的处罚并不能抑制企业逃避治理污染的机会主义行为，在上述制度闭环逻辑下只会催生多种形式的规制俘虏。因此，加重对企业的处罚难以有效改进污染防治效果，应当重视市场手段的作用，使企业主动治理污染。

笔者认为，要真正发挥环境污染第三方治理的功效，前提是改变现行单纯的“命令—服从”的管制模式，引入体系化的市场制度。这些制度可能并不是直接的第三方治理制度，但如果没有这些市场制度的培育，则所有的污染防治制度的实施主体本质只有政府执法机构“一方”，被规制对象不可能作为发挥积极作为的“第二方”，更何谈“第三方”。只有市场制度的系统引入，才能为被规制对象（污染企业）提供陈述意见的通道和表达利益的路径，为第三方参与污染治理提供前提。这些市场制度体系包括污染者付费、排污权交易、环境税、环境保护合同、环境保险、绿色市场等制度。这些经济激励方法被认为是克服环境行政规制的弊端、促进环境规范内面化的重要手段。[1] 我国已经有排污权交易的试点，2014 年修订的《环境保护法》也分别在第 43 条第 1 款、第 2 款和第 52 条规定了排污费、环境保护税和环境污染责任保险制度，这些都是对市场手段的引入。

2. 环境代执行制度的改进

我国现行的散见于污染防治单行法中的环境代执行制度是互动模式下环境污染第三方治理制度的雏形，但还存在诸多缺陷。从节省制度创新成本的角度考虑，可以改进当前的环境代执行制度以满足环境污染第三方治理的需要：（1）提升环境代执行制度的法律效力层次。遗憾的

---

〔1〕 对于环境规范内面化的分析，可参见［日］黑川哲志：《环境行政的法理与方法》，肖军译，中国法制出版社 2008 年版，第 25～26 页。

是,2014 年《环境保护法(修订案)》并没有规定环境代执行制度,因此,建议在以后的法律修改或环境污染防治综合立法中系统规定环境代执行制度,使之当然可以适用于所有类型的环境污染防治。(2)赋予环境代执行制度以独立性。申言之,不再将环境代执行制度作为限期治理制度的后续制度和补充制度,即不再等限期治理制度失效时才适用环境代执行制度以发挥其补救性功能,而应当赋予环境代执行制度的独立地位,也即其适用不以限期治理制度的适用并失效为前提。这是基于限期治理制度作为我国在经济社会发展特殊时期规定的一项有中国特色的末端治理制度,存在多部单行法规定的混乱与不统一,不同污染源适用不同的限期治理决定权属造成环境执法的困难、程序制度的漏洞、违反限期治理制度的责任配置不妥等问题。[1] 2014 年修订的《环境保护法》没有直接规定限期治理制度。因此,不少论者均认为,2014 年修订的《环境保护法》没有规定限期治理制度,体现了对该制度的摒弃。在旧法规范体系中,限期治理是指对已经发生的危害环境的污染源和污染严重区域内,依法限定排污者在一定期限内进行治理并达到规定要求。2014 年修订的《环境保护法》是对限期治理制度改造与升级,即将旧法规定的限期治理制度内容分解为限制生产与停产整治两个具体制度。这一制度演进的重要意义在于应对限期治理制度广受诟病的适用条件存在差异性、不统一引致的混乱,以及规定的模糊性导致政府或者环保部门滥用自由裁量权的风险。[2] 2014 年修订的《环境保护法》将原来限期治理制度针对的超标(超总量)排污的规制内容分解为限制生产与停产整治。在此背景下,环境代执行制度存在的制度语境与历史使命已经发生了历史变迁。(3)与上述第二点相关,一旦赋予环境代执行制度独

〔1〕 具体分析参见刘超:《存废之间:限期治理制度的绩效考察》,载《云南大学学报》(法学版)2008 年第 2 期;朱谦:《〈环境保护法〉限期治理制度修订问题探讨》,载《甘肃政法学院学报》2013 年第 1 期。

〔2〕 仅以《环境保护法》(1989 年)规定的限期治理的适用条件为例,该法律第 18 条规定"已经建成的设施,其污染物排放超过规定的排放标准的,限期治理",第 19 条规定:"对造成环境严重污染的企业事业单位,限期治理。"仅比较考察这两条的规定,到底是排污者排放的污染物超过规定的排放标准还是排污污染物造成环境严重污染后果作为适用限期治理条件,存在着制度适用条件规定的不统一与模糊性。

立地位，则应当同时赋予作为规制对象的污染企业更大的权限，由其自由选择是自己承担污染治理的责任，还是支付费用由其他社会主体代为实施整治恢复环境的责任。

3. 设立清洁水和清洁空气基金

根据我国“三同时”制度的要求，排污企业的污染防治设施要与主体工程同时设计、同时施工、同时投产使用，但排污企业自己设计建造污染防治设施可能缺乏技术能力和资金来源，如果采取让排污企业付费而引入专门的第三方公司来替代履行环境污染治理责任，则可以提高环境污染治理的专业性和效率。但是，现实中基于环境污染致害的长期性、潜伏性等特征，尤其是在一些突发的大规模环境污染事件中，专业化环境污染治理第三方往往无足够的资金购置规模较大的污染防治设施，或对影响广泛的环境污染事件的治理力不足。在此情况下，建议设立专门的清洁水和清洁空气基金。基金的来源是征收排污费、专项污染治理资金和国有资产拍卖资金。清洁水和清洁空气基金可以采取无息或低息贷款方式优先贷款给实施第三方治理的排污企业或环保企业。在符合一定的条件下可以适当延长周期，以适应污染治理项目周期长的特点。在环保企业项目运营期内，企业须按期足额偿还清洁空气基金的资金，保证清洁空气基金的滚动发展。[1]

四、结语

《中共中央关于全面深化改革若干重大问题的决定》首次在国家环境政策层面提出了“推行环境污染第三方治理”，这是前所未有的理念与制度创新。该制度的提出既基于我国当前的环境污染防治法律制度实施的困境，也考问了当前的污染防治制度逻辑与路径，提出了全新的污染防治理念。环境污染第三方治理不仅仅是治理方式与手段的更新，也不仅是环境污染治理制度的转型，更为重要的是，它同时也是对我国现行的环境问题治理法律制度所秉持的管制模式的反思与超越，是对环

---

〔1〕 陈湘静：《第三方治理靠什么推进?》，载《中国环境报》2014 年 3 月 4 日。

境问题治理过程中互动模式的兼顾与并重，要求在环境问题治理中引入市场机制、重视多方主体的利益诉求、赋予被规制对象承担环境责任的选择权从而发挥其主动性，并通过构建系统的制度以吸纳广泛社会主体参与环境问题治理。这种制度思维的更新与制度路径的变迁应当贯彻于环境问题法律治理的所有领域与环节，包括页岩气开发环境问题的法律治理过程中。

第二节　管制模式下页岩气开发土地侵害行为规制制度之检讨

前述内容梳理了我国当前正在进行的环境问题治理法律制度的创新，即积极推进环境污染第三方治理制度的理论基础、制度逻辑和具体展开。环境污染第三方治理不仅是环境污染制度的创新，更是对我国现行的环境问题治理法律制度的反思与超越，要求环境问题治理法律制度的观念更新与理念创新，要求从传统的环境问题法律治理的管制模式向互动模式转型，这种理念创新与制度更新也应当贯彻于环境问题治理的每个领域，包括页岩气开发。本节内容将和下节内容一起，综合以页岩气开发过程导致的土地侵害行为的法律治理为具体对象，分析在该领域实现环境问题第三方治理的必要性和制度路径。本节的内容将重点探讨在管制模式下，我国现行的页岩气开发土地侵害规制制度的制度逻辑、制度构成及其弊端。

一、管制模式下页岩气开发土地侵权行为规制之制度逻辑

（一）页岩气开发环境风险规制的两种法律制度模式

我国的立法注重体系化和内在逻辑结构建设，并不如美国法制建设中的强烈的实用主义价值取向。在美国“页岩气革命”爆发前后，围绕着页岩气开发中可能在各个环节引发的环境风险，美国的法律传统使其能够较为迅速灵动地针对页岩气开发中的水力压裂技术使用、污染处理

等进行法律修改甚至是出台专门立法。[1] 而在我国,页岩气作为一种油气资源,立法思路是将其勘查开采中涉及的资源配置、矿业权授予、风险预防和行为监控等问题,纳入我国现行的矿产资源法律体系中予以规制。在我国法律体系中,对页岩气开发行为导致的土地损毁致害的规制,适用一般的矿产资源开发中土地损毁致害救济的法律制度。在我国法律体系中,针对矿产资源开发导致的土地损毁侵害,有两种规制模式:

1. 平等主体之间的互动关系模式。互动模式注重污染防治是多方主体共同参与的系统工程,必须充分了解各方主体的立场、利益与诉求。[2] 在互动模式中,矿业权人土地损毁行为导致的土地权益损害应当纳入平等主体之间的民事法律关系中予以衡量,在充分尊重不同主体在矿区土地上产生的物权相互平等的基础上,将土地损毁行为导致的土地权益侵害界定为侵权法律关系,提供不同主体利益表达与诉求主张的空间。在民法视角下,从《物权法》相关规定考察,矿业权主体、国家土地所有权人、集体土地所有权人和用益物权主体均属于平等的法律主体,相互之间的法律关系应当界定为平等主体之间的法律关系。在适用土地划拨或土地出让法律制度,形成权利配置后的土地所有权—土地使用权的二元法律关系中,上述几种类型主体也构成平等主体之间的法律关系。如果矿业权主体在行使矿业权过程中导致了其他类型土地权利主体的权利侵害,应当界定为平等主体之间的侵权法律关系,适用《侵权责任法》规定的法律制度解决土地侵权纠纷。

2. 不平等主体之间的管制法律关系。我国现行的《矿产资源法》《土地复垦条例》等法律制度适用管制模式,以行政管理的方式来处理矿产资源开发中的土地权益侵害,而不将矿业权主体在矿产资源勘查开采中导致的土地损毁认定为其他土地上权利群各类主体的权利侵犯。

(二)页岩气矿业权行使中的土地使用权配置的行政权主导思路

我国土地资源只能属于国家或集体所有。国家所有权是全民所有

---

〔1〕 Thomas E. Kurth, Michael J. Mazzone, Mary S. Mendoza, Christopher S. Kulander, "Law Applicable to Hydraulic Fracturing in the Shale States", *The Oil, Gas and Energy Resources Law Journal* 1, 2010, pp. 1 – 51.

〔2〕 刘超:《管制、互动与环境污染第三方治理》,载《中国人口·资源与环境》2015 年第 2 期。

制在立法上的转化和表达，国家所有权在性质上即为全民所有。公有制作为国家所有权制度的立法依据，规定了国家所有权制度的性质和社会功能，从而也能防止国家所有权偏离公共目标，使之既不会异化为私人所有权，也不会侵害私人所有权。[1] 因此，土地资源国家所有和集体所有的制度设计不仅仅是作为主体的国家产生经济价值和收益，还承载着更为重要的社会功能和公益保障功能。所有权包括两组合法的权利成分：一组以所有者对其财产所拥有的"基本功能控制"为标志，另一组以所有者拥有从交易和开发其财产获得"收入的基本权利"为标志。[2] 国家对于土地享有所有权，不仅可以享有收入所有权（典型如我国当前引发争议的地方政府"土地财政"现象），还应当享有控制所有权。国家对稀缺土地资源享有的控制的权利效力，在于可以排斥私人的排他性权利效力，以实现土地资源的公益保障功能。在这种思路下，国土资源管理部门在代表国家配置稀缺土地资源的用途时，不能根据行政权力向某一个领域（典型如矿产资源开发等产生经济价值的领域）过于倾斜。而我国当前在配置矿产资源开发中所需的土地使用权时，秉持了行政权主导的资源配置思路。矿产资源开发中必然要使用到矿区矿地，因为矿产资源开发本身就需要作用于地下土地资源，因此，地下使用权是矿业权的内在构成部分。但是，矿产资源开发过程为了建设油（气、水）井场及地面作业设施、架设供电、供水、通信管线等还需要行使地表使用权。根据《矿产资源法实施细则》第16条和第30条规定，探矿权人可以"根据工程需要临时使用土地"、采矿权人可以"根据生产建设的需要依法取得土地使用权矿业权"。但从权利内涵上看，地表土地使用权本身不属于矿业权的内在构成部分，并不代表矿业权主体只要获得探矿权与采矿权就当然获得土地使用权：

1. 从国外的普遍的制度经验来检视。世界各国在处理油气资源与

---

〔1〕 刘超：《国家所有权客体范围之依据的证成与考辨》，载《广西大学学报》（哲学社会科学版）2013年第2期。

〔2〕 [美]克里特斯曼：《财产的神话——走向平等主义的所有权理论》，张绍宗译，张晓明校，广西师范大学出版社2004年版，第36～37页。

土地所有权关系的制度规定中，分为油气资源属于土地所有者和油气资源属于国家所有两大类型。虽然随着油气资源越来越重要，很多国家宣告重要自然资源属于国家所有，但在油气资源属于土地所有权人的制度类型中，矿业权人要获得矿业权以及土地使用权均要通过向土地权利人租约购买等方式，具体的权利内容完全取决于租约内容。在油气资源属于国家的制度体系中，国家即使通过许可证或者租约的方式授权企业，钻采公司也并不永远拥有他们所寻求钻采的土地；相反，该公司作为在别人拥有的财产上拥有矿产权利、矿藏财产权，石油和天然气权利的租约持有人有权以合理的方式进入租用的土地，进行勘探、开发和运输矿产品。[1] 因此，不管在矿产资源所有权与土地所有权之间的关系上采取何种制度，除了矿区地下土地资源使用权当然属于矿业权有机构成部分，矿业权主体对于矿区地表及工作区的土地使用权均不属于矿业权的当然构成部分。

2. 从我国现行的规定来检视。虽然我国《矿产资源法实施细则》规定了矿业权主体可以“根据工程需要临时使用土地”或“根据生产建设的需要依法取得土地使用权矿业权”，但均要另行经过国土资源管理部门的审批，发给临时土地使用证或建设用地使用权证。[2] 这也表明土地使用权并不必然包括地表土地使用权。只是，基于我国在现实的土地权利配置中遵循的矿地使用权优先的原则，为了支持矿产资源开发而优先将矿区土地使用权配置给矿业权主体。

（三）页岩气环境问题防治以环境行政管理为主线

我国当前的矿产资源法律体系规制矿产资源开发中的环境问题，其制度目标在于贯彻国家环境行政管理的理路逻辑，其制度实施是服务于国家的环境管理目标。当然，在环境管制过程中也会客观上维护其他社会主体权利，但从制度运行本身的预期来看，这不是首位目标追求。具

[1] [尼日利亚]因卡·奥莫罗格贝、彼得·奥涅莫拉：《国家所有权制度下的石油和天然气财产权》，载[英]艾琳·麦克哈格、[新西兰]巴里·巴顿、[澳]阿德里安·布拉德布鲁克、[澳]李·戈登主编：《能源与自然资源中的财产和法律》，胡德胜、魏铁军译，胡德胜校，北京大学出版社 2014 年版，第 175 页。

[2] 崔建远：《准物权研究》（第二版），法律出版社 2012 年版，第 276～282 页。

体到矿产资源开发的土地损毁行为规制中，我国现行制度的目标是服务于国家的土地管理目的。在我国，基于土地资源的重要性，保障土地资源是国家的重要职能，在赋予公民权利、控制行政权力与赋予行政权力、约束公民权利的二元路径中，我国现行的土地资源保护制度选择的是后者，典型体现在处理矿产资源开发中导致的土地损毁问题上。我国《矿产资源法》《土地管理法》《土地复垦条例》等规范的立法逻辑没有充分尊重土地上权利群的主体地位，没有将多元主体之间因为土地损毁现象发生的纠纷作为平等主体之间的土地侵权纠纷，而是将矿业权主体的行为纳入行政管制视阈。其实，在赋予公民权利以解决土地侵权纠纷的思路下，立法适度"不作为"即可，并不需要规定过多的行政管理规范。但是，当前的法律体系规定了过于全面（虽然不一定细致）的管理规范，这就挤压了民事法律规范的适用空间。这种制度逻辑可以归纳为以下四个方面：

1. 矿产资源开发经常导致土地损毁现象，矿产资源勘探开采机理是作用于地下土地资源的过程，容易导致土地结构破坏，引发土地塌陷风险。比如，页岩气勘探开采中，使用水平钻井技术作用于地下土地资源，以便更有效地作用于致密页岩层，但这更容易导致土地结构破坏，引发土地塌陷风险。由此进一步导致矿业权人对其他土地权利主体的侵权行为。但是，我国《矿产资源法》并没有规定规制这类频发的土地损毁行为的法律规范，而仅是简单地在其第 32 条规定："开采矿产资源，必须遵守有关环境保护的法律规定，防止污染环境。"并且，《矿产资源法》第六章"法律责任"第 39 条至第 49 条，主要是针对勘探开采行为破坏矿产资源、超越批准的矿区范围等行为进行的法律责任立法，并没有对矿业权行使导致的土地损毁规定对应的法律责任。《矿产资源法》的制度逻辑，主要还是预期规制和惩罚擅自采矿、越界开采、倒卖牟利和破坏性开采等行为，这种行为规制思路还是从保障国家矿产资源所有权不受侵害的角度出发的，[1] 以管制矿业权行使中可能侵犯国家矿产资源所有权的行为作为规制重心，并非将系统规制矿业权行使时导致的所有类型的

---

〔1〕 刘超：《页岩气特许权的制度困境与完善进路》，载《法律科学》2015 年第 3 期。

土地损毁行为作为规制对象。

2. 土地损毁行为实施后,《矿产资源法》没有针对性的规定,而是在制度逻辑上将其界定为违反上述"有关环境保护的法律规定",其第21条规定:"关闭矿山,必须提出矿山闭坑报告及有关采掘工程、不安全隐患、土地复垦利用、环境保护的资料,并按照国家规定报请审查批准。"申言之,只要矿业权主体履行了土地复垦义务就可以合理地从事土地损毁行为,而完全忽视了其他土地权利主体的多种选择。

3. 矿业权实施过程中,矿产资源勘探开发使用的含有多种化学成分和有毒有害化学物质的压裂液、催化剂以及返排液的泄漏,会导致特定矿区或工作区周边地区严重的土壤污染。矿产资源开发导致的土壤污染可以适用《环境保护法》和《土壤污染防治法》予以规制。但是,综观我国以《环境保护法》为统领的污染防治法律体系的制度逻辑,对环境要素的污染防治依然是以配置各级政府及其相关职能部门的环境行政权力,规定各级政府保护和改善环境、防治污染和其他公害的义务,规范政府环境管理职责为立法思路与制度展开的。并且,矿产资源勘探开发导致的土地损毁远不止土壤污染,还包括挖损土地、塌陷土地、压占土地和水毁土地等多种类型。而《环境保护法》以及《土壤污染防治法》的立法目的主要是防治土壤污染,以保障(土壤)资源的永续利用和经济社会可持续发展,不能有效规制土地损毁的所有类型。

4.《矿产资源法》《土地复垦条例》等立法区分了土地所有权人的土地所有权与用益物权人的土地使用权,采取区别保护的原则和制度。概括而言,在我国现行法律制度体系中,矿业权主体对于国家所有土地和集体所有土地的损毁侵权的救济路径是,通过行政手段监督与规制矿业权主体履行土地复垦义务。而对于土地上的其他权利人(我国《物权法》中规定的用益物权主体)导致的权利侵害,从理论推导与制度逻辑上看,当然可以适用侵权责任法律规范。但是,相关立法又限缩了侵权责任方式的适用,比如《矿产资源法》第32条第3款规定:"对于土地开采矿产资源给他人生产、生活造成损失的,应当负责赔偿,并采取必要的补救措施。"《土地复垦条例》第19条第1款规定:"土地复垦义务人对在生产建设活动中损毁的由其他单位或者个人使用的国有土地或者农民集体所有的土地，除负责复垦外，还应当向遭受损失的单位或者个人支付损失补偿费。”我国《侵权责任法》第15条规定了停止侵害、排除妨碍、消除危险、返还财产、恢复原状、赔偿损失、赔礼道歉、消除影响、恢复名誉等多种责任方式，上述规定限缩了土地权利受害人主张侵权救济的责任方式。换言之，矿业权人可以在支付损失补偿费之后侵犯其他土地使用权人的土地权益。

二、管制模式下页岩气矿业行使中土地损害规制制度之缺陷

我国现行制度体系应对页岩气矿业权行使导致的土地损毁现象，主要遵循的是管制模式，这不但不能有效救济矿区土地上的其他类型权利主体遭受的权益侵害，而且不能有效地规制矿产资源开发导致的环境风险。

（一）环境问题规制上的失效

在当前行政管制思路与制度框架下，矿业权主体所可能导致的环境风险主要是通过相关行政职能部门实施行政管制来予以防控的。通过行政手段防控环境风险，是环境行政的基本思路，但若一味地秉持甚至主要依赖这种思维和制度路径，忽视利益相关主体通过主张与救济环境权益实现环境公益的维护，则难免在矿产资源开发的环境风险防控中挂一漏万，这可以从下面三个方面去归纳：

1. 管制模式下的环境行政手段的实施主要依赖于环境标准的制定，但是，通过环境标准实现的环境风险防控存在一些内生困境，“对于那些要创设或实施污染防治标准的人来说，所面对的一个主要的两难困境在于，是让标准变得更为平易从而可以更为广泛的适用，还是让标准趋于特定化，以更好的量体裁衣来适应于特定的地区、公司和污染物。”[1]以我国当前的水污染防治标准为例，这些标准以受纳水体水质符合规定用途的水质标准为目标，规定每个污染源排污口被允许的最大污染物排放浓度和数量为控制手段，但现实中往往限于水资源的流域特性和分布的

---

[1] [美]史蒂芬·布雷耶：《规制及其改革》，李洪雷、宋华琳、苏罕苗、钟瑞华译，北京大学出版社2008年版，第375页。

特殊性,使这种污水控制路径不能实现严格控制水污染的目标诉求。[1]在管制模式下,矿产资源开发中的环境风险防控主要依赖于行政机关监督执法,但限于行政主体执法力量,只能对整个行业领域出台政策和标准。比如,我国环境保护部(现生态环境部)于2012年公布的针对油气资源开发领域的环境风险防范标准为《石油天然气开采业污染防治技术政策》,很难对每一具体的矿区适用有针对性的标准。具体到页岩气开发领域,我国国土资源部(现自然资源部)于2012年发布的《页岩气探矿权招标公告》中,招标出让的20个页岩气区块分布于贵州、重庆、湖南、湖北、江西、安徽、浙江、河南8个省市,这些页岩气区块在面积、拐点经纬度坐标、地质条件等各个方面均存在较大差异,这使适用统一标准很难对页岩气开发中的具体环境风险进行有针对性的有效防控。

2. 当环境风险关乎人的健康且程度与影响各异时,基于行政资源的有限性,环境行政规制必须优先选定一些迫在眉睫的规制对象,围绕"核心地带"展开特定规制体系。[2] 申言之,在环境风险预防与治理法律制度体系中,"自上而下"的管制模式使法律只能选择一些重要的损害类型进行规制。污染防治立法总是滞后于现实污染状况,只有当新的污染类型足够严重时,才会催生新型的污染防治针对性立法。在这种思路下,作为我国新型产业的页岩气开发中产生的新型污染类型很难得到针对性规制。并且,基于我国的法律体系特征和我国《立法法》规定的立法权限,这种管制思路下的污染防治立法中出现的弊端很难在我国现行法律体系中予以矫正。

3. 管制模式下的土地损毁行为规制,可能会滋生其他土地权利主体权益受损的负面效应。当前的制度设计主要是通过行政权力来规制矿产资源开发中的土地损毁行为,这种制度模式极大遮蔽了矿区土地上其他权利主体的利益诉求,挤压了私法关系解决土地权益纷争的制度空

[1] 刘超:《污水排放标准制度的特定化——以实现"最严格水资源管理"纳污红线制度为中心》,载《法律科学》2013年第2期。

[2] [美]史蒂芬·布雷耶:《打破恶性循环——政府如何有效规制风险》,宋华琳译,法律出版社2009年版,第1页。

间。行政权主导下土地利益分配的负面结果极容易牺牲土地的公益价值来实现地方政府的财政收入。有研究表明,用于出让的土地的来源,主要是集体土地征收、土地整理,政府通过招拍挂制度实现土地增值收益,这一系列过程都潜伏着土地违法的可能。由于地方政府过度依赖土地开发获取财政收入,其有动机纵容甚至参与和主导土地违法行为,非法批地、非法转让土地等违法行为油然而生。[1] 管制模式下,政府在稀缺土地资源的分配中占有主导地位,可能在优先矿业权用地时也实现增加财政收入的需求,而忽视了广大公民对于土地资源的权益需求。

值得对比的是美国关于页岩气污染防治的立法。在石油和天然气钻探地点发生的另一个潜在水污染源是暴雨后所形成的径流,但是,美国《清洁水法案》(CWA)特别豁免了石油和天然气工业中产生的暴雨排放,CWA 的第 402 节的(1)(2)豁免了采矿或石油和天然气的勘探、生产、加工、处理操作或传输设备等不需遵从联邦雨水监管规定,并在第 502 部分(24)规定将豁免权扩展至建造活动。同时美国联邦豁免不妨碍各州在联邦法律授权下对井场侵蚀和沉积进行控制,例如,宾夕法尼亚州要求,如果场地干扰面积大于 5 英亩,钻井运营商需要取得许可证控制侵蚀和沉积物,包括雨水管理;如果场地面积不到 5 英亩,需制定关于侵蚀和沉积物的控制计划。暴雨雨水也是许可证要求里的一部分。在纽约州,无论场地面积多大,都要求对井场进行侵蚀和沉积物控制。[2] 美国"页岩气革命"也面临着公众对于页岩气开发引致环境风险的诸多争议与质疑,但其立法体制决定了,当联邦层面的《安全饮用水法案》(SDWA)、《清洁水法案》(CWA)等不足以应对油气资源开发中的环境风险、尤其是页岩气开发的环境风险时,各州可以根据其州立法传统、针对各州的页岩气矿区的特殊性进行专门立法或修改既有法律规范。而在我国统一立法体制下,我国现行的法律体系不具备这种灵

---

[1] 龙开胜、陈利根:《中国土地违法现象的影响因素分析——基于 1999 年 - 2008 年省际面板数据》,载《资源科学》2011 年第 6 期。

[2] [美]凯特琳 · M. 纳什(katelyn M. Nash)主编:《页岩气开发技术》,汪丽华、周靖、王建设、姜政、杨科译,上海科学技术出版社 2013 年版,第 118 ~ 119 页。

活性。

(二)矿区土地上权利群救济之缺失

现行的管制模式下的制度设计,主要通过行政监管手段防控矿业权主体勘查开采过程中导致的环境风险,在对矿业权行使中导致的土地损毁侵害规制中,也主要是通过设定并监督矿业权主体履行土地复垦义务的方式实现行为规制。这种制度路径是以国家的环境质量管理为目标设定矿业权主体需要履行的义务。反之,若矿业权主体履行土地复垦义务则被认定为符合标准。这种行为规制思路挤压了矿区土地上权利群的其他主体主张权利救济的制度空间,使受损土地权利难以获得充分救济,这里从以下三个方面分述之。

1. 国有土地承载的环境公益不能得到有效救济

国家在决定稀缺土地资源的功能选择与价值配置时,必须充分考虑到土地资源对于公民所产生的各种功能与价值,而不能在矿业权主体承担复垦义务的前提下任凭矿业权人损毁土地。这种制度弊端表现为现实中复垦标准的要求太低,以及没有相应的保障制度规定。《土地复垦条例》第2条规定土地复垦义务人应采取措施,使其达到可供利用状态,而"可供利用状态"是个很模糊的概念,虽然部分省市开始收取土地复垦费或者土地复垦保证金,但收缴情况不理想,收费的标准和方法也不统一,这些制度上的缺陷很大程度上影响了矿业权用地复垦工作。[1]

与此同时,现行的管制型制度自动摒弃了国有土地所有权主体作为平等主体向矿业权人行使侵权请求权的制度路径。当前通过规定矿业权主体土地复垦义务作为规制其土地损毁行为的制度思路,规避了矿业权人土地损毁行为致害时不能通过土地复垦义务救济权益损失的制度困境。事实上,国家虽然不能成为基本权利的主体,但代表国家行使国有财产权的机构是可以成为基本权利主体的,而且该机构可能受到代表国家行使公共管理职能的行政主体的侵犯,比如中央政府直属的央企在地方政府开展业务时,其权利就可能会受到地方各级政府及其职能部门

[1] 房绍坤主编:《矿业权法律制度研究》,中国法制出版社2013年版,第94页。

的侵犯。[1] 同理,代表国家行使国有土地所有权的国土资源部门也可能遭受矿业权主体实施的侵权行为,而如果将土地复垦中的法律关系界定为平等主体之间的侵权法律关系,则可以在侵权责任法律框架中适用"完全赔偿原则",诉请法律救济土地损毁行为导致的多种类型的土地权益损害,而非现行的土地复垦义务中主要规制的土地侵权物理性损害。

2. 集体土地所有权人和其他使用权人的权利被遮蔽

矿产资源可能赋存于国有土地也可能赋存于集体土地之下。根据我国《宪法》《物权法》规定的一般原则,城市土地属于国家所有,农村和城市郊区土地属于集体所有。现实中,矿产资源多赋存于农村地区,根据相关研究,我国陆区页岩气资源的分布区域上可依次划分为南方(包括四川盆地等)、华北(包括鄂尔多斯、渤海湾及南华北等盆地)以及西北(包括塔里木、准噶尔等盆地)三大区域,[2] 同时矿产资源也可能分布于城市土地之下。根据我国《矿产资源法》第20条规定的立法精神,从矿产资源开发机会成本的角度考虑,即使城市土地不完全属于"不得开采矿产资源的其他地区",也应当是严格限制开采地区。现实中,我国国土资源部发布的《全国矿产资源规划(2008~2015年)》明确规定:"禁止在城市规划区、主要交通道路沿线、海岸线直观可视范围内露天开采矿产资源,并严格控制地下开采。"很多城市都出台专门规定,在城市规划区中划分了控制开采区和禁止开采区。[3] 该规定的总体思路是对城市土地严格控制甚至是禁止开采矿产资源,特别是油气资源。以页岩气资源开发为例,在我国国土资源部(现自然资源部)2012年发布的《国土资源部页岩气探矿权招标公告》公布的招标出让探矿权的20个页岩气区块中,20个页岩气区块共计为20002.16平方千米,面积最大的湖北鹤峰页岩气区块为2306.71平方千米,最小的湖北来凤咸丰页岩气区块也有

---

〔1〕 程雪阳:《论"城市的土地属于国家所有"的宪法解释》,载《法制与社会发展》2014年第1期。

〔2〕 肖钢、唐颖:《页岩气及其勘探开发》,高等教育出版社2012年版,第178~179页。

〔3〕 湖北省荆门市人民政府:《湖北荆门市人民政府关于严格控制城市规划区矿产资源开采的通知》,2011年。

369.23 平方千米。如此大面积的页岩气矿区不可能位于城市规划区。

因此,现实中的矿区(尤其是油气资源矿区)主要是在农村或城市郊区,矿区土地属于集体所有。在矿产资源开发中,矿业权主体除了当然要使用地下土地资源,同时为了建设油(气、水)井场及地面作业设施,建设集、输油(气、水)设施等配套设施,以及在工作区架设供电、供水、通讯的管线等,也均需要使用地表土地资源。但这些土地资源本来均属于集体所有,油气资源矿业权人为了合法使用这些土地,就必须取得属于集体所有的地表资源的建设用地使用权。针对此矿产资源所有权与矿地所有权分别属于国家所有与集体所有的情形,我国《物权法》第 151 条规定:"集体所有的土地作为建设用地的,应当依照土地管理法等法律规定办理。"也即要根据《土地管理法》第 44 条规定的经过批准手续转变为国有土地。

这是一种管制思路下的制度逻辑,在此过程中集体土地所有权人的权利效力遭到贬损:

(1)就一般法理角度而言,集体土地所有权人与矿业权主体为平等主体,矿业权人若需要获得集体土地使用权,应当在双方意思自治的前提下经由平等协商达成土地使用权转让协议。但是,在管制制度逻辑下,集体土地被认为要优先满足于矿产资源开发用地需要,集体土地所有权人丧失了选择自由。

(2)虽然《土地管理法》第 57 条第 1 款规定,"……土地使用者应当根据土地权属,与有关土地行政主管部门或者农村集体经济组织、村民委员会签订临时使用土地合同,并按照合同的约定支付临时使用土地补偿费。"矿业权人取得集体土地使用权时,可以与土地行政主管部门或农村集体经济组织、村委会签订合同、支付土地补偿费。但这是给矿业权人提供的多元选择。对于集体土地所有权人而言,无论其以何种形式获得土地补偿费,其前提是必须转让土地使用权给矿业权主体。《土地管理法释义》将《土地管理法》第 57 条解释为:一旦(建设项目施工和地质勘查的土地使用者)获得临时用地的批准,就意味着土地所有者已经同意,这种土地使用权和国外的公共地役权在实质上存在一定的类似之处,即都确立了土地使用权的优先地位。[1]

(3)根据《土地管理法》第47条的规定:"征收土地的,按照被征收土地的原用途给予补偿。"该条第2款详细列举了征收耕地的土地补偿费的征收标准。集体所有土地按照用途可以划分为农用地(耕地)、宅基地、非农经营用地和非农公益用地等,对于征收其他用途的土地,该条第3、4款规定:"征收其他土地的土地补偿费和安置补助费标准,由省、自治区、直辖市参照征收耕地的土地补偿费和安置补助费的标准规定。被征收土地上的附着物和青苗的补偿标准,由省、自治区、直辖市规定。"其存在作为宅基地用途的"其他土地"补偿规定的缺陷:一方面这一规定较为原则化、内容简单;另一方面,对宅基地、房屋所有权的剥夺,该条授权地方制定补偿标准显然是违背《立法法》精神的,给农民造成了严重损失。[2]

实际上,在管制模式下,矿业权与集体土地所有权的土地使用权冲突,是以政府意志保障矿地使用优先权为制度目标的。在此过程中,集体作为土地所有权人并没有享有所有权的完整效力,既不能完全根据自由意志享有所有权的绝对性、支配力和排他力,同时,在出让土地使用权也不是以与矿业权主体自由协商的方式完成,必须在接受客观补偿标准(而非主观对权利价值评估)的基础上出让土地使用权。

3. 其他用益物权主体权利不能被完全救济

我国现行法律处理矿业权制度的一个鲜明特征是:其立足于矿业权行使中对于土地本身损毁及其复垦,并未专门针对土地上的用益物权人。虽然,《物权法》第136条规定:"建设用地使用权可以在土地的地表、地上或者地下分别设立。新设立的建设用地使用权,不得损害已设立的用益物权。"该规定确立了土地分层利用制度,这为矿业权主体享有

---

〔1〕 王明远:《天然气的开发与土地利用:法律权利的冲突和协调》,载[英]艾琳·麦克哈格、[新西兰]巴里·巴顿、[澳]阿德里安·布拉德布鲁克、[澳]李·戈登主编:《能源与自然资源中的财产和法律》,胡德胜、魏铁军译,胡德胜校,北京大学出版社2014年版,第230页。

〔2〕 梁亚荣、高海燕:《宅基地征收补偿类型化立法探析》,载《南京农业大学学报》(社会科学版)2014年第1期。

的地下土地使用权与地表的土地使用权存在于土地不同部位提供了法律依据。但现实中,经常发生矿业权主体在勘查开采矿产资源时也要获得地表使用权的情况。虽然《物权法》第136条规定,"新设立的建设用地使用权,不得损害已设立的用益物权",但现实中这种冲突难以避免。当矿业权人作为土地复垦义务人在实施土地复垦义务以承担对土地所有权人的权利损害责任时,还应当对其行为造成用益物权人的损害承担责任,但我国现行制度使用益物权人的受损权利难以得到充分救济:

(1)就本质上而言,矿区土地上已设立的用益物权与矿地使用权之间均为土地使用权,二者并无优劣之分。并且,《物权法》规定新设立的建设用地使用权不得损害已设立的用益物权,这体现了物权的优先效力原则。按照同一土地上设立土地使用权时间的先后顺序确定物权的优先效力,新设立的用益物权主体能够以此抗拒新设立的矿地使用权对其权利侵犯。但基于油气资源的重要性,国家适用"矿地使用优先理论",实质允许矿业权主体在承担经济补偿责任的前提下侵害用益物权主体权益。

(2)在管制模式下的制度设计,其实是将集体所有土地上设立的用益物权定位为附属性的权利,而非尊重其独立物权地位。比如,《土地管理法》第57条规定的,建设项目施工和地质勘查需要临时使用国有土地或者农民集体所有的土地的,由县级以上人民政府的土地行政主管部门批准,只需要支付土地补偿费。需要进一步讨论的是,土地行政主管部门通过行政手段决定集体所有土地的使用权出让的正当性,更关键的是,在此过程中并不需要征得集体土地上用益物权主体的同意。

(3)矿业权主体在行使矿地使用权时会给其他用益物权主体权益造成损害,这是平等主体之间的侵权纠纷,受损权利主体可以适用《侵权责任法》寻求权利救济。但我国《土地复垦条例》第19条第1款规定:"土地复垦义务人对在生产建设活动中损毁的由其他单位或者个人使用的国有土地或者农民集体所有的土地,除负责复垦外,还应当向遭受损失的单位或者个人支付损失补偿费。"该条文规定了矿业权主体对其他用益物权主体造成土地侵权,承担的责任方式仅为支付补偿费,这种金钱补偿方式难以充分体现土地资源对于权利人所产生的多重价值。德国、奥地利与我国台湾地区采取的是损害赔偿中的恢复原状优先原则，"对受害人完整利益的保护给受害人带来的好处通常高于对价值利益（财产的减少额）的保护。因为完整利益不仅包括了物质利益，还可能包括精神利益甚至一些主观利益。"[1]而我国现行制度仅适用金钱赔偿难以体现该宅基地、承包地等对于权利主体所承载的基本保障功能、精神利益以及主观利益。

第三节　页岩气开发中土地侵权第三方治理制度之证成与展开

在我国矿产资源开发过程中，因为矿业权行使中土地损毁导致的平等主体之间的土地权利冲突与侵权纠纷，被转换成行政监管法律关系下矿业权人是否履行土地复垦、环境保护义务的问题。这是一种典型的管制模式下规制矿业权行使导致土地损毁的制度路径。矿业权行使会导致诸多土地损毁类型，由此进一步导致对损毁土地上其他权利主体的权益侵害。在当前的法律制度框架下，有两种解决该纠纷的制度类型：第一，平等互动模式下的制度类型，将土地损毁行为人与受害人之间的关系界定为一种平等主体之间的侵权法律关系，适用《侵权责任法》规定的法律制度以解决土地侵权纠纷；第二，不平等管制模式下的制度类型，以行政管理的方式来处理矿产资源开发中的土地损毁问题，而不将矿业权主体在矿产资源勘查开采中导致的土地损毁认定为对其他土地上权利群各类主体的权利侵犯。前述内容已论证，我国的环境法律体系，实质秉持的是一种管制模式的立法思路，这成为各单行法隐含的立法理念与制度逻辑，体现于各种具体环境要素的保护与污染防治的单行法群中，包括矿业权行使导致土地损毁的管制制度中。我国当前制度体系将不同类型主体之间的土地权利纠纷纳入以行政管制为主导思路构建的法律关系下予以衡量与解决，挤占了受损土地权利主体主张权利完全救

[1] 程啸、王丹：《损害赔偿的方法》，载《法学研究》2013 年第 3 期。

济的空间，相关利益主体的受损权益难以获得完全救济。基于此，在我国当前正推进环境损害多元互动治理的政策与制度背景下，应当引入第三方治理制度规制矿业权行使中的土地损毁导致的侵权损害。

一、矿业权行使土地损毁第三方治理之证成

矿产资源开发过程伴生多种类型的土地损毁现象，土地损毁必然导致矿区土地上其他主体的权利损害。现行的土地损毁行为规制与权益救济制度存在内生性缺陷，使有必要审视当前管制模式下的制度逻辑并矫正其弊端，引入第三方治理这种新的环境问题治理制度模式。同时，我国当前的环境政策体系与环境治理制度创新为矿业权行使中土地损毁第三方治理提供了现实可行性。

（一）矿业权行使土地损毁第三方治理的现实需求

矿产资源开发中土地损毁第三方治理具有必要性。我国当前的规制矿产资源开发环境损害行为的制度设计遵循的是管制型制度模式，这导致了很多内生性弊端，其关键原因在于：行政权主导的环境损害治理制度具有单向性与封闭性特征，这种“闭环逻辑”使其制度选择及其实施绩效取决于以下几个方面的内容：(1)行政主体选择。也即当面临矿业权行使过程中的土地利用行为导致多方主体的利益冲突时，解决路径的选择首先取决于政府在宏观层面决定将土地资源配置于何种领域，进而决定配置于何人。[1] 上述矛盾产生且难以调和时，我国实践表明实际上选择了“矿地使用权优先”原则，其他集体土地所有权人和其他土地使用权人必须在接受补偿的基础上进行让步，以优先满足于矿产资源开发用地需求。很显然，这种制度逻辑下，其他主体基于土地资源产生的权利内容未被充分重视，在遭受侵害时也难以获得充分救济，这最终会损害土地资源的生态环境。(2)环境监管制度和行政手段的完善与丰富程度。当通过普遍的行政监管措施来督促矿业权主体履行环境保

---

〔1〕［美］盖多·卡拉布雷西、菲利普·伯比特：《悲剧性选择——对稀缺资源进行悲剧性分配时社会所遭遇到的冲突》，徐品飞、张玉华、肖逸尔译，北京大学出版社2005年版，第3~4页。

护、安全生产、土地复垦等义务以作为其行使矿地使用权的“对价”时，适用责任规则来保障其他权利主体的权利，[1]矿业权主体是否按照规定标准和程序履行义务取决于行政监管的效果。

管制模式下制度逻辑的贯彻，使矿业权行使中土地损毁行为的规制与权益救济主要取决于国土资源部门的土地资源配置思路与监管行为实施效果，这既难以具体针对每一个土地权利纠纷的特殊性，也难以实现对受损权利主体的完全补偿。因此，有必要转换思路，引入第三方治理机制，其优势可以归纳为以下几个方面：

1. 第三方治理机制是一种多方参与的互动机制，可以促使矿地使用权行使中引发的权益冲突的多方主体参与“沟通”互动，使各方利益相关者的利益主张充分表达。这可以避免出现在管制模式下因为贯彻矿地使用权优先原则而导致其他土地使用权主体的权益被遮蔽的情形。

2. 管制模式下，根据“谁破坏，谁复垦”原则，国土资源行政主管部门要督促矿业权人对其导致的土地损毁承担土地复垦责任。但现实中土地损毁类型多样，[2]矿山企业很难有充足的专业技术与专门人才实施专业化复垦任务。若借鉴英美等发达国家经验，开放市场引入专业土地复垦队伍，可以提高土地复垦效率。

3. 管制模式下，矿业权主体对其行为导致的土地损毁是被动承担土地复垦义务，矿山企业主观上会在“不出事”的逻辑下规避环境保护与土地复垦责任，客观上，其专业性不强也增加了其在土地复垦义务执行上的难度。若通过引入第三方治理机制，由专业土地复垦服务公司统一

[1] 一旦法律界定了初始权利之后，根据其受到保护的方式，权利可以分为三种：受财产规则保护的权利、受责任规则保护的权利和不可让与的权利。通过责任规则保护的环境资源权利是指，当为了推进国家和社会公共事业建设和实现公共利益，允许在支付一个经过客观评定的价值标准之后，该项权利向妨害人转移。具体内容参见[美]吉多·卡拉布雷西、A. 道格拉斯·梅拉米德：《财产规则、责任规则与不可让与性：一个权威的视角》，明辉译，载《哈佛法律评论·侵权法学精粹》，徐爱国编译，法律出版社2005年版，第279页。

[2] 比如，我国《土地复垦条例》第10条规定了多种土地损毁类型，该条规定：“下列损毁土地由土地复垦义务人负责复垦：(一)露天采矿、烧制砖瓦、挖沙取土等地表挖掘所损毁的土地；(二)地下采矿等造成地表塌陷的土地；(三)堆放采矿剥离物、废石、矿渣、粉煤灰等固体废弃物压占的土地；(四)能源、交通、水利等基础设施建设和其他生产建设活动临时占用所损毁的土地。”

承担土地复垦义务，可以在增强专业性的同时实现规模效应，减少社会整体复垦成本，增进土地复垦效果。

（二）矿业权行使土地损毁第三方治理的可行性

规制矿业权行使导致的土地损毁，引入第三方治理制度具有现实可行性，这可以从以下三个方面归纳：

1. 政策支持。中国共产党第十八届中央委员会第三次全体会议通过的《中共中央关于全面深化改革若干重大问题的决定》中首倡“推行环境污染第三方治理”，《国务院办公厅关于推行环境污染第三方治理的意见》（国办发〔2014〕69 号）（以下简称《意见》）预期“推动建立排污者付费、第三方治理的治污新机制，不断提升我国污染治理水平”。据此，我们不能狭义地将第三方治理制度理解与解释为仅适用于环境污染治理的制度，而应当从广义上理解为“环境污染第三方治理”机制是在整体环境问题治理领域引入的治理新模式，正如《意见》提出，“第三方治理是推进环保设施建设和运营专业化、产业化的重要途径，是促进环境服务业发展的有效措施。”况且，根据我国《土地复垦质量控制标准》（TD/T1036—2013）对土地损毁类型的划分，土地污染是土地损毁的构成部分。因此，推行矿业权行使中土地损毁的第三方治理在我国有政策依据，是我国当前正着力推行的环境损害治理新机制的有机构成部分。

2. 法律依据。我国 2015 年 1 月 1 日开始实施的《环境保护法（修订案）》第 5 条规定：“环境保护坚持保护优先、预防为主、综合治理、公众参与、损害担责的原则。”第 6 条第 3 款规定：“企业事业单位和其他生产经营者应当防止、减少环境污染和生态破坏，对所造成的损害依法承担责任。”该规定突破了传统“谁污染，谁治理”或“污染者治理”原则，而是采纳“损害担责”原则，提供了一种开放式的责任承担方式——污染者、环境损害者既可以自己去承担环境治理责任，也可以通过市场付费，购买专业服务替代履行环境治理责任。《环境保护法》为矿业权行使土地损毁导致的土地侵权责任承担中引入第三方治理，提供了法律依据。

3. 经验启示。以美国页岩气开发中较为成功地控制环境风险、实现较高的矿地复垦率为例。美国成功实现页岩气大规模商业开发，关键在于各类产业角色的合理分工以及形成高度竞争的市场环境，其多元投资与专业化分工相结合的开发体制调动了包括风险投资、技术研发、上游开采、基础设施投入、市场开发、终端应用等各方面的积极性，系统完善且执行到位的监督体制保证了页岩气开发快速而有序。[1] 我国也可以充分借鉴美国经验，在页岩气勘探开发的各个环节，包括矿业权行使导致土地损毁过程中的土地复垦环节引入专业服务公司，以更有效引入第三方治理，实质推动土地复垦和土地权益救济。

二、我国现行第三方治理制度资源之梳理与检讨

我国《中共中央关于全面深化改革若干重大问题的决定》首次明确规定要“推行环境污染第三方治理”以推动生态文明建设，随后国务院出台专门的《国务院办公厅关于推行环境污染第三方治理的意见》进一步明确系统地规定了环境污染第三方治理的具体要求与制度内涵。除了 2014 年修订的《环境保护法》规定的“损害担责”原则可以被解释为提供了环境污染第三方治理的制度根据之外，我国还有一些制度资源可以作为推动矿业权行使中土地损毁第三方治理的依据。这些制度中，既有一般的环境法律制度，也有专门针对土地复垦的制度，从节省制度创新成本的角度考虑，我们在讨论专门的制度建构之前，需要对既有制度资源进行梳理与检讨。

（一）环境代履行制度之适用与弊端

环境法律体系中的代履行制度可以视为环境污染第三方治理制度的雏形，其意指环境违法者不履行整治恢复的环境义务，经各级人民政府或者授权的相关职能部门责令限期改正，逾期仍拒不整治恢复的；或者违法者虽然进行了整治恢复，但整治恢复不符合国家的有关规定，即处置不当或者延迟处置的，环保部门有权对上述违法者产生的污染与破坏环境的行为按照国家有关规定代为实施整治恢复或指定有治理能力的单位代为治理，所需费用由违法者承担。无论是我国 1989 年的《环境保护法》还是 2015 年开始实施的《环境保护法（修订案）》，均没有规定

[1] 肖钢、唐颖编著：《页岩气及其勘探开发》，高等教育出版社 2012 年版，第 216 页。

环境代履行制度,相关规定仅散见于一些单行法规定中,法律概念也不统一。这些立法例包括:《固体废物污染环境防治法》第 55 条规定的“代处置”,《草原法》第 71 条规定的“代为恢复”,《水污染防治法》第 85 条规定的“环境保护主管部门可以指定有治理能力的单位代为治理”,《森林法》第 39 条规定的“代为补种”,《放射性污染防治法》第 56 条规定的“代处置”,以及《城市市容和环境卫生管理条例》中的强制拆除、《河道管理条例》中的强制清除、《防洪法》中的代为恢复原状、《水土保持法》中的强制治理。[1]

现有的环境代履行规范适用于规制矿业权行使土地损毁侵权时,存在不少内生困境:(1)就制度性质与逻辑考察,现行的环境代履行制度并不是一项基本环境法律制度,并没有被规定在被界定为环境基本法的《环境保护法》(1989 年)和《环境保护法(修订案)》(2014 年)中,“环境代履行制度”是对散见于《固体废物污染环境防治法》中规定的“代处置”和《水污染防治法》中规定的“代治理”等的学理总结,不能扩大适用于所有环境污染防治领域,在具体的环境问题治理领域能否适用需要专门讨论。(2)从制度内容来看,我国虽然在上述梳理的一些单行法中规定了在各种领域名称各异、形式多样的环境代履行制度,但均只是简略规定了一种代履行的制度模式,即赋予环保行政机关针对某一事项,有权委托或指定第三人代为履行,费用由义务人承担,除此之外均未见具体明确的制度确定内涵、运行程序与权责分配的规定。(3)从制度运行绩效来看,现实中由于环境代履行制度存在权力主体不明确不统一、催告程序缺失或不统一以及履行费用缴付缺乏保障等内生弊端,[2]这在没有明确的法律依据和具体程序规则的情况下,若贸然适用则容易引发行

---

〔1〕 对我国当前环境单行法中规定的表述各异的环境代执行制度立法例的梳理,参见刘超:《管制、互动与环境污染第三方治理》,载《中国人口·资源与环境》2015 年第 2 期;刘超:《断裂与耦合:环境执法语境中的代执行制度与限期治理制度》,载《政法论丛》2007 年第 6 期。

〔2〕 对环境代执行制度在我国运行现状困境的梳理,还可参见竺效、丁霖:《论环境行政代履行制度入〈环境保护法〉——以环境私权对环境公权的制衡为视角》,载《中国地质大学学报》(社会科学版)2014 年第 3 期。

政相对人的质疑,故而现实中该制度并不被环境行政执法人员所偏好。

(二)土地复垦污染代为治理制度之范围狭窄

我国《土地复垦条例》第 40 条规定了土地复垦污染代为治理制度,[1]针对土地复垦义务人在履行土地复垦义务时,将重金属污染物或者其他有毒有害物质用作回填或者充填材料的情形,逾期不采取治理措施的,由环境保护主管部门指定有治理能力的单位代为治理,所需费用由违法者承担。

首先必须承认,《土地复垦条例》第 40 条规定的代为治理制度,有利于土地复垦制度的实施,但也存在一些弊端:(1)该规定在制度逻辑上是前述我国环境代履行制度在土地复垦领域的体现,是具体针对土地复垦行为实施时导致的环境污染进行的规定,其制度理念与制度逻辑遵循的是环境代履行制度,因此,前述已归纳的环境代履行制度存在的内生缺陷在土地复垦污染代为治理制度中同样存在。(2)该规定不是针对土地复垦义务履行而规定的环境代履行("代为治理"),而是针对土地复垦义务履行过程中导致的环境污染而规定的"代为治理"。就立法目的而言,该制度是为了代为治理土地复垦过程中因为不当使用土地复垦所需的回填或充填材料导致的环境污染,而不是对土地复垦本身。(3)从我国《土地复垦质量控制标准》(TD/T1036—2013)规定的土地损毁类型来看,土地损毁至少包括挖损土地、塌陷土地、压占土地和其他(污染土地)等几种类型,但《土地复垦条例》第 40 条规定的土地复垦污染"代为治理"制度则将其适用对象和范围限缩于"其他(污染土地)"这一类型的土地损毁,从条文解释角度,则其他类型的土地损毁不能适用代为治理制度。这就使即使能够在规制矿业权行使土地损毁行为时适用带有第三方治理性质的"代为治理"制度范围极为狭窄,不能适用于规制所有土地损毁行为类型。

---

[1] 《土地复垦条例》第 40 条:"土地复垦义务人将重金属污染物或者其他有毒有害物质用作回填或者充填材料的,由县级以上地方人民政府环境保护主管部门责令停止违法行为,限期采取治理措施,消除污染,处 10 万元以上 50 万元以下的罚款;逾期不采取治理措施的,环境保护主管部门可以指定有治理能力的单位代为治理,所需费用由违法者承担。"

三、页岩气开发中土地损毁第三方治理制度的具体展开

前述内容论证了在我国现行的政策系统与法律制度体系中，对矿产资源开发导致的土地损毁进行土地复垦适用第三方治理制度的必要性和可行性。当前我国制度体系已经为矿业权行使中土地损毁第三方治理提供了法律依据和制度雏形，但在制度实施理念与具体构成上均存在着诸多内生困境，应当结合当前我国推进的环境污染第三方治理政策体系和矿地复垦的特殊需求，具体展开对页岩气开发过程导致土地损毁进行第三方治理的制度设计。

（一）完善环境代履行制度的效力层次与制度内涵

我国当前正致力于高规格推动环境污染第三方治理，宏观政策必须落实于具体法律制度。《意见》系统规定了推进第三方治理的政策体系，同时也直陈我国第三方治理“还存在体制机制不健全，法律、政策有待完善等问题”。为节省制度创新成本，在系统构建第三方治理制度体系时需要充分借鉴现行的制度资源。我国当前制度体系中环境代履行制度最能契合环境污染第三方治理政策所贯彻的“排污者通过缴纳或按合同约定支付费用，委托环境服务公司进行污染治理的新模式。”因此，需要从我国当前环境问题第三方治理政策体系的精神原则和制度内在逻辑的角度，完善我国的环境代履行制度。针对前述制度弊端，笔者建议从制度效力层次与具体构成上完善我国现行环境代履行制度体系，以更有效发挥其在土地复垦中的制度功能。

1. 系统规定环境代履行制度。环境污染第三方治理已被规定为我国加快生态文明制度建设的重点任务，在制度效力上应当作为一项基本的环境法律制度，在制度构成与程序上应当明确且具有可执行性。但作为我国环境保护基本法的《环境保护法》并没有规定该项制度，《行政强制法》在“行政机关强制执行程序”中第 50 条至第 52 条规定了代履行制度的内涵和程序，但并未规定代履行的具体费用承担规则。前述列举的一些环境单行法虽然规定了代履行制度，但其概念、内涵、适用对象与程序上的规定既不明确也不统一。因此，在修订后的《环境保护法》已于 2015 年 1 月 1 日开始实施，短期难以启动法律修改的背景下，建议出台

专门的法规规章规定环境代履行制度,与《行政强制法》的规定相衔接。在专门的代履行制度立法中,应当完善的制度内涵包括:明确代履行的主体是行政机关或无利害关系的第三人,明确规定代履行的程序,将催告程序前置予以明文规定,并对不需要催告程序的例外规定进行明文列举式的规定,以催告程序来保障私权,限制公权。[1]

2. 提升环境代履行的制度效力层次,扩展环境代履行制度的适用范围。我国当前仅在一些环境单行法中针对不同的环境要素污染防治,适用名称、内涵与程序不尽统一的环境代履行制度,且其制度效力层次与适用范围均存在不足。当前的环境单行法所规定的环境代履行制度的性质与定位可以概括为两个方面:(1)在制度性质上基本将环境代履行制度设定为限期治理制度的后续制度与保障制度,当限期治理制度没有能有效起到环境整治恢复作用时,代履行制度才能进一步保障其制度预期实现。质言之,环境代履行制度的实施是以限期治理制度的实施并且不能发挥预期作用为前提。(2)将环境代履行制度界定为环境义务主体不履行环境保护义务的法律责任制度,典型如《土地复垦条例》第40条的规定,当土地复垦义务人实施了环境违法行为且不履行治理义务时,才适用环境代履行制度。总之,上述两种语境下的环境代履行制度仅仅将环境代履行制度作为一种事后补救制度,没有彰显该制度的独立性意义,同时也是在一种消极预防的意义上适用该制度。在我国当前已经通过出台专门政策将环境污染第三方治理作为环境污染治理新模式的政策背景下,应当赋予环境代履行制度独立地位,发挥其积极环境风险预防的功能,规定其为一项基本的环境问题治理法律制度。

具体到页岩气开发的土地复垦领域,在环境问题第三方治理视阈下环境代履行制度的意义表现在:(1)只有在专门的立法中统一地系统地规定环境代履行制度的内涵、程序与适用范围,才能使《土地复垦条例》中规定的土地复垦代履行制度既能与《行政强制法》等相关规定衔接,充分利用现有制度资源,也才能明晰土地复垦代履行的具体内涵、适用

[1] 竺效、丁霖:《论环境行政代履行制度入〈环境保护法〉——以环境私权对环境公权的制衡为视角》,载《中国地质大学学报》(社会科学版)2014年第3期。

范围、对象与程序。(2)土地复垦代履行不能仅作为一项消极的事后补救制度,换言之,不能将其定位成仅当土地复垦义务人不履行土地复垦义务时才启动的、苛责土地复垦义务人履行土地义务的强制执行程序。在当前的政策导向下,土地复垦代履行应当作为一项基本的、经常适用的制度,是《土地复垦条例》应当允许甚至是鼓励的、土地复垦义务人可以自由选择的一种履行义务的形式。申言之,基于页岩气开发过程对比常规油气资源开发会导致更为频繁与严峻的土地侵害,土地复垦制度不能仅作为一项页岩气矿业权主体在土地损毁事后承担的补救制度,而应当作为一种经常适用的、伴随页岩气开发全过程的过程控制制度。(3)土地复垦代履行也不能如现行规定仅能适用于治理土地复垦义务人将重金属污染物或者其他有毒有害物质用作回填或者充填材料导致环境污染这一过于狭窄的范围,而应当适用于整体土地复垦义务所针对的所有土地损毁类型,页岩气矿业权主体需要对其导致的所有土地损毁类型承担土地复垦义务。

(二)土地复垦制度实施的市场体系系统构建

如前述内容梳理,我国以《土地复垦条例》为代表的法律规范规定的土地复垦制度体系的内在逻辑秉持行政管制模式,以环境行政管理设定预期目标和制度路径为主线。实践证明,当前管制模式下的土地复垦制度的实施过于依赖行政监管措施,忽视了调动义务主体和社会公众的积极性,难以充分因应矿产资源开发中的土地损毁现象。而第三方治理模式则能高度契合环境问题治理思维与路径从管制模式向互动模式的更新,使得现实中频发的土地损毁的治理不只依赖于行政管制措施的运行,而是要求在尊重行为人自利倾向和效益追求的基础上,充分重视市场手段的运用。

一般的环境问题治理的市场制度工具包括污染者付费、排污权交易、环境税、环境保护合同、环境保险、绿色市场等,这些经济激励方法被认为是克服环境行政规制的弊端、促进环境规范内面化的重要手段。[1]

---

〔1〕 对于环境规范内面化的分析,可参见[日]黑川哲志:《环境行政的法理与方法》,肖军译,中国法制出版社2008年版,第25~26页。

具体到土地损毁第三方治理领域,笔者认为完善的市场制度体系至少应当重视以下三个方面的内容:

1. 区分土地复垦对象,有针对性引入环境问题第三方治理模式。我国《土地复垦条例》第2条划分了土地复垦对象的两大类型,分别是生产建设活动损毁的土地和自然灾害损毁的土地。自然灾害损毁的土地和生产建设活动损毁土地导致的历史遗留损害土地,均由县级以上人民政府负责组织复垦。根据《意见》的规定,"对以政府为责任主体的城镇污染场地治理和区域性环境整治等,采用环境绩效合同服务等方式引入第三方治理。鼓励地方政府引入环境服务公司开展综合环境服务。"我国自然灾害损毁的土地和生产建设活动损毁土地导致的土地损毁复垦任务艰巨,同时也潜力巨大。据相关部门粗略估计,截至2013年,我国历史遗留损毁土地和自然灾害损毁土地约1.3亿亩,需要各级政府支付巨额财政资金。《土地复垦条例》第23条概括规定要"吸引社会投资进行复垦",而《意见》所提出的采用环境绩效合同服务等方式引入第三方治理,则可以为政府需要承担的损毁土地复垦提供具体的第三方治理形式。

采取绩效合同管理要结合实际建立清单制度,从第三方参与、权责分配、市场开放和目标优化等方面细化与规范,保证有足够的环境污染治理项目。同时,要保证这些项目由最合适的第三方承接,并保证治理实效。[1] 从环境问题的源头治理理念出发,更为重要的是完善生产建设活动损毁土地的第三方治理的市场模式。《土地复垦条例》第2条所规定的"谁损毁,谁复垦"的原则应当在《环境保护法》第6条规定的"损害担责"原则指导下进行内涵拓展,不再要求土地复垦义务人自行承担土地复垦义务,而应当根据《意见》的精神原则,由土地损毁行为人通过缴纳或按合同约定支付费用,委托环境服务公司进行治理,并使之成为一种常态治理模式。具体到矿业权行使中的土地损毁复垦领域,矿山企业可以根据其导致的土地损毁的类型及不同类型损毁土地的复垦需求,

[1] 对环境绩效合同服务的内涵以及其与以往的合同管理相比具有的优势的具体分析,可参见刘喆:《新常态下的"第三方治理"》,载《中国建设报》2015年1月23日。

在承担复垦费用的前提下,委托第三方治理企业按照合同约定进行专业化治理。政府在这种情形下只需要发挥引导和监督作用,委托方与受托方之间签订的具体协议内容以及相关之间的权利义务关系,则应当完全遵循市场化运作方式。

2. 划分第三方治理模式,厘清其对应的责任分配机制。第三方治理有委托治理服务型与托管运营服务型两种模式。委托治理服务型模式主要是指排污企业与环境服务公司签订委托服务合同,委托环境服务公司建设、运营和维护污染处理的基础设施,并且向环境服务企业支付一定服务费;托管运营服务型模式是指排污企业以签订托管运营合同的方式,委托环境服务公司对已建成的污染治理设施进行运营管理、维护及升级改造等,并按照合同约定支付托管运营费用。[1] 两种模式本身及其对应的环境问题治理法律责任的区别可以概括为:(1)治污设施产权上的差别,委托治理服务型模式下环境服务公司享有治污设施的全部或部分产权,托管运营服务型模式下的环境服务公司不拥有产权,只接受排污企业托管,负责其治污设施运营管理;(2)环境服务内容上的差别,委托治理服务型模式下环境服务公司提供的第三方环境服务的内容包括环境问题治理的人才、技术、设施设备等多个方面,而托管运营服务型模式下环境服务公司提供的第三方环境服务的仅包括技术人才。因此,从上述比较可知,虽然两种模式各有特色,无所谓高下,排污企业可以根据其现实需求自由选择,但相较于托管运营委托治理服务模式下第三方不享有治污设施的产权、提供的环境服务仅限于专门人才和技术等内容,委托治理服务模式下环境服务公司提供的第三方环境服务的内容是全方位的,更能应对越来越专业化的环境治理需求,也有助于提高环境问题治理的专业效率,培育和催生环保产业的迅速发展。因此,笔者建议需要在较为简单的环境问题治理中引入托管运营服务型第三方治理,除此之外,从促进环保产业发展和增强环境服务专业性的角度出发,应当大力发展委托治理服务模式。

具体到矿产资源开发中的土地复垦领域。当前,国际上矿地损毁土

---

[1] 骆建华:《环境污染第三方治理的发展及完善建议》,载《环境保护》2014 年第 20 期。

地的复垦率已达50%~70%，美国因采矿业破坏的土地复垦率达到85%以上，德国土地复垦率超过了90%，远高于我国15%左右的矿地复垦率。[1] 国外发达国家在生产建设活动和矿产资源开发中也曾导致严峻的土地损毁现象，但现在土地复垦工作已取得良好成效，可资借鉴的经验除了制定严格的完善的土地复垦法律体系、健全的土地复垦工作机构以及多渠道保障土地复垦资金之外，还包括在土地复垦工作实施过程中引入完善的市场机制。发达国家倾向于将土地复垦作为一项独立项目，而不是附属于矿业权行使，在政府监督下由矿山企业或专业复垦设计工程公司实施。很多矿山企业通过招标等方式将土地复垦任务委托给专业土地复垦公司，这些专业公司可以平衡最大社会功能与最小项目费用，根据目标土地条件做专业复垦工程设计。[2] 美国"页岩气革命"的成功经验之一是在页岩气产业发展的多个环节引入不同类型的公司参与。因此，在我国当前也可以引入专业的土地复垦服务公司作为第三方治理页岩气矿业权行使中导致的土地损毁问题，以推进页岩气矿业权行使中土地复垦设施建设和运营的专业化、产业化。

3. 第三方治理市场配套制度的构建与完善。有论者概括了在我国当前制度约束下推行环境污染第三方治理存在责任转移障碍、税收障碍、融资障碍、技术障碍和经济风险等困境。[3] 因此，推进土地复垦领域的第三方治理是一个系统工程，除了在宏观层面推进第三方治理市场机制建设，还需要有系列配套制度以强化政策引导支持、保障市场健康有效运行。这些配套制度可以概括为以下几类：(1)完善《土地复垦条

---

〔1〕 根据2009年相关资料统计，矿山建设和开发占地面积达1.35万平方千米，40多个矿城出现地面塌陷，土地损毁比较严重，矿山废弃物的堆积达220多亿吨。参见徐绍史：《积极稳妥推进国土资源管理制度改革　提高统筹保障发展保护资源能力——在推进土地管理制度改革研讨班上的报告》，载《国土资源通讯》2009年第17期。

〔2〕 刘伟：《美国土地复垦工程范例及其启示》，载《国土资源科技管理》2003年第4期。

〔3〕 具体分析可参见骆建华：《环境污染第三方治理的发展及完善建议》，载《环境保护》2014年第20期；还有论者从污染治理责任转移存在问题、市场配置资源决定性作用远未发挥出来、环境污染治理的价格体系尚未形成、环境监管和服务体系有待完善和农村环境污染专业化治理较少介入等几个方面梳理了我国当前推行环境污染第三方治理面临的问题，参见葛察忠、程翠云、董战峰：《环境污染第三方治理问题及发展思路探析》，载《环境保护》2014年第20期。

例》及其配套法规规章中对土地复垦义务人的义务履行方式的规定,使“谁损毁,谁复垦”的义务履行方式多样化,为第三方土地复垦提供明确的法律依据。(2)注重政策和制度的激励功能,在制定和完善相关政策与规章制度时,为第三方治理制定税收优惠制度、环境污染责任保险制度、环境服务公司诚信档案制度等配套制度。(3)明确第三方治理情形下环境法律责任的承担机制。第三方治理法律关系中,排污者支付费用由专业环境服务公司来代为履行环境治理义务,但若经过第三方治理仍然没有达标,相应法律责任存在争议。根据现行法律法规,第三方治理通过服务合同的形式实现,但合同的签订并不当然将治污的法律责任转移到治理公司,只要出现违法违规的行为,第一责任人仍然是排污企业(尤其是环保治理设施以委托或托管运用方式交由环境服务公司的情况),治污企业仅需承担合同义务。[1] 现行环境法律体系是以“自己责任”为内在价值判断展开法律责任制度设计的,对排污企业转移污染治理责任缺乏明确规定。当全面推行第三方治理机制时,环境政策层面引入污染治理的新模式,同时也在传统环境污染治理法律关系的基础上对责任原则、责任主体、政府地位等方面作出了重大变更,[2] 拷问了现行的环境法律责任承担机制。若仍然在“谁污染,谁治理”的理念下由排污企业承担责任,则会打击排污企业选择第三方治理方式的积极性;若将法律责任全部转移给第三方治理企业,则又会增加环境服务公司的法律风险,限制第三方治理企业及环境服务市场的健康快速发展。针对法律责任配置新问题,《意见》也提出应当“抓紧出台第三方治理的规章制度,对相关方的责任边界、处罚对象、处罚措施等作出规定”。

(三)构建我国第三方治理面向的土地复垦基金制度

矿产资源开发必然伴随土地损毁现象。我国从20世纪80年代才开始重视土地复垦制度建设,在此之前已累积大量的土地损毁问题。在

---

[1] 葛察忠、程翠云、董战峰:《环境污染第三方治理问题及发展思路探析》,载《环境保护》2014年第20期。

[2] 周珂、史一舒:《环境污染第三方治理法律责任的制度建构》,载《河南财经政法大学学报》2015年第6期。

土地复垦法律制度逐渐完善后，该现象依然严峻。土地复垦工程需要专业的技术、人才、设施设备及大规模资金，矿山企业若自行设计建造土地复垦设施承担复垦义务，则可能因为专业技术能力和人才的欠缺及资金缺口而难以充分履行；矿山企业若支付费用引入专业第三方治理企业替代履行土地复垦义务，则基于矿产资源开发导致的土地损毁的程度严重、范围广泛以及类型多样性等现实问题，第三方治理企业往往缺少达标的治理设施、无法实现治理目的。在此情况下，构建专门的土地复垦基金制度尤为必要，这可以为治理土地损毁这种大规模环境损害引入第三方治理机制及其健康发展提供资金保障。

我国当前的土地复垦制度体系中仅规定有土地复垦费、土地复垦保证金以及损失补偿费，并未规定土地复垦基金，总体而言，我国土地复垦资金来源狭窄、数额难以满足现实需求。从保障与推动土地损毁第三方治理的角度出发，我国需构建的土地复垦基金制度应当包括：

1. 土地复垦基金适用对象的拓展。当今世界，美国构建了卓有成效的土地复垦基金制度，其在 1977 年颁布的《露天采矿与复垦法》为土地复垦基金提供了明确的法律依据。该法律规定：新建和正在开采矿山由开采企业履行社会责任，100% 自主修复；废弃矿山由国家承担环境治理责任；废弃矿山环境保护获得资金渠道主要有两个方面：州政府财政支付和联邦政府的超级基金（又被称为“土地复垦基金”）。[1] 申言之，美国的土地复垦基金仅适用于废弃矿山的土地复垦，在我国即为生产建设活动中历史遗留的损毁土地的复垦。而本研究建议，从矿业权行使中土地损毁的致害范围广泛、土地复垦专业人才技术和设施设备投入资金需求巨大等角度考虑，为了培育土地损毁第三方治理市场，土地复垦基金适用的对象应当包括所有土地损毁类型。

2. 土地复垦资金来源。应系统构建多元化的土地复垦基金来源渠道，除了有中央财政引导性资金，还可以借鉴美国经验，制定规则要求每个矿业权人每年向储备机构支付一定数量的资金，或要求矿业权人提供

---

〔1〕 宋蕾：《美国土地复垦基金对中国废弃矿山修复治理的启示》，载《经济问题探索》2010 年第 4 期。

抵押品或其他形式的担保。[1] 同时，充分调动社会资本投入生态环境保护的积极性，吸纳社会资金成为土地复垦基金的重要来源，并实现滚动发展与增值。

3. 土地复垦资金使用。当土地复垦义务人自行复垦没有履行土地复垦义务时，政府可以使用土地复垦基金进行复垦，并抵补矿业权人在复垦任务中应承担的保证金。同时，土地复垦基金应重点用于支持土地复垦第三方治理企业的发展，可以采取无息或低息贷款方式优先贷款给从事土地复垦服务的企业，以支持其研发专业技术、培养专业人才以及购买土地复垦工程需要的设施设备，贷款周期要充分兼顾土地复垦项目的周期需求。同时，还应当对接受委托承担自然灾害损毁土地与历史遗留损毁土地的复垦项目的第三方治理企业，提供倾斜性的资金支持。

四、结语

我国现行的法律体系重视了矿产资源开发中的土地复垦制度，矿业权人在行使权利过程中也要履行土地复垦义务。但我国现行法律制度对矿业权行使导致的土地毁损现象的治理，秉持的是一种管制模式下的制度路径。土地复垦是矿业权人行使权利时需要履行的一项法定义务，土地复垦义务的实施、验收与绩效评估依赖于行政机关的监管，该制度忽视了矿区土地上其他权利主体的互动参与，也实质上遮蔽了因为矿地损毁而遭受土地侵权的其他类型主体权利。就现实中的土地复垦制度实施绩效来考察，效果也不甚明显。由此，制度困境的突破口在于，需要从根本上矫正当前的矿业权行使土地损毁行为的规制思路与制度路径，将管制模式更新为互动模式，而我国当前正在积极推进的环境污染第三方治理制度则为这种更新提供了具体的制度路径。矿业权行使中土地损毁的第三方治理既有现实迫切需求，也存在现实可行性。在充分借鉴与更新既有的制度资源的基础上，我们应当从完善环境代履行制度的效

---

〔1〕 于左：《美国矿地复垦法律的经验及对中国的启示》，载《煤炭经济研究》2005 年第 5 期。

力层次与制度内涵、系统构建土地复垦制度实施的市场体系以及构建我国第三方治理面向的土地复垦基金制度等层面,全面推进页岩气开发中土地损毁的第三方复垦制度的系统完善与有效实施。

第五章　页岩气矿业权制度设计之缺陷与完善

页岩气开发已被纳入我国战略性新兴产业，我国通过出台政策、科技攻关、技术创新、探矿权招标出让和加强对外合作等综合措施推动页岩气勘探开发，但实践中页岩气勘探开发工作进步缓慢，现实进展与理想目标之间存在鸿沟。自然因素与制度缺陷共同导致了当前的页岩气勘探开发现实困境，页岩气开发中存在的环境风险、技术“瓶颈”和矿权重叠仅为制约因素而非决定原因，问题关键在于我国当前的页岩气特许权制度的缺陷。我国现行的页岩气探矿权的制度设计难以为矿权人提供足够的动力机制和行为激励。

我国页岩气特许权在制度逻辑上具有公权私权复合性、资源配置功能和相对于矿产资源所有权的附庸地位等特性。在我国现行的《宪法》《物权法》《矿产资源法》等相关法律确定的页岩气特许权制度逻辑下，页岩气特许权制度实施存在诸多困境，例如设置页岩气特许权中的主体身份歧视、页岩气特许权制度对权利行使全过程控制的疏忽以及对页岩气特许权人权利保障的阙如。推动页岩气产业的健康快速发展，必须在剖析页岩气特许权制度逻辑内生缺陷的基础上，有针对性重视与改造页岩气特许权的制度设计。

第一节　页岩气特许权的制度逻辑

在我国面临经济持续高速发展对能源需求量的快速增长和日益严

重的资源短缺之间产生矛盾的严峻情势下,我国从 2011 年启动页岩气产业发展至今,已开发的页岩气能源不但未能形成完善的页岩气市场,亦未根本改变我国能源结构中石化能源的比例,相较而言,美国从 21 世纪初推动大规模页岩气商业开发至今,页岩气的产量增加了 12 倍,现在已占国内天然气总产量 25%。[1] 概言之,页岩气开发的缓慢进展与我国对其战略性新兴产业的定位、系列政策体系的支持和倾斜性资源配置极不协调,由此促使我们反思,为何会出现页岩气开发现状与预期目标的巨大落差? 本项研究预期探究这一现实困境的制度成因,并尝试从制度设计层面提出应对建议。此节将论证页岩气特许权法律制度的内生困境成为我国在推动页岩气大规模商业开发时亟待应对的制度"瓶颈"。

一、页岩气产业发展困境的制度归因

针对我国页岩气产业发展停滞不前的困境,既有研究主要从我国页岩气资源埋藏较深、分布分散、关键技术滞后和页岩气开发会引致多种类型的环境风险等角度归纳。既有的自然科学研究已揭示我国页岩气开发存在资源禀赋的约束、技术"瓶颈"的障碍以及环境风险的影响,这固然是阻碍我国页岩气产业发展的重要原因,但是,这些自然因素并不足以构成我国页岩气产业发展缓慢的关键制约因素,因为这些客观的自然因素是页岩气作为一种非常规天然气自身的成藏机理、富集规律及其勘探开采技术需求决定的。页岩气开发中的自然制约与技术需求在全球页岩气储量丰富国家具有共通性,而美国"页岩气革命"的成功恰恰是因为其通过制度设计有效地克服页岩气开发中的自然制约因素,实现页岩气大规模商业开发,波兰也正积极推行全面制度创新以应对页岩气开发中的客观约束。因此,笔者认为,阻滞我国页岩气产业健康快速发展的关键症结不在于具有全球共通性的自然因素制约,而在于我国的制度体系并不能够提供卓有成效的保障与激励机制。

[1] Joseph P. Tomain, "Shale Gas and Clean Energy Policy", *Case Western Reserve Law Review* 63, 2013, pp. 1187 - 1215.

法律角度的研究,应当立足于梳理与检讨现行的制度体系是否为页岩气矿业权主体提供足够的技术创新动力、是否有稳定的权益保障机制以激励开发投入,以及是否有完备的环境风险预防制度设计以避免矿业权主体陷入不确定的法律风险,但当前这样的研究较为鲜见。既有的法律制度研究主要从以下四个方面展开:(1)从宏观法律制度体系层面概括归纳页岩气开发提出的法律制度需求。[1] (2)从域外比较的视角研究美国等国家的页岩气开发保障与规制法律制度。美国"页岩气革命"的成功使其制度经验被全球重视,我国在页岩气领域的比较研究也多以美国页岩气开发中法律制度经验为分析样本,而这些研究又以引介、分析与借鉴美国的页岩气开发环境法律风险规制制度为主。[2] (3)从中观的环境法律层面重点研究页岩气开发环境风险法律规制制度。有研究检讨了我国现行环境法律制度体系在规制页岩气开发环境风险中存在专门立法空白、环境风险管理的制度与措施存在间接性、零散性等弊病,进而有针对性提出制度完善建议;[3]也有研究考察页岩气开发中某一个具体的环境要素(水资源)的资源保护与污染防治的法律制度。[4] (4)从微观的环境法律制度层面,研究页岩气开发中的环境风险法律治理,比如,剖析我国页岩气勘探开发中环境信息公开制度存在的疏漏与缺位,或探究页岩气开发中的税费法律制度。[5]

总体而言,前述不同角度的研究较为系统地揭示了页岩气开发可能引致的环境风险,梳理了我国现行可赖以规制页岩气开发环境风险的环

---

[1] 孙增芹、韩颖:《低碳视野下我国页岩气法律制度构建研究》,载《生态经济》2015 年第 4 期;杨敏:《我国页岩气开发管理法律制度研究》,中国政法大学 2012 年硕士学位论文;王威:《中国页岩气资源开发管理的法律制度研究》,中国地质大学(北京)2012 年硕士学位论文。

[2] 杜群、万丽丽:《美国页岩气能源开发的环境法律管制及对中国的启示》,载《中国政法大学学报》2015 年第 6 期。

[3] 刘超:《页岩气开发中的环境风险法律规制:一个初步分析框架》,载《中国地质大学学报》(社会科学版)2013 年第 4 期。

[4] 韩兴旺、肖国兴:《页岩气开发中的水资源法律与政策研究》,载《西安交通大学学报》(社会科学版)2015 年第 4 期。

[5] 杨洪波、彭民、张彦明:《页岩气资源开发环境影响的税费政策》,载《生态经济》2015 年第 12 期。

境法律制度体系,在检讨我国现行法律制度绩效与比较美国等环境风险规制法律制度经验的基础上,提出了完善我国页岩气开发环境风险法律规制的制度建议。但仅此不够,因为页岩气作为非常规天然气是一种矿产资源,是自然资源的构成部分,既产生生态价值又产生经济价值,其生态服务功能主要由环境法中的污染防治法律制度体系保护与调整,而自然资源功能则同时由矿产资源法律体系与物权法律体系调整。前述研究重视的是页岩气作为矿产资源的生态价值,是从预防页岩气开发造成的环境生态风险角度切入的法律规制思路,某种意义上,对于页岩气产业发展的法律保障机制是一种被动的防御性的法律规制路径。概言之,重视页岩气作为自然环境要素的构成部分以发挥其生态功能,需要从环境法律(污染防治法与生态保护法)层面重视规制页岩气矿业权主体在行使权利过程中引致的环境风险;重视页岩气作为自然资源以发挥其经济功能,需要从物权法、自然资源法层面重视保障页岩气矿业权主体的权益。我们固然要重视完善法律制度以完善页岩气开发中环境风险的法律规制,但具体到我国的制度语境与现实情境中,页岩气产业发展停滞不前的原因却是页岩气矿业权制度存在的诸多内生困境,使页岩气矿业权主体所享有的权利存在物权效力不充分、权利内容不完善、动力机制不足与措施激励不够等弊端。因此,从法律制度层面解决我国页岩气开发难题,亟待研究页岩气矿业权制度设计中的困境。

既有研究从内外两个角度研究了我国当前的页岩气矿业权制度设计存在的内生困境:(1)从内生困境角度,我国当前的页岩气特许权制度设计存在主体身份歧视、页岩气特许权制度对权利人行为全过程控制的疏忽以及对页岩气特许权人权利保障的阙如等弊端。[1] (2)从外部角度,这些权利制度的内生困境导致页岩气矿业权效力保障不足,在其与矿产资源国家所有权、土地所有权及用益物权、重叠矿业权之间发生冲突时,页岩气矿业权主体的权益不能得到有效保障与实现。进一步考察我国当前页岩气特许权在制度设计上存在的内生困境与外显表现的原因和出路,笔者认为,我国当前页岩气特许权存在的制度困境是我国

[1] 刘超:《页岩气特许权的制度困境与完善进路》,载《法律科学》2015 年第 3 期。

页岩气特许权制度逻辑的投射。申言之，从属于我国现行的自然资源国家所有权、准物权理论与制度体系中的页岩气特许权，已经被规定了权利的来源、性质、效力和内容，而这综合决定了我国现行的页岩气特许权的制度逻辑，页岩气矿业权主体在此制度逻辑下所取得、享有与行使的页岩气特许权，必然会存在上述诸多缺陷。

二、矿业权体系中页岩气特许权特殊性之证成

法律体系规制页岩气产业的逻辑与路径在制度层面首要体现为页岩气权属制度，具体包括页岩气的归属、利用、变更和流转等具体权利结构。如上述分析，矿业权主体在页岩气矿业权的取得、内容、权能等方面存在诸多制度缺陷，这构成制约我国当前页岩气矿业权主体积极进行页岩气勘探开发的障碍。

（一）页岩气特许权的法理依据

在我国法律体系中，一切矿产资源属于国家所有。虽然现行法律体系对于页岩气权属没有明确规定，但从我国物权法的立法目的、价值选择和制度逻辑上归纳，我国法律体系对于自然资源国家所有权是概括性规定。除了法律明确规定属于集体所有的之外，自然资源概括地属于国家所有，由此意味着，未进入立法视野的地热能、页岩气、可燃冰等新型能源以及尚未被人类所熟知的自然资源也当然属于国家所有权的客体。所有权包括两组合法的权利成分：一组以所有者对其财产所拥有的“基本功能控制”为标志，另一组以所有者拥有从交易和开发其财产获得“收入的基本权利”为标志。[1] 在此所有权结构框架中，自然资源国家所有权在结构上可以分为控制所有权和收入所有权，对于矿产资源、用材林等公共性相对较弱的自然资源，国家或全民不仅享有控制所有权，还享有收入所有权。[2] 根据《矿产资源法》第5条规定，“开采矿产资源，必须按照国家有关规定缴纳资源税和资源补偿费”，国家对矿产资源

---

〔1〕［美］克里特斯曼：《财产的神话——走向平等主义的所有权理论》，张绍宗译，张晓明校，广西师范大学出版社2004年版，第36～37页。

〔2〕邱秋：《中国自然资源国家所有权制度研究》，科学出版社2010年版，第193页。

资源的收入所有权主要通过收取资源税和资源补偿费实现；根据《矿产资源法》第11条规定，"国务院地质矿产主管部门主管全国矿产资源勘查、开采的监督管理工作。国务院有关主管部门协助国务院地质矿产主管部门进行矿产资源勘查、开采的监督管理工作。"国家对矿产资源的控制所有权主要通过国家对矿产资源的勘查、开发所实施的管理行为实现。

基于矿产资源具有的公共性和公益性，在实践中，为了更好地开发、利用矿产资源，国家一般将矿产资源的勘查、开采权赋予符合规定资质条件的民事主体。页岩气在突破我国能源危机、替代传统煤炭和石油等能源使用数量、减少传统能源使用的污染排放等方面被寄予厚望，这需要通过广大社会主体获得属于国家所有的页岩气资源的开发利用权，也即页岩气矿业权（包括探矿权和采矿权）的形式实现。矿业权的设立需要行政许可，其内核包括矿业权人向矿产资源行政主管部门要求探矿或采矿的利益要素，有些专家倾向于将其界定为特许物权。特许物权的概念可以参考矿业权、取水权、渔业权和狩猎权等取得，令人对这些经过行政特别许可而生的权利的性质一目了然。[1] 基于此，笔者在遵从立法论上将（页岩气）矿业权界定为用益物权，在解释论上将其界定为"准物权"或特别法上的用益物权的同时，从便于理论阐释和制度梳理的角度，将从特许物权的特性与视角界定并论述页岩气矿业权的性质与取得。矿业特许权应当是一种财产权，财产权的法律配置应当具有的特性包括：第一，以实现对物的使用、占有和转让等的功利最大化；第二，以实现对物的使用、占有和转让等的效率最大化。[2] 该项权利的法律逻辑与具体构成决定性地影响了其是否会对页岩气矿业权主体行使权利产生足够的激励动力。

（二）页岩气特许权的特殊属性

页岩气是一种新型矿产资源，在一般逻辑上，页岩气特许权是矿业特许权的逻辑延伸和具体适用。但是，基于页岩气本身的特殊资源属性

[1] 崔建远：《准物权研究》（第二版），法律出版社2012年版，第25～26页。
[2] ［美］斯蒂芬·芒泽：《财产理论》，彭诚信译，北京大学出版社2006年版，第3～4页。

及其勘探开发提出的特殊制度需求，页岩气特许权不仅是矿业特许权的一般原理与制度在具体领域的适用，也在当前制度实践中突破了既有矿业特许权制度体系所能涵摄的范围，因此对之单独讨论具有理论意义及实践价值。

1. 矿产资源属性

现有的矿产资源法律规范体系构建的基础和调整对象是常规矿藏的勘查、开发利用和保护，而页岩气和致密气、煤层气等非常规天然气，晚近才进入人类生产生活和法律规范的关注视野。页岩气所储存的页岩层具有致密储集和低渗透率等特性，使对其勘查开发对比于常规矿藏在探明可开采资源储量、勘探开发技术等方面的难度更大、要求更高，导致页岩气矿业权人在行使权利中存在更大的风险。因此页岩气特许权的权利配置、风险分配的制度设计要充分因应这一特性。

2. 页岩气探矿权有效期

我国国土资源部（现自然资源部）在两轮页岩气探矿权招标中均规定页岩气探矿权勘查许可证有效期为3年。但页岩气勘探开发工作面临着上述可采资源储量不明、水力压裂与水平钻井技术落后、投入资金需求量大等困境，页岩气探矿权的具体权利内容（包括期限、效力和成本等），成为决定页岩气矿业权主体是否有足够动力投入资金进行技术研发、人才培养并开展实质工作的至关重要的影响因素。从2011年首轮页岩气探矿权招标出让开始计算，页岩气探矿权勘查许可证3年有效期期满后，页岩气探矿权人普遍面临无法完工的困境，[1]因此有必要从权利实施效果的角度对页岩气探矿权制度进行检讨和完善。

3. 页岩气特许权的实现环境

由于共生矿产现象的存在，页岩气作为一种新型非常规天然气，与

---

〔1〕 2011年7月18日，中国石油化工股份有限公司和河南省煤层气开发利用有限公司在国土资源部首轮页岩气探矿权招标出让中，分别中标成为“渝黔南川页岩气勘查区块”和“渝黔湘秀山页岩气勘查区块”的探矿权人。3年勘查期内，两企业均未完成承诺勘查投入，国土资源部要求其按照未完成承诺勘查投入的比例缴纳违约金，并按未完成比例核减相应区块的面积。具体资料可参见李平：《首次招标出让试点的两个页岩气探矿权到期》，载《中国矿业报》2014年11月4日。

常规矿产资源之间存在的资源重叠现象是其鲜明特征，[1]这导致了页岩气矿业权经常与传统油气矿业权重叠。2011 年和 2012 年的两轮页岩气探矿权招标都避开了重叠区块，出让的是空白区块的页岩气探矿权。随着国家对页岩气产业的日渐重视，大量与传统油气资源重叠的页岩气区块也必将纳入勘探开发计划而设置矿业权，如何在矿业权重叠区块配置页岩气矿业权是传统矿产资源法律制度难以应对的新问题，也提出了全新的规则需求。基于上述原因，探析页岩气特许权的制度设计同时具有理论意义和实践价值。

三、页岩气特许权法律逻辑的具体构成

我国当前的页岩气特许权法律逻辑决定了我国页岩气特许权法律制度的内生困境，而这根本上制约了我国页岩气产业健康快速发展。因此，有必要梳理与剖析页岩气特许权的法律逻辑及其具体内涵。

（一）页岩气特许权的公权私权复合性

在我国法律体系中，非所有权人开发利用矿产资源的权利经由行政特许而取得，这种权利从行政法角度被界定为矿业特许权。页岩气特许权在性质上属于矿业特许权，该权利在性质上是公权性质的私权利，具有公权私权复合性。矿业特许权的法律逻辑可以体现在以下两个方面。

1. 现行立法

矿业权被规定于我国《物权法》用益物权编的一般规定中，该法第 123 条规定："依法取得的探矿权、采矿权、取水权和使用水域、滩涂从事养殖、捕捞的权利受法律保护。"从该法律规定可以推导，从立法论角度，矿业权在我国《物权法》的制度语境和权利体系中被定位为用益物

〔1〕 王尔德：《页岩气"猛招"：油企不勘查将被重置矿业权》，载《21 世纪经济报道》2012 年 11 月 20 日。

权。[1] 学界从解释论角度将其界定为"准物权"或特别法上的用益物权。将矿业权等界定为准物权,是从定义上重视了矿业权等权利相比于典型物权存在的特殊个性,但这些个性以与典型物权存在共性、符合物权基本属性为前提。将矿业权等权利界定为特别法上的用益物权,是从规范法源角度重视了该权利的具体内容主要由《矿产资源法》等特别法予以专门规定的立法现状。《物权法》用益物权编第123条对矿业权(探矿权和采矿权)仅作宣示性规定,但在权利性质上和权利谱系上仍为物权。笔者采用了矿业特许权的概念,是突出并梳理该权利经由行政特许方式取得的过程及其绩效,从权利内容和性质上看,它依然是权利主体享有的一种物权。因此,矿业特许权从物权法的角度看是一种由特别法专门规定的用益物权,其与典型用益物权之间有更多的共性,权利人也能够享有用益物权的诸多权能,在我国的权利体系中为一种私权。

2. 权利取得方式

我国《行政许可法》第2条规定:"本法所称行政许可,是指行政机关根据公民、法人或者其他组织的申请,经依法审查,准予其从事特定活动的行为。"按照禁止的严格程度不同,理论上许可分为特许、一般许可、认可与核准、登记等种类。特许针对控制较严,只给少许符合条件者以许可的事项,如某些特殊自然资源的开发利用、对公共安全有重大影响的事项、某些带有自然垄断性质行业的市场准入等。[2] 根据我国《行政许可法》第12条的规定,开发利用矿产资源作为对"有限自然资源开发利用",属于"需要赋予特定权利的事项",适用特许程序。探矿权、采矿权人在特许程序中经过申请和审批程序,被授予的矿产资源开发利用的权利被界定为矿业特许权。因此,从矿业权取得方式角度观之,矿业特许权有更多的公权色彩,其本身是一种依据公法行为而形成的私权,对

---

[1] 崔建远教授认为,准物权能够很好地表达矿业权、水权、渔业权、狩猎权等本身具有物权属性,但与典型物权相比也有自身的特点,所以可以准用物权的相关规定,故称其为"准物权"更为恰当,参见崔建远:《准物权研究》(第二版),法律出版社2012年版,第25~28页。王利明教授等认为,取水权、海域使用权、养殖权、探矿权、采矿权等,是我国的特别法上的用益物权,参见王利明等:《民法学》(第二版),法律出版社2008年版,第341~342页。

[2] 关保英主编:《自然资源行政法新论》,中国政法大学出版社2008年版,第247页。

矿业权的产生、变更和消灭产生决定性影响的权力还是公权。[1] 从权利产生和权利构造上看，一方面，其在取得方式上不同于一般物权，是非因时效、先占、法律行为而取得的权利；另一方面，其内容由公法性质的特别法确定者甚多，这明显区别于围绕私益构建起来的近代物权类型。[2] 并且其受公法色彩浓厚的《矿产资源法》的调整，权利纠纷也多由行政方式解决，权利的流转也更多地受到公权力的干预，是具有公法性质的特许物权。

页岩气特许权是一种公权性质的私权。页岩气特许权是矿山企业享有的一种用益物权性质的私权，这集中体现在它的权利内容及其效力上。我国通过两轮页岩气探矿权招标，将 21 个页岩气区块的探矿权出让给符合法定资质的企业，这些企业作为探矿权人对于其中标区块享有排他性占有权是其实施勘查作业的前提，探矿权人可以在勘查许可证规定的有效期内独立实施勘查行为，且其享有的探矿权能排斥在同一页岩气区块存在的其他探矿权。在页岩气矿区、工作区的页岩气资源无论被谁不法侵占、妨害，页岩气探矿权人可以基于探矿权将不法侵权人驱逐出矿区或工作区，这些都是页岩气特许权的物权效力，体现出页岩气探矿权的私权属性。与此同时，页岩气探矿权具有公权性质，这体现为：(1)从权利产生上看，页岩气探矿权的产生适用行政特许程序，《国土资源部页岩气探矿权招标公告》公布了具体的投标人条件要求，符合条件要求的投标人经过申请和投标后，最终由国土资源部(现自然资源部)确定中标企业，授予其页岩气探矿权；(2)从权利构造上看，页岩气探矿权的具体权利客体、权利有效期均由国土资源部通过发布的《页岩气探矿权招标公告》决定；(3)从权利变更和消灭来看，国土资源部(现自然资源部)公布的对首轮页岩气探矿招标出让的两个页岩气探矿权勘查期满但未完成预期承诺的勘查投入，要求其缴纳违约金和按未完成比例核减相应区块的面积的处理结果，即典型体现了页岩气探矿权的变更和消灭也取决于公权力。

---

〔1〕 房绍坤主编：《矿业权法律制度研究》，中国法制出版社 2013 年版，第 254 页。
〔2〕 徐涤宇：《环境观念的变迁和物权制度的重构》，载《法学》2003 年第 9 期。

(二)页岩气特许权的资源配置功能

在我国,矿业特许权是经过行政特许而产生。《行政许可法》将行政许可界定为一种行政行为。在我国,“特许的功能主要是分配稀缺资源,一般数量有限,而且相对人取得特许权应依法支付一定的费用。”[1]并有学者进一步确认,特许是由行政机关代表国家向被许可人授予从事某种经济活动的权利,也是最为典型、强制程度最严厉的行政许可,因此行政特许只限于分配稀缺资源时方可使用;例如,《森林法》中的森林采伐权审批、《矿产资源法》中的采矿权的许可即是如此。[2] 质言之,我国当前的矿业特许权制度的功能在于分配稀缺的矿产资源,其背后的价值内蕴和立法选择是彰显所有权神圣理念和静态所有权主张。而从国际矿产资源特许的经验来看,矿业管理中行政特许的重心不在于稀缺资源配置而在于市场准入的条件审查。申言之,国外矿产资源的行政许可的主要目的并不在于配置稀缺矿产资源,而是重视从生态环境安全保护和预防行为负外部性等角度设定市场准入资质和行为控制规则。比如波兰在页岩气开发管理中,除了重视系统规定页岩气特许权授予的特许机构、法定资质和程序要求,也非常注重在此过程中的环境保护与环境风险管理。我国现行矿业特许权制度重视稀缺资源配置而忽视行为过程控制的制度逻辑,可以从以下三个角度归纳:

1. 我国《矿产资源法》第 5 条规定了探矿权、采矿权有偿取得制度,“开采矿产资源,必须按照国家有关规定缴纳资源税和资源补偿费”。国家的矿产资源所有权主要通过收取资源税和资源补偿费,将稀缺矿产资源使用权配置给矿权人的方式实现,从现实制度体系来看,国家作为矿产资源所有权人,并不重视对矿业权行使的全过程监督。

2. 我国《矿产资源法》第 26 条、第 31 条和第 32 条有关于勘探开发矿产资源时要有必要的技术装备、安全措施,遵守国家劳动安全卫生规定和环境保护的规定,但这些规定的宣示意义大于实际约束意义。因为

---

[1] 罗文燕:《行政许可制度研究》,中国人民公安大学出版社 2003 年版,第 154 页。

[2] 程信和、霍阳:《浅论中国经济法与 WTO 规则的契合——以经济领域的许可制度改革为视角》,载《华中科技大学学报》(社会科学版)2004 年第 2 期。

在《矿产资源法》制度体系中，一旦申请者通过审批获得矿业权，其本身意味着国家已经将稀缺矿产资源的开发利用权赋予权利人。

3.《矿产资源法》的法律责任体系主要规定了探矿权采矿权人承担的法律责任，仅在该法第47条规定了行政主管职能部门及其工作人员的行政法律责任，应当承担责任的违法行为是“徇私舞弊、滥用职权或者玩忽职守，违反本法规定批准勘查、开采矿产资源和颁发勘查许可证、采矿许可证，或者对违法采矿行为不依法予以制止、处罚”。《矿产资源法》在行政法律责任规定上的失衡说明，在矿产资源特许权的设定中，并没有系统规定国家矿产资源主管部门在批准探矿权、采矿权后对特许权人全过程监督的义务，相应地，也必然不存在因为违反该义务所要承担的法律责任。

现行页岩气探矿权的制度设计承载了页岩气资源的配置功能，具体体现为：(1)根据《矿产资源法》第5条规定的探矿权有偿取得制度，符合法定资质和《国土资源部页岩气探矿权招标公告》规定的投标人条件的企业，在缴纳页岩气矿业权使用费和矿产资源补偿费后，由国土资源部代表国家将稀缺的页岩气探矿权配置给中标企业。(2)质言之，在我国众多的已探明页岩气区块中，选择哪些页岩气区块设置页岩气探矿权并招标出让，是由国土资源部(现自然资源部)决定的，这也体现出页岩气探矿权设置的资源配置功能。(3)基于大部分页岩气区块与传统油气资源区块重叠，已经实施的两轮页岩气探矿权招标工作回避了这一难题，进行探矿权招标出让的页岩气区块均为空白区块，这也从另一个角度折射出页岩气探矿权的设置与出让在宏观层面承载了国家配置稀缺资源的意图与功能——基于矿产资源共生与矿业权重叠的现状所造成的页岩气探矿权出让的困境，国土资源部(现自然资源部)直接将与传统油气资源矿权重叠的区块不纳入招标出让范围，符合条件的企业只能竞标未存在重叠矿权但页岩气成藏与保存条件较差的空白区块的探矿权。(4)虽然根据《矿产资源法》的一般规定，国土资源部(现自然资源部)通过招标出让的方式配置页岩气探矿权时，应加强页岩气勘查开采中探矿权人履行环境保护和安全生产义务的监督管理，但是，就实践来看，国土资源部(现自然资源部)并没有充分重视页岩气探矿权行使过程的监督管理，其工作重心在于起点的页岩气探矿权分配与终点的权利处置（缴纳违约金和按未完成比例核减相应区块的面积），这同样是页岩气特许权制度设计忽视行为过程控制的体现。

（三）页岩气特许权的附庸地位

在我国当前的矿业特许权制度体系中，基于国家所有权神圣理念，设置矿业特许权制度的重心在于确认与保障国家对矿产资源的所有权。因此，在这个意义上，矿业特许权仅为国家行使矿产资源所有权的一种方式和手段，而探矿权与采矿权主体的矿业权实质上沦为附庸地位。这一制度逻辑在页岩气特许权制度设计中体现在如下三个方面：

1. 矿业权的取得、内容和构造

矿业权虽然具有典型物权的一般共性，但其取得的方式及其内容受到公权力的诸多限制。典型物权的内容构造及其取得方式基于法律的明确规定，主体因时效、先占、法律行为而取得，而基本上每一具体的矿产资源特许权都要经过行政特许，要经受个案审查和批准。虽然《矿产资源法》及其配套规范规定了法定资质，但该资质的内容却是矿产资源主管职能部门具体设定的，在法定资质条件的设定中贯彻和体现公权力的意志。比如，在页岩气探矿权首轮招标中，民营企业根本无缘参与，这就体现了公权力在源头环节决定了矿业权将被赋予给哪类主体，而矿产资源特许权仅处于被动的被决定和附庸地位。

2. 相关的法律责任规定

我国《矿产资源法》第六章法律责任的规定中较为体系化地规定了矿权人的行政责任，该法第44条规定："违反本法规定，采取破坏性的开采方法开采矿产资源的，处以罚款，可以吊销采矿许可证；造成矿产资源严重破坏的，依照刑法第一百五十六条的规定对直接责任人员追究刑事责任。"第47条也有关于撤销许可证的规定。《矿产资源补偿费征收管理规定》第14条规定："采矿权人在规定期限内未足额缴纳矿产资源补偿费的，由征收机关责令限期缴纳，并从滞纳之日起按日加收滞纳补偿费2‰的滞纳金。采矿权人未按照前款规定缴纳矿产资源补偿费和滞纳金的，由征收机关处以应当缴纳的矿产资源补偿费3倍以下的罚款；情节严重的，由采矿许可证颁发机关吊销其采矿许可证。"在《矿产资源法》第5条规定的探矿权、采矿权的有偿取得制度中，矿权人缴纳资源税和资源补偿费是获取矿业权的对价，国家与矿权人在某种意义上是平等的地位。当矿权人获得矿业权但未按照规定缴纳矿产资源补偿费和滞纳金，或者有其他违法行为会损害到矿产资源所有权人的利益时，应当首先追究的是平等主体之间的民事责任（违约责任）。而在现行的法律责任体系中，矿权人一旦违法（违约）就直接被追究行政法律责任（吊销许可证）或刑事责任的规定，也典型体现了矿业权及其权利人的附庸地位。

就页岩气探矿权实施及其法律责任来看，页岩气探矿权设置与出让工作近几年才陆续开展，2011年和2012年的两轮招标出让探矿权的页岩气区块仅为20多个，且页岩气探矿权有效期均为3年。前述国土资源部（现自然资源部）对两个页岩气探矿权勘查期满的处置结果也可以体现页岩气探矿权之于页岩气国家所有权的附庸地位。笔者认为，国土资源部（现自然资源部）基于页岩气探矿权人未完成勘查投入承诺而要求其按照比例缴纳违约金，这是页岩气探矿权人应当承担的违约责任。如果页岩气探矿权期满，国土资源部（现自然资源部）或者因为有效期满收回该区块页岩气探矿权，或者按照《矿产资源勘查区块登记管理办法》第21条规定，[1]允许其办理探矿权延续登记手续，均为适当。而核减页岩气区块面积后再允许其办理探矿权延续登记手续，则体现了页岩气探矿权的产生、变更或消灭从属于页岩气国家所有权实现的需要。

四、结语

我国丰富的页岩气储量为实现我国能源供给革命提供了物质基础，

[1]《矿产资源勘查区块登记管理办法》第21条规定："探矿权人在勘查许可证有效期内探明可供开采的矿体后，经登记管理机关批准，可以停止相应区块的最低勘查投入，并可以在勘查许可证有效期届满的30日前，申请保留探矿权。但是，国家为了公共利益或者因技术条件暂时难以利用等情况，需要延期开采的除外。保留探矿权的期限，最长不得超过2年，需要延长保留期的，可以申请延长2次，每次不得超过2年；保留探矿权的范围为可供开采的矿体范围。在停止最低勘查投入期间或者探矿权保留期间，探矿权人应当依照本办法的规定，缴纳探矿权使用费。探矿权保留期届满，勘查许可证应当予以注销。"

健康有序的页岩气开发是推动能源消费革命的重要保障。虽然我国出台产业支持政策,但页岩气勘查开发实践证明其收效甚微,页岩气产业发展亟待能源体制改革。我国页岩气产业发展的体制约束在法律层面体现为现行的页岩气特许权受到法律逻辑上的桎梏,其虽然具有公权私权复合性,但在权利配置与实施中偏重行政特许的公权力属性而忽视其物权属性,页岩气特许权倾向于承载资源配置功能而忽略行为控制,页岩气特许权已实质上沦为国家页岩气所有权的附庸。真正实现页岩气能源体制革命,必须在深入辨析页岩气特许权的法律逻辑及其内生缺陷的基础上,进行有针对性的权利属性改造与制度设计完善。

第二节　我国页岩气特许权的制度困境与完善进路

法律体系对矿业权主体的权利义务及对勘查开发监督管理的规定所形成的行为指引和激励效应,决定了矿业权人的行为选择。本节在前述内容的基础上进一步拓展,从法律制度对页岩气矿业权的权利配置角度,探究当前页岩气勘探开发现实困境的内在制度成因及其完善进路。

我国对矿产资源进行一体立法,并不重视对具体矿种进行专门立法,但我国为推进页岩气勘查开发所颁布的系列产业政策和部门规章也是页岩气特许权设置与实施的重要依据。页岩气资源的权属制度和监督管理制度当然适用既有的矿产资源法律体系,页岩气特许权不只是矿业特许权的逻辑延伸,还有其自身特殊的制度逻辑。这些制度逻辑适用于页岩气特许权的设置与实施过程中,在现实中存在诸多制度困境。我们可以对此进行梳理并探究其对应出路。

一、页岩气特许权出让中的主体身份歧视及其应对

(一)页岩气特许权出让中的主体身份歧视

在我国《行政许可法》及《矿产资源法》规定的制度体系中,矿业特许权虽然是法定权利,但基本上每一具体的矿业特许权并不是基于法定

的法律行为、时效等取得，而是经由行政公权力机关的职权行为授予。基于此，日本学者认为法律不承认此等行为为民事作用，而认为法律明示此等权利为公权。[1] 虽然矿业特许权在内容与权利构造上具有物权属性，但其产生条件、取得方式和权利内容却较多地受到公权力的制约和影响。现实中，矿产资源主管职能部门有意识地忽视探矿权与采矿权的物权属性，突出其经由行政特许产生的公权力属性，在审批与授予矿业特许权时有非常大的自由裁量权，导致审批与授予矿业权时存在主体身份歧视，这在源头环节导致了诸多不公平的现象。

以页岩气特许权的取得为具体分析对象。国土资源部（现自然资源部）于2011年首轮页岩气招标出让的页岩气探矿权区块共计4个，面积共约1.1万平方千米。在首轮页岩气探矿权招标中即存在主体身份歧视，此次招标采取邀请投标的方式，民营企业无缘此轮页岩气探矿权招标，国土资源部（现自然资源部）仅向中石油、中石化、中海油、延长油矿管理局、中联煤层气和河南煤层气6家国有企业发出投标邀请，最终导致贵州的两个区块因有效投标人不足三家而流标。[2] 国土资源部（现自然资源部）在2012年实施的页岩气第二轮探矿权招标中，降低门槛向全社会开放，招标公告中将20个区块的页岩气探矿权在国内公开招标出让以选定探矿权人，总面积为2.0239万平方千米，除了安徽南陵区块流标，19个区块有16家中标企业。但此轮招标的结果中，16家中标企业中14家为国资委直属国有企业或地方国有企业，仅有华瀛山西能源投资有限公司和北京泰坦通源天然气资源技术有限公司两家民营企业。

（二）逻辑辨析与应对出路

页岩气特许权设置与出让中重视其公权力性质的制度逻辑，使国土资源部（现自然资源部）在页岩气探矿权出让中偏好国有企业，可能导致现实中制度实施效果与预期目标的偏离。实际上，从《矿产资源法》的制度框架和我国矿产资源勘查开发的实践来看，矿业权主体之间的法

---

〔1〕［日］美浓部达吉：《公法与私法》，黄冯明译，周旋勘校，中国政法大学出版社2003年版，第171页。

〔2〕王晓岚、白晶：《首次页岩气招标结果公布》，载《中国能源报》2011年7月11日。

律地位不平等是法律规定和国家政策选择的结果。我国《矿产资源法》第4条第2款规定,“国有矿山企业是开采矿产资源的主体”,《矿产资源法》将国有矿山企业与集体矿山企业、个体采矿分开并列监督管理,体现国有矿山企业的优势法律地位。从实践中看,我国国有矿山企业享有诸多优惠保护,国有矿山企业处于主导、核心地位,国家规划矿区和对国民经济具有重要价值的矿区内的矿产资源、矿产储量规模在大型以上的矿产资源等,几乎都由国有矿山企业开采,其原因之一是有些矿产资源关系到国计民生、国家安全和战略需要,国家要加以控制。[1] 因此,我国两轮页岩气探矿权招标出让向国有矿山企业重点倾斜是有法律依据和政策依据的。

但是,页岩气作为新型非常规天然气资源,其勘查开发具有特殊的规则需求,要求其向更广泛的主体开放探矿权,具体理由及其路径是:

1. 我国实施页岩气招标的初衷是借鉴美国成功开发页岩气的经验,即吸纳足够多的中小企业投入到勘探、开发阶段,以形成页岩气产业的“生态系统”。美国页岩气革命的成功经验在于美国页岩气市场的高度开放,其中7900家中小企业成为市场的主体。涉足美国页岩气的中小公司一般可分为三类,第一类为油气公司;第二类为油田服务类公司;第三类为设备供应商。[2] 各类中小企业从不同层面和环节进入页岩气行业,推动页岩气行业的技术革新。而我国在页岩气特许权主体身份上的歧视和对国企的偏好,则与页岩气行业本身的需求不符。因此,页岩气国际商业勘探开发的成功经验昭示要引入广泛主体类型。

2. 为借鉴国际先进经验,我国在《页岩气发展规划(2011 - 2015年)》中提出要加快引入有实力的企业参与页岩气勘探开发,推进投资主体多元化。《页岩气产业政策》(2013年)第4条规定“鼓励包括民营企业在内的多元投资主体投资页岩气勘探开发”,《国土资源部关于加强页岩气资源勘查开采和监督管理有关工作的通知》(〔2012〕159号)

---

〔1〕 崔建远:《准物权研究》(第二版),法律出版社2012年版,第250~251页。

〔2〕 赵川:《页岩气美国模式:7900家中小企业分羹盛宴》,载《21世纪经济报道》2012年12月18日。

(现已失效)第7条规定要“鼓励符合条件的民营企业投资勘查、开采页岩气。鼓励拥有页岩气勘查、开采技术的外国企业以合资、合作形式参与我国页岩气勘查、开采。”因此,针对页岩气产业的特殊性和吸收美国页岩气成功商业开发的经验,我国在专门的页岩气产业政策中突破了传统油气资源勘探开发矿业权配置的经验,鼓励非国有矿山企业积极参与,这一政策导向应具体落实到页岩气矿业权出让招标工作中,不能仅止步于文件规定中。

二、页岩气特许权制度对行为过程控制的疏忽及其矫正

我国矿业特许权制度体系的重心在于如何配置稀缺的矿产资源,这是一种只重视控制起点和终点的权利与资源配置思路,相较并不重视全过程控制勘探开发矿产资源权利行使。

(一)页岩气特许权审批中的法定资质规定对行为控制的疏漏与完善

我国《矿产资源法》第11条规定了国务院地质矿产主管部门主管全国矿产资源勘查、开采的监督管理工作,当公民、法人或其他组织向主管部门提出矿产资源探矿权采矿权申请时,该部门要依据该法第3条第4款规定予以审查:“从事矿产资源勘查和开采的,必须符合规定的资质条件。”关键在于该资质条件的判断标准。根据我国《探矿权采矿权转让管理办法》第7条规定:“探矿权或者采矿权转让的受让人,应当符合《矿产资源勘查区块登记管理办法》或者《矿产资源开采登记管理办法》规定的有关探矿权申请人或者采矿权申请人的条件。”查阅该两个办法,主要是关于申请人提交相关证明其有实力进行勘探开发的资格证书、工作计划、实施方案和资金来源的规定。《国土资源部关于完善矿产资源开采审批登记管理有关事项有关的通知》在“二、规范采矿权新立、延续审批登记管理”中补充规定了法定资质,包括“原则应为营利法人、外商投资企业申请限制类矿种采矿权的,应当出具行业主管部门的项目核准文件”等。

企业预期投标获得页岩气特许权,必须符合矿产资源法规定的适格

矿山企业的一般法定资质条件和页岩气系列产业政策规定的特殊资质要求。在现行规范体系中，对于“规定的资质条件”的规定主要还是从资格、资金和方案等方面展开，以保障申请者有能力和实力进行矿产资源的探矿开发。矿产资源开发过程会导致诸多生态环境风险，虽然我国《矿产资源法》第 26 条、第 31 条和第 32 条也规定了勘探开发矿产资源时要有必要的技术装备、安全措施，遵守国家劳动安全卫生规定和环境保护的规定，防止环境污染，并且，矿权人行使矿业权当然还要适用《环境影响评价法》等环境法律的规定，但是，在对申请人法定资质的规定和审查中并没有对这些生态环境风险预防技术、设备和义务的具体要求。分析《国土资源部关于加强页岩气资源勘查开采和监督管理有关工作的通知》(〔2012〕159 号)(现已失效)第 7 条和国土资源部第二轮页岩气探矿权招标公告，[1] 该通知和公告仅从注册资金、勘查资质和独立法人地位三个方面规定了页岩气探矿权投标人的资质条件。

与此形成鲜明对照，国外在审批矿业特许权资质条件时非常重视通过设定资质条件以实现对矿权人行为的全过程控制。在美国联邦和页岩气储量丰富的阿肯色、路易斯安那、密歇根等州，除了针对页岩气产业特殊性完善和加强水质法案、环境影响评价法等既有制度的实施，还注重对水力压裂技术实施的各个环节实施全过程监管。这些州存在一个或多个监管机构管理，由它们作为主体负责监管，监管内容包括对水资源管理和处置、废弃物管理和处置、废气排放、地下注入、野生动物影响、地表影响、工人的健康和安全在内的环境相关活动和排放等事项。[2] 波兰《地质与采矿法》第 17 条规定：“特别是与环境保护有关的问题，则要授予特许权必须对因进行特许权所包括的活动所造成的后果签订担

〔1〕 国土资源部(现自然资源部)2012 年 9 月 10 日发布的《国土资源部页岩气探矿权招标公告》具体规定的投标人的条件包括：(1)在中华人民共和国境内注册的内资企业或中方控股的中外合资企业，注册资本金应在人民币叁亿元(30000 万元)以上，具有良好的财务状况和健全的财务会计制度，能够独立承担民事责任。(2)投标人应具有石油天然气或气体矿产勘查资质，或已与具有石油天然气或气体矿产勘查资质的企事业单位建立合作关系。(3)投标人应为独立法人，不得以联合体投标。

〔2〕 J. Daniel Arthur, Bruce Langhus, David Alleman, “An Overview of Modern Shale Gas Development in the United States”, *ALL Consulting* 1, 2008, pp. 1 –21.

保书，提交保证金。”波兰的环境保护、自然资源与森林部是主管职能部门，其在审查勘探开采特许权申请时，如果该主体申请在矿区范围内进行的活动可能影响环境，其作为授权机关可以拒绝特许权申请，禁止资源开发。[1] 而我国当前已获取页岩气勘探权的企业在勘探工作中举步维艰的原因除了关键的技术“瓶颈”之外，还在于可能遭致的多种环境风险与地质灾害。因此，国土资源部（现自然资源部）在审批页岩气勘探开采特许权时应当重视其在安全生产、环境风险防范等方面的资质、技术、设备、计划和方案等内容，以便全过程控制其行为可能导致的环境风险。

（二）页岩气探矿权人勘探工作中的现实困境及其应对

在矿业特许权被定位为配置稀缺矿产资源的制度逻辑下，一旦申请人经过申请通过审批被授予探矿权采矿权，则意味着国家将稀缺的矿产资源开发利用权利配置给权利人。特许制度的价值选择和预期效果在于通过授权充分实现国家的矿产资源所有权。这种制度逻辑具体体现在：(1)《矿产资源法》原则上禁止转让探矿权和采矿权，该法第 6 条规定：“禁止将探矿权、采矿权倒卖牟利。”这一规定印证了矿业特许权的资源分配功能，主管部门通过审批在源头上进行了获取稀缺矿产资源开发利用权的适格主体的资格审查并进行授权，之后简单粗暴地禁止权利主体转让该权利。(2)特许探矿权、采矿权后，《矿产资源法》虽然原则上宣示性规定了要有必要的技术装备、安全措施，遵守国家劳动安全卫生规定和环境保护的规定，防止环境污染，节约资源等。但是，从《矿产资源法》第六章法律责任的规定来看，主要还是预期规制和惩罚擅自采矿、越界开采、倒卖牟利和破坏性开采等行为，这种行为规制思路是从保障国家矿产资源所有权不受侵害的角度出发的。现实中矿产资源开发可能导致的生态环境、安全风险等并未受到应有的重视。

以我国已经实施的两轮页岩气招标工作为具体分析对象。在我国分别于 2011 年、2012 年实施的两轮页岩气探矿权招标工作中，共有 20

---

[1] Wojciech Bagi ski, “Shale Gas in Poland—The Legal Framework for Granting Concessions for Prospecting and Exploration of Hydrocarbons”, *Energy Law Journal* 32, 2011, pp. 145 - 155.

家企业获得23个区块的页岩气探矿权。这些企业大致上可以分为两大类:一类是以中石油、中石化为代表的国有大型企业,这些企业基本垄断了地质条件好、储量丰富且风险较小的优质区块,在存在勘探开发关键技术瓶颈和生态安全风险不明的情况下,这些国企因为有雄厚的资金实力支撑且区块内页岩气资源与传统油气资源高度重叠,其并没有急于进行页岩气勘探开发的压力和动力,而是处于观望状态。另一类是以华瀛山西能源投资有限公司和北京泰坦通源天然气资源技术有限公司这两家民营企业为代表的实力相对较弱的企业,它们中标的是地质条件差、储量贫乏且风险较大的劣质区块,虽然亟待勘探开发以收回成本投入,但上述风险与实际困境使其陷入进退两难的尴尬境地,基本上都处于观望、前期准备或寻找合作伙伴阶段,很难投入实质性的勘探工作。此困境的出现,首先是因为作为新兴的页岩气产业,其本身存在关键技术制约和不可预知性风险。但也因为国家作为页岩气资源所有权人,重视的是在起点环节通过行政特许配置稀缺资源,而对于页岩气探矿权行使过程的监督管理控制没有予以足够重视。在没有出台专门且系统的页岩气探矿权行使的监督管理规范和页岩气勘探开发准则的背景下,其实质是将页岩气探矿权人的行为置于更未可知的事实风险与法律风险状态。

为应对页岩气探矿权在现实行使中的困境,笔者建议有针对的应对措施应当包括:

1. 改变当前矿产资源立法对矿业特许权规定重视稀缺资源配置而疏忽行为过程控制的立法思路,完善现行矿产资源法律体系中对申请人法定资质的要求,除了从企业资格、资金和方案等方面进行审查,还要重视规定矿山企业使用生态环境风险预防技术和设备的具体要求,并在授权时进行实质审查和全过程监督。

2. 具体到页岩气特许权领域,还应当在页岩气探矿权招标公告等产业政策中,矫正当前仅从注册资金、勘查资质和独立法人地位三个方面对投标人的资质条件审核导致的内生缺陷,增加对页岩气探矿权投标企业在安全生产、生态环境风险预防技术、设备等方面的资质要求,并以此为依据对页岩气探矿权行使全过程进行监督控制。

3. 页岩气资源与传统油气资源高度重叠是页岩气特许权制度设计中的内生性难题,国土资源部(现自然资源部)在前两轮页岩气探矿权招标中回避了这一难题,出让的是少数空白区块,但这些区块属于地质条件差、储量贫乏且风险较大的劣质区块。这一页岩气区块的选择,本身便体现了页岩气特许权设置首先承载国家分配页岩气资源的制度功能,但由此也导致了中标企业(尤其是民营企业)进退两难的境地。随着页岩气产业政策的推进,与传统油气资源重叠的页岩气区块势必要设置页岩气探矿权进行招标出让。笔者建议,国土资源部(现自然资源部)要矫正设置页岩气探矿权时仅重视通过资源配置以实现国家页岩气所有权的思路,改变《国土资源部关于加强页岩气资源勘查开采和监督管理有关工作的通知》(〔2012〕159 号)(现已失效)第 8 条规定的与传统石油天然气矿权重叠的页岩气区块优先由重叠矿业权主体获得页岩气探矿权的做法,在页岩气探矿权招标出让环节对所有矿山企业一视同仁。当重叠区块的页岩气探矿权主体与传统油气矿业权主体不同,可能产生权利行使的现实冲突时,如何协调与解决留待双方通过市场途径解决。

三、页岩气特许权人的权利保障的阙如及其应对

虽然矿业特许权有更多的公权力色彩,但其在权利属性上是一种私权。一旦公民、法人或其他组织符合法定资质条件经过申请通过审批被授予矿业特许权时,即使该权利从产生、行使到终结受到公权力约束,但应当还是私主体的一种私权,权利的行使要体现其自由意志。但是,现实中页岩气特许权人通过意思自治实现权利时却遭遇诸多障碍。

(一)矿权人的权利独立地位被遮蔽及其彰显

虽然矿业特许权的取得及其内容由公权力确定,一旦矿业特许权被批准授予,其为权利人的权利,应具有自身的独立地位。但是,我国当前的《矿产资源法》及其配套规范实质上漠视了该种权利的独立地位,这典型体现在我国当前的《矿产资源法》"权证合一"的立法模式中。《矿产资源法》中的"权"主要是指矿业权,"证"是指许可证,是立法中行政

许可的表现形式，从本质上来讲，“证”是《矿产资源法》中行政权的集中体现和反映。“权”和“证”实际上分别代表了矿产资源立法中矿业权和行政权这两个基本的范畴，这两个方面对矿产资源立法缺一不可，问题的关键在于“权”和“证”两个方面分属两个性质完全不同的领域，矿业权作为民事的财产性权利属于私权，而行政权则属于公权力。[1] 在《矿产资源法》的制度体系中，以颁发许可证的形式批准探矿权采矿权申请，并且，该法律第 42 条、第 44 条规定，当将探矿权采矿权倒卖牟利、采取破坏性的开采方法开采矿产资源时，吊销勘查许可证、采矿许可证，这是以行政公权力直接处分权利人的物权性权利；第 47 条规定当行政机关及其工作人员违法颁发的勘查许可证、采矿许可证，国家工作人员和其他有关国家工作人员在承担行政法律责任或刑事法律责任时，上级人民政府地质矿产主管部门有权予以撤销违法颁发的勘查许可证、采矿许可证。这些规定都表明，矿业特许权的独立地位被遮蔽在公权力的决定中。

这一制度逻辑及其缺陷也体现在页岩气探矿权中。根据《国土资源部页岩气探矿权招标公告》，国土资源部（现自然资源部）通过颁发勘查许可证授予中标企业页岩气探矿权，将特许中标矿山企业从事页岩气勘查行为的资格与其中标的物权性质的探矿权捆绑进行出让。这一做法亦具有由《矿产资源法》规定的，一旦探矿权人因为被吊销勘查许可证便会被剥夺探矿权的制度缺陷，不能保障页岩气探矿权的独立物权地位和权利人的权益。因此，应当改变当前矿产资源法律体系秉持的“权证合一”的立法思路，在制度设计上尊重矿业权的独立物权地位。具体到页岩气探矿权领域，应当矫正当前页岩气探矿权由勘查许可证承载的现状，在新兴领域建立勘查许可证与页岩气探矿权证分离制度，并进行页岩气探矿权登记。

---

〔1〕 张璐：《〈矿产资源法〉修改中的“权证分开”问题研究》，载《甘肃政法学院学报》2010 年第 6 期。

(二)页岩气特许权人的财产权利被漠视及其矫正

1. 页岩气特许权人财产权利被漠视

矿产资源特许权是一种自然资源开发利用的权利,该权利可以归入财产权的范畴,是以自然资源为客体的财产权。[1] 但当前法律的规定使得矿业权人的财产权受到侵害,这典型体现在限制矿业权转让的规定中。《矿产资源法》在第6条原则上禁止探矿权采矿权转让,仅明确规定了允许转让的法定例外情形,且规定"禁止将探矿权、采矿权倒卖牟利"。该规定明确禁止将盈利作为矿业权转让的目的。[2]《探矿权采矿权转让管理办法》重申和延循了这一立法思路,只是将转让的条件和程序具体化。具体以页岩气探矿权实现为例,我国的页岩气资源与传统油气资源高度重叠,地质条件好、储量丰富且风险较小的优质区块被中石油、中石化垄断,民营企业等中标的页岩气区块地质条件差、储量贫乏且风险较大,且其自身在人才、技术和资金等方面实力薄弱,在此背景下,页岩气探矿权主体面临资金"瓶颈"和极大的勘探风险,却不能自由地通过转让页岩气探矿权这种间接方式实现页岩气探矿权利益。在第二轮页岩气探矿权招标出让后,16家中标企业大多数因为资金、技术和环境风险等多方限制,尚处于制定中标区块的勘探实施方案阶段,很少投入实际勘探,甚至萌生退意。但是,由于当前矿产资源法律体系对于矿业权转让的严格限制,又使这些企业处于进退两难的窘境。

2. 页岩气特许权人财产权利的保障

在今后进一步实施的页岩气探矿权招标工作中,应当矫正这一弊端。严格控制矿业权转让的立法目的不言而喻,因为矿业权经由行政特许设置,行政特许体现了国家对于矿产资源勘查开采市场准入设定的资质条件,进而承载了国家在该行业的市场准入、环境保护和安全生产等方面的公共职能。但是,这一制度目标不能以简单粗暴的限制甚至剥夺矿权人权利行使效力的方式实现。矿业权作为权利人的财产权,盈利是其合法合理追求,转让仅为其实现财产权的一种方式。具体到页岩气探

---

〔1〕 王社坤:《环境利用权研究》,中国环境出版社2013年版,第198页。

〔2〕 王清华、王彬:《中国矿业流转法律制度研究》,中国法制出版社2013年版,第35页。

矿权领域，应当借鉴美国经验。美国页岩气商业开发的经验之一是允许很多中小企业在获取页岩气矿业权后向大企业转让，以兼顾市场的开放性、参与主体的多样性和页岩气勘探开发的规模经营。国土资源部（现自然资源部）作为地质矿产主管部门应当预防并规制页岩气探矿权转让中出现的诸多问题，但不能采取限制权利人通过意思自治实现权利的方式，应当允许其向其他企业转让页岩气探矿权，将规制重点放在全过程监督规制页岩气探矿权行使、实现和转让过程中受让主体是否符合成为页岩气探矿权主体的法定资质条件，以及在页岩气探矿权转让过程中可能出现的负外部性行为。

（三）主管职能部门对页岩气所有权人社会义务的忽视及其改进

1. 页岩气所有权人对社会义务的忽视

页岩气资源属于国家所有，但国家作为所有权人应当负有社会义务，如果让所有权走向完全的自由张扬，反而会因其与社会对立而导致财产自由的毁灭。[1] 当前我国矿业特许权的制度设计以所有权神圣为价值预设，矿业权实质被定位为国家矿产资源所有权的一种实现方式，属于行政许可范围。这必然导致的逻辑结果是，作为矿产资源所有权人的国家及其主管职能部门重视的是所有权的保障与实现，而忽视其应承担的社会义务，从而不能为矿业权人的权利实现提供足够的服务、支撑和保障。在页岩气特许权行使过程中，国家作为页岩气所有权人未充分履行所有权人的社会义务，影响与制约了页岩气探矿权人的权利实现。页岩气探矿权的成功实现受制于页岩气开发的水力压裂技术和水平钻井技术等核心技术的成熟程度，而且，确定页岩气储层的地质构造、成藏条件并准确评估储量和可采资源量以及开发并推广核心技术有赖于政府出巨资完成基础工作以形成庞大数据库并向公众完全开放。[2] 当前的页岩气探矿权中标企业普遍面临行为与承诺相去甚远的窘境，也因为没有勘探开采经验、没有现成的页岩气勘探开发准则，更没有页岩气开

---

〔1〕 张翔：《财产权的社会义务》，载《中国社会科学》2012 年第 9 期。

〔2〕 冯洁、李一帆：《高调分蛋糕，低调缓运行页岩气：果然是锅“骨头汤”》，载《南方周末》2013 年 7 月 18 日。

采井场的开采守则。[1] 页岩气新能源勘探开发普遍面临资源储量不明、核心技术落后等诸多风险，国家作为页岩气资源所有权人在公开关键地质资料、在现行可得技术条件下确定并公开页岩气区块可采资源量、研发并提供核心技术以及为页岩气勘探开发确定行为守则等方面的工作尚存在不足。

2. 页岩气所有权人社会义务的完善

作为页岩气资源的所有权人，国家及其主管部门在设置与授予页岩气特许权时，不能仅重视如何保障与实现国家的页岩气所有权，同样需要重视其作为所有权人承担的社会义务。反观我国已经进行的两轮页岩气探矿权招标工作，在招标出让工作实施前，国土资源部（现自然资源部）做过基础性、公益性的通用类地质工作，掌握了地质地形图、矿产分布图、地层构造图等基本地质资料，有的区块也有初步的油气地质资料，基本涵盖了地表和基础地质数据，这些数据资料都已公开出版。[2] 但是，在国土资源部（现自然资源部）公布的《页岩气探矿权招标公告》中，仅显示了出让页岩气探矿权区块的名称、地理位置、面积和拐点经纬度坐标等简单信息，未充分公开对区块页岩气资源价值能形成有效判断的地质数据资料。仅此不够，还应当在页岩气储层地质构造、成藏条件、储量和可采资源量评估、核心技术、环境风险评估与预防等层面进行基础的资料数据提供与服务工作。与此同时，地质矿产主管职能部门还应当协同环境保护主管职能部门，在对页岩气勘探开发过程进行监管以及对环境污染进行执法时，要求页岩气矿权人提交并向公众披露其使用的压裂液的配方、化学物品成分及其比例等信息，这是公众评估矿权人使用水力压裂技术进行勘探开发行为的潜在环境和健康风险内在需求。[3] 当然，虽然本质上探矿是一种风险投资，[4] 但是，自然资源部应尽量在现行的可得技术条件下测算并公开页岩气区块的资源储量，这样也能尽

---

〔1〕 何清：《页岩气迷局：中标后的尴尬》，载《21 世纪经济报道》2014 年 4 月 28 日。

〔2〕 王尔德：《页岩气革命“中国式”探路》，载《21 世纪经济报道》2012 年 12 月 11 日。

〔3〕 Hannah Wiseman, “Trade Secrets, Disclosure, and Dissent in A Fracturing Energy Revolution”, *Columbia Law Review* 111, 2011, pp. 1 – 13.

〔4〕 郗伟明：《矿业权法律规制研究》，法律出版社 2012 年版，第 32 页。

可能保障页岩气特许权人的权益,从而实质上促进页岩气特许权的实现,进而保障页岩气产业的健康快速发展。

四、结语

在建设生态文明和实现可持续发展的目标诉求下,科学合理地推动页岩气能源开发,是推进我国能源革命,全面落实科学发展观、促进节能减排和保障能源安全的迫切需要。页岩气开发虽然前景可观但障碍重重,在努力解决可采资源储量不明、突破关键的技术“瓶颈”和防范环境风险的同时,还要正视并重视我国当前的页岩气特许权制度体系已经成为制约页岩气能源开发的障碍。完善页岩气矿业权制度设计也能实质上规避、克服和消解页岩气资源勘探开发中自然因素的制约作用。当然,现有的页岩气特许权制度镶嵌在矿产资源法律体系中,对之进行革新与完善既不可能一蹴而就,也不可能抛开既有的法律体系约束或产生过高的制度创新成本,必须在既有的制度框架内,结合页岩气资源勘查开发的制度需求务实推进。

第六章　页岩气矿业权行使之冲突应对与联营规则

上一章内容从法律制度设计以及我国页岩气特许权制度逻辑层面检讨静态的页岩气矿业权制度设计的内在逻辑，进而梳理与剖析我国页岩气产业停滞不前的内生制度困境。本章预期深入推进分析，在上一章的基础上，梳理与检讨（页岩气）矿业权动态运行的现状及其问题。静态的页岩气矿业权制度设计的缺陷在现实中会导致动态的页岩气矿业权行使过程出现多重困境。我国页岩气勘探开发进展缓慢，很重要的原因是页岩气探矿权的制度设计难以为矿权人提供足够的动力和行为激励。页岩气探矿权效力保障不足的弊端在现实中体现为其与诸多权利之间的冲突，包括与矿产资源国家所有权、土地所有权及用益物权、重叠矿业权之间的权利冲突，直面与应对这些权利冲突是推动页岩气开发的重要战略任务。

美国页岩气产业成功经验在于：除了突破关键技术瓶颈，还注重矫正油气资源生产中的产权规则，以适用新型致密非常规天然气开发的制度需求。在矿产资源所有权与土地所有权合一体制下，美国确定矿产资源获取规则为其矿产资源开发中的基本产权规则，该规则适用于自由流动的油气资源，导致了过度开发、恶性竞争和资源浪费等内生困境。为应对此困境，美国逐渐确定油气资源开发的强制联营规则。强制联营规则直接针对获取规则下恶性竞争与资源浪费的弊病，实现避免资源浪费与促进油气资源开发之协调、消除油气资源矿业权人权利行使障碍与保障相邻权利主体权益的多重功能。而且，页岩气自身的赋存特性与开发关键技术也增强了适用强制联营规则的必要性。为了突破我国当前页岩气产业发展的制度困局,应当借鉴美国页岩气开发强制联营的制度经验,扩展页岩气特许权的物权效力,完善规则设计以增强相关主体权益的保障力度,推动我国页岩气产业健康快速发展。

第一节 页岩气矿业权行使中的权利冲突与解决路径

页岩气勘探开发现实困境的制度研究滞后于资源属性与技术制约的研究。国内对于制度研究鲜有涉及,美国的研究也多集中于页岩气开发中伴生的环境风险、资金制约和政策争论等。当前从法律层面的研究也多局限于现行矿产资源法律法规体系的梳理与规则需求,从具体的权属制度产生的行为激励角度的研究尚存较大拓展空间。

在我国法律体系中,探矿权和采矿权是由矿产资源国家所有权派生出来的“准物权”。现实中矿权主体获得矿业权是为了获得经济收益,矿业权作为一种私权,应当具有财产权属性。现行法律对于矿业权的具体权利义务的规定,在宏观上影响了矿业权配置预期目标的实现,在微观上决定了私人矿业权主体行使权利的动力。从法律经济分析的角度来看,法律规范不是不可变的数据群,若将法律规定的行为权限视为变量,则现行法律结构和法定行为权限的种类和分布,将会影响资源配置的效率。[1] 故而,现实中大多数页岩气矿业权主体在页岩气勘探开发中的犹豫观望、踯躅不前,除了现实的资源储量不确定性、技术“瓶颈”、资金成本和环境风险的制约外,更深刻的原因在于现行的矿产资源法律制度塑造的动力机制和行为激励效应存在障碍。

这些制度障碍成了矿业权主体权利行使中的共性问题,且其负面效应将会在页岩气勘探开发领域凸显,这是基于页岩气资源的特殊性,决

---

〔1〕 [德]汉斯—贝恩德·舍费尔、克劳斯·奥特:《民法的经济分析》(第四版),江清云、杜涛译,法律出版社2009年版,第9~10页。

定了其勘探开发过程中所遭遇的问题与风险超过了传统矿产资源。由此，一旦矿业权人所获取与行使的页岩气矿业权不能为其带来充分的权益预期，则会极大地制约其行使权利的积极性和安全感，最终导致国家页岩气产业政策目标落空：(1)页岩气是一种非常规天然气矿藏，其储存的岩层具有低渗透性（致密性）特征，不同于渗透性更好的、存在渗透流的储存于内部相通的孔隙中的常规天然气资源，页岩气的勘探开发一般需要通过更为复杂的、技术要求更高的储层改造技术，以增加额外的渗透性，这使得原来用以探明常规矿藏资源储量的方法已不敷其用。国家通过招标出让的页岩气区块的可采资源储量的测定是基于概率统计的容积法进行的概括估算，页岩气探矿权主体面临着更大的资源储量不明的风险。在页岩气矿业权人支付巨额成本但面临极大风险的情势下，矿权人如何实现权利、规避风险、收回成本是其不得不慎重考虑的决策前提。(2)基于上述页岩气作为非常规天然气的资源属性，预期实质开展勘探开发工作必须使用水力压裂和水平钻井技术以增加页岩气储层的渗透性。在当前关键技术滞后、专业人才匮乏的背景下，页岩气探矿权的内容（包括期限、效力和成本等）成为决定页岩气矿业权主体是否有足够动力投入资金进行技术研发、人才培养并开展实质工作的至关重要的影响因素。事实证明，我国当前的页岩气矿业权制度体系不能令人满意地承载财产权应当包含的引致权利主体偏好满足的含义，难以对页岩气矿业权主体行使权利形成足够的激励动力。

一、页岩气矿业权与多种权利之间的冲突

在我国物权法的权利谱系中，探矿权和采矿权（合称为“矿业权”）被规定为“准物权”，则矿业权应当是矿业权主体的一种民事权利，具有物权效力。物权效力的本质，在于社会性地容忍以直接支配标的物的形式来实现各个物权的内容，而无须他人的协助。物权从本质上被认可了以下效力：(1)在与物权客体所存在的诸权利之间的关系上，具有优先于其他诸权利的效力；(2)在其权利内容的实现过程中，具有直接追随

客体排除他人干涉的效力。[1] 具体而言,矿业权的物权效力体现在其排他效力、优先效力、追及效力和物权请求权。[2] 上述归纳的页岩气矿业权的特性之所以会制约现实中页岩气矿权人行使权利的积极性,根本原因在于当前的矿业权内容极大影响、削弱了页岩气矿业权的物权效力,使得页岩气矿业权作为一种财产权承载的权利功能难以实现。

(一)矿业权与矿产资源国家所有权的冲突

矿业权的权属制度包括矿产资源的所有权制度与开发利用制度。这两类权利在现实中由不同主体享有和行使,会产生权利冲突。

1. 矿业权与矿产资源所有权的关系内涵与本质

在我国法律体系中,一切矿产资源属于国家所有。我国目前尚未针对页岩气进行专门立法,但从我国物权法的立法目的、价值选择和制度逻辑上,自然资源除了法律明确规定专属国家所有和法律明确规定属于集体所有的之外都概括地属于国家所有权的客体范围。在此制度逻辑下,页岩气作为一种新型矿产资源,属于国家所有。根据《矿产资源法》第3条第3款的规定和《矿业权出让转让管理暂行规定》(国土资发〔2000〕309号)第15条的规定,矿业权的设立由县级以上人民政府地质矿产主管部门采取批准申请、招标、拍卖等方式出让给矿业权人。

矿业权人所获得的探矿权和采矿权是由行政机关特许授予的一种私权,是与矿产资源国家所有权权能分离,派生出来的一种复合性的权利。所有权的行使包括所有人直接行使与所有人授权他人行使两种方式。国家作为一个抽象的主权主体,其行使矿产资源所有权的方式具有特殊性。国家作为所有权人对矿产资源所有权的直接行使一般通过国家投资设立的企业(国有矿山企业)来实现;为了更好地开发利用矿产

[1] 崔建远:《准物权研究》(第二版),法律出版社2012年版,第195页。

[2] 矿业权的排他效力,是指在同一矿区或工作区不得同时并存两个以上的矿业权;矿业权的优先效力体现在其优先于普遍债权、优先于矿产资源所有权等方面;矿业权的追及效力是指矿业权取得后,其矿区、工作区或局部的矿产资源不论被谁不法侵占、妨害,矿业权人均可主张其矿业权,将不法侵权人驱逐出矿区或工作区,请求排除妨害矿业权行使的障碍;矿业权的物权请求权包括排除妨害请求权、消除危险请求权,较少表现为物的返还请求权。具体分析参见崔建远:《准物权研究》(第二版),法律出版社2012年版,第287~294页。

资源,国家将矿产资源的勘查开采权授予符合法律法规规定资质条件的民事主体,使其在缴纳资源税和资源补偿费的基础上获得探矿权和采矿权,具体去行使矿产资源的勘探开发的权利。因此,矿业权也是国家实现矿产资源所有权的一种方式和手段。

2. 矿业权与矿产资源所有权冲突解析

矿业权与国家所有权在权利性质上均为矿产资源物权,二者分属不同主体,但权利客体具有同一性。这两种权利的同时行使会相互抵触,即一个权利主体行使其权利会导致其他权利主体完全实现其权利的限制或障碍,因此就出现了权利冲突。现实中,基于矿业权从国家所有权派生以及国家的强势地位,矿业权与矿产资源所有权之间的冲突经常表现为国家行使矿产资源所有权制约矿业权人权利实现。这种权利冲突现象可以从以下几个方面归纳:

(1)现行《矿产资源法》在立法逻辑上倾向于将矿业权定位为附属于国家矿产资源所有权的附庸,没有充分重视矿业权的独立的权利地位。这典型体现在"权证合一"的立法思路上。贯穿在《矿产资源法》第16条以及其他条文表述中,矿权人获得权利表征是勘查许可证和采矿许可证。在"以证载权"的"权证合一"中,"权"是指矿业权,从其内容和基本功能来看,是财产性权利,属私权的范畴;而"证"作为行政许可的表现形式则集中体现的是行政权,属公权范畴。[1] 从所有权权能理论、比较法和现实制度需求三个层面分析,自然资源国家所有权的权能结构中应当包括管理权能。许可证承载了国家对探矿和采矿的资质管理的职能。矿业权是属于矿权人的一种独立的归属于用益物权的民事权利,在"以证载权"的立法理路中,矿业权的行使全过程受制于矿产资源国家所有权。

(2)《矿产资源法》第40条、第44条规定,对矿权人越界开采导致矿产资源破坏、采取破坏性的开采方法开采矿产资源等行为,均要吊销勘查许可证、采矿许可证。如上所述,在我国,矿业权经由行政特许设

---

〔1〕 张璐:《〈矿产资源法〉修改中的"权证分开"问题研究》,载《甘肃政法学院学报》2010年第6期。

立,通过行使行政特许权颁发勘查许可证和采矿许可证也是行使国家所有权、实现国家所有权功能的典型方式。而一旦将开发利用矿产资源的权利授予矿业权主体,由于该权利本身是社会主体享有的私权性质的物权,因此不能被肆意剥夺。基于矿产资源的公共属性和勘探开发页岩气资源会伴生生态环境风险,矿业权人行使权利的过程受到诸多限制,矿业权人在勘探开采页岩气过程中要接受全过程监督管理,但这种限制不能动辄以剥夺矿业权人权利的简单粗暴方式实现。

(3)《矿产资源法》第 6 条规定了"禁止将探矿权、采矿权倒卖牟利",该条列举规定了允许探矿权采矿权转让的例外情形,该法第 42 条规定:"买卖、出租或者以其他形式转让矿产资源的,没收违法所得,处以罚款。"由此可见,现行法律体系原则上禁止矿业权转让。《探矿权采矿权转让管理办法》重申和延循了这一立法思路,将转让的条件和程序具体化。但是,矿业权是财产性私权,矿权人获得矿业权的目的是获得收益,"牟利"是获取和行使权利的内生目的,转让是矿业权的一种权能和矿权人实现权利的一种方式。事实上,很多矿山企业以转让采矿权作为动力,预期通过获批并转让采矿权获得经济利益,实现资本市场上的融资,这样不但可以降低其自身的勘探开采风险,也有利于促进矿产资源的专业化和深度勘探,这应当是一种合理的市场模式。因此,对转让矿业权行为控制的重点不在于原则上禁止转让,而是控制该行为可能产生的负外部性以及审核受让主体的资质条件。

在我国页岩气探矿权与页岩气国家所有权的关系中,呈现出以页岩气国家所有权过于强势限制页岩气矿业权独立物权地位为明显特征的权利冲突,具体体现为:

第一,在我国已经实施的两轮页岩气探矿权招标出让中,通过竞标获得页岩气区块探矿权的中标企业的矿业权是通过国土资源部(现自然资源部)颁发的页岩气矿产资源勘查许可证载明的,即页岩气矿业权还是延续"权证合一""以证载权"的授权路径。

第二,由于我国开展页岩气探矿权招标出让工作晚近开展,且总共只有 21 个页岩气区块探矿权主体,迄今尚未出现吊销勘查许可证、收回页岩气探矿权的情况。但是,随着页岩气探矿权勘查许可证 3 年有效期到期，从2011年开始获得页岩气探矿权的企业陆续面临探矿权到期但因为勘查投入不足而承担风险的后果。2014年，国土资源部（现自然资源部）公布了对首次招标出让试点的两个期满页岩气探矿权的处置结果是按未完成比例核减相应区块的面积。[1] 有论者分析，中国石油化工股份有限公司（中石化）在拥有资金和技术的双重优势下，仍然不愿意按照页岩气探矿权出让合同进行勘查投入，很可能是不看好页岩气开发收益。[2] 也即，基于页岩气勘查中的诸多风险与问题，探权主体预期承担违约金和核减区块面积的损失小于足额勘查投入的损失，反映出国家作为页岩气矿产资源所有权人仅注重在探矿权出让与结果处理两端实现所有权人的权益，而不够重视在过程中承担利用既有地质资料，投入资金计算页岩气储量、提供核心技术，为页岩气勘查开发提供充分信息以减低企业风险的义务。

第三，页岩气探矿权主体面临极大的勘探风险或面临资金"瓶颈"时，也不能自由地通过转让页岩气探矿权等其他方式实现页岩气探矿权利益。在第二轮页岩气探矿权招标出让后，16家企业中标，其中大多数企业因为资金、技术和环境风险等多方面限制，尚处于制定中标区块的勘探实施方案阶段，很少投入实际勘探，甚至萌生退意。但由于当前矿产资源法律体系对于矿业权转让的严格限制，这些企业面临进退两难的窘境。

（二）矿业权与土地权利的冲突

矿产资源产生并储存于地下岩层中，勘查开发矿产资源均要使用地

---

〔1〕 国土资源部（现自然资源部）2014年公布了首次招标出让的两个页岩气探矿权勘查期满的处置结果，这两个页岩气区块是2011年7月18日国土资源部首次通过招标方式出让的两个页岩气探矿权区块"渝黔南川页岩气勘查区块"和"渝黔湘秀山页岩气勘查区块"，探矿权人分别为中国石油化工股份有限公司和河南省煤层气开发利用有限公司。3年勘查期内，两个页岩气区块的探矿权人未完成承诺勘查投入，国土资源部要求其按照未完成承诺勘查投入的比例缴纳违约金，并按未完成比例核减相应区块的面积。具体资料可参见李平：《首次招标出让试点的两个页岩气探矿权到期》，载《中国矿业报》2014年11月4日，第A1版。

〔2〕 黄楠：《中石化遭罚折射中国页岩气困境》，载腾讯财经网：http://finance.qq.com/original/caijingguancha/f1319.html，最后访问时间：2014年11月5日。

下及其地表,这使现实中矿业权与土地权利存在冲突。

1. 矿业权与土地所有权的冲突

根据我国《宪法》第 9 条和《物权法》第 46 条规定,矿藏专属国家所有,城市土地属于国家所有,农村和城市郊区土地,除由法律规定属于国家所有的以外,属于集体所有。概言之,在我国,土地属于国家和集体所有,根据土地所有权的两种类型,矿业权与土地所有权关系分述如下:

(1)矿业权与国家土地所有权。我国矿产资源与国家所有土地的所有权人均为国家,当矿权人获得矿业权时,本身便意味着国家作为所有权人除了特许其开发利用矿产资源,也授予其地下使用权。与此同时,根据《矿产资源法实施细则》第 16 条规定,探矿权人享有根据工程需要临时使用土地的权利;根据《矿产资源法实施细则》第 30 条规定,采矿人享有根据生产建设的需要依法取得土地使用的权利。虽然根据上述《矿产资源法实施细则》的规定,矿权人的权利包括土地使用权,但是基于我国采纳的矿权与土地权利分离的立法模式,矿权人对土地的使用权并不是基于取得矿业权而自然获得。申言之,土地使用权是行使矿业权的内在需求,但其实现与国家土地所有权存在冲突。

(2)矿业权与集体土地所有权。开发矿产资源会对土地和人口造成较大的影响,所以,一般不大可能在人口稠密的城市地区勘探开发矿产资源,而是选择在人口稀少地区。[1] 为勘查开发页岩气资源所需要使用的土地,大多属于集体所有,矿业权的行使必然会与集体土地所有权发生冲突。此处需要特别强调的是,矿业权与土地集体所有权的冲突不是“有些地方及个别人凭着土地所有人或土地使用权人的身份,擅自

〔1〕 美国页岩气成功开发的经验之一是大部分的页岩位于人口稀少地区,可以钻很多矿井以满足页岩气规模生产;除此之外,人口在稀少地区进行页岩气生产也能够较少遭受当地居民的反对。具体分析参见 Ishaya Paul AmazaIshaya P. Amaza, “Exploring Barriers to Financing Shale Gas Production on A Limited Recourse Basis”, *International Energy Law Review* 2, 2013, pp. 67 – 74。

抢占油气田或强行布井,擅自侵入国有矿山乱采滥挖。"[1]因为上述情形属于权利行使的不法现象,而权利冲突则是权利主体在现行法律秩序容忍范围之内行使权利时产生。真实世界的权利边界存在模糊性使得权利冲突不可避免。土地集体所有权的内容是集体组织及集体组织全体成员对其耕地、林地、水域和集体建设用地(宅基地)等享有的排他的支配性权利,但矿产资源赋存于地下的特性,使勘探开发矿产资源必然要取得矿区土地的占有权和使用权,这必将会影响集体土地所有权的独占、排他的支配权,产生权利冲突。

以我国页岩气探矿权实施为分析对象。勘查地下页岩气资源,页岩气探矿权人取得页岩气所赋存土地的地下使用权是探矿权的权利内容,在出让页岩气探矿权时一并出让。但探矿权主体为勘查需要,还需要使用水平钻井和水力压裂技术,在地表和地上搭建钻井平台、铺设管线和运输储存装备材料等,其法律依据是《矿产资源法实施细则》第 16 条规定"根据工程需要临时使用土地"。这些土地可能属于国家所有或集体所有。在国家所有土地上,虽然国家同时作为页岩气资源与土地资源所有权主体,在出让页岩气探矿权时与土地使用权时具有利益一致性,但毕竟二者的权源不一致且要分别履行出让审批手续,页岩气探矿权会与土地国家所有权产生冲突。同时,我国大量页岩气区块赋存于集体所有土地下,我国国土资源部(现自然资源部)已经实施两轮探矿权招标出让的渝黔南川、贵州绥阳、贵州凤冈和渝黔湘秀山等页岩气区块也基本上位于人口稀少的山区,页岩气探矿权主体为行使权利需要获得属于集体所有土地的临时土地使用权,则页岩气探矿权也会与集体土地所有权产生冲突。

2. 矿权与土地用益物权的冲突

我国《物权法》第三编确立了土地承包经营权、建设用地使用权、宅基地使用权和地役权四种主要用益物权,并对土地以外的其他自然资源用益物权作了宣示性的规定,《物权法》第 123 条规定:"依法取得的探

---

〔1〕 秦扬、胡实、张小龙:《论我国石油天然气矿权权利冲突及解决机制》,载《生态经济》2012 年第 1 期。

矿权、采矿权、取水权和使用水域、滩涂从事养殖、捕捞的权利受法律保护。"基于本节论述框架,笔者这里论述的是矿业权与土地用益物权之间的冲突,主要是矿业权与土地承包经营权、建设用地使用权和宅基地使用权的冲突。土地承包经营权是在集体所有或国家所有,由农民集体使用的直接用于农业生产的耕地、林地和草地等农用地上设置,其目的是从事农业生产。建设用地使用权是在国家所有土地的地表、地下或者地上设立的利用该土地建造建筑物、构筑物及其附属设施的对土地使用价值支配的权利。宅基地使用权是以建造住宅及其附属设施为目的,对集体所有的土地进行占有和使用的权利。根据我国《物权法》的规定,宅基地使用权的主体原则上限于土地所属的农村集体组织成员。从我国《物权法》对上述土地用益物权的立法界定、设立条件和程序可知,土地承包经营权、建设用地使用权和宅基地使用权是在国家或集体所有的土地上设立,是土地所有权与其权能的分离,分别满足不同的土地使用目的,无论是进行农业生产、建造建筑物、构筑物及其附属设施,还是建造住宅,都是利用土地的使用价值满足公民基本的生产和生活需求。

页岩气探矿权的行使需要占用大面积土地,并因勘查和开发过程中搭建钻井平台、建设井场、地面作业施工以及在工作区及相邻区域架设供电、供水、通信管线等活动,与上述土地用益物权的权利主体利用土地的活动一起作用于同一土地的不同部位或相同部位,使矿业权与这些权利不能同时实现或互有影响牵制。虽然《矿产资源法实施细则》第16条规定探矿权人的权利包括"根据工程需要临时使用土地"的权利,但法律与文件赋予页岩气探矿权人根据工程需要取得临时土地使用权以及保障页岩气勘查开采用地需求的规定,仅仅是原则性的规定。现实中,如果页岩气资源赋存的土地是未利用地,则可以适用上述规定;当页岩气赋存的土地上已经设立其他类型用益物权时,则页岩气探矿权与已设立的用益物权之间的冲突在所难免。

(三)矿业权之间的冲突

矿产资源赋存于地下,石油和天然气是流体资源,具有不受财产边界限制而从一个地方移动到另一个地方的能力,因此,一般财产规则不能对其发挥作用。[1] 矿产资源的流动性和共通性是其自然属性,而将其划分为区块出让探矿权与采矿权则是"理性建构的规则",这使得现实中矿业权之间因为边界的模糊而产生的权利冲突难以避免。这些权利冲突包括:(1)相邻矿区之间的界限模糊导致矿权人在其矿区之间的探矿或采矿范围难以界限分明;(2)重叠矿业权之间的冲突。由于共生伴生矿产资源的现象极为常见,在同一矿区(矿床)内常有两种或两种以上都达到各自单独的品位要求、储量要求、矿床规模的矿产,而根据我国《矿产资源开采登记管理办法》等法律法规,我国对探矿权和采矿权实行分别管理的制度,对主要独立矿种实行一级管理,通过行政特许程序分别设立矿业权。这种情况下,同一矿区内因为赋存不同种类的矿产资源而产生不同的矿业权,这使不同矿业权之间的重叠进而产生冲突在所难免。

页岩气是新型非常规天然气资源,与常规矿藏资源之间存在重叠是其鲜明特征,该特征极大制约了页岩气作为独立矿种的勘探开发。我国《国土资源部关于加强页岩气资源勘查开采和监督管理有关工作的通知》(国土环发〔2012〕159号)(已失效)也正视和重视了页岩气矿权与传统油气资源矿权交叉和重叠的情况。该通知第8条规定了"鼓励开展石油天然气区块内的页岩气勘查开采",第9条规定了"统筹协调页岩气与其他矿产资源勘查开采"。但是,作为部委文件,该通知的规定较为原则,现实中,页岩气探矿权人便因为页岩气矿权与传统油气矿权发生重叠而难以充分实现其探矿权。目前国内页岩气区块超过70%都与传统天然气矿权重叠,一度被认为是制约页岩气产业发展的重大障碍。

二、页岩气矿业权与多种权利冲突之应对

从上述梳理可知,在我国的权利谱系中,矿业权与多种类型权利存

---

〔1〕 [澳大利亚]特伦斯·丹提斯:《捕获规则:对石油和天然气而言并非最差的财产规则》,载[英]艾琳·麦克哈格、[新西兰]巴里·巴顿、[澳]阿德里安·布拉德布鲁克、[澳]李·戈登主编:《能源与自然资源中的财产和法律》,胡德胜、魏铁军译,胡德胜校,北京大学出版社2014年版,第196页。

在冲突，这是导致我国当前页岩气勘探开发止步不前的重要制度因素。当前频发的冲突是法律逻辑上权利冲突的现实投射，而后者则是基于法律划定权利边界模糊的内生属性。虽然学界在探究权利冲突解决路径上进行了诸多努力，典型如：重视权利的平等保护、法律机制的综合作用和立法对解决权利冲突的意义；[1] 主张通过梳理权利位阶来构建权利冲突的化解机制。[2] 但既有研究多从法理角度展开，且不同的理论渊源和价值预设也引致不同的权利冲突解决路径，甚至出现上述两种观点之间的矛盾。即使专门研究物权法上的权利冲突，也多从物权优先于债权、顺位规则及其例外等法律原则角度展开，[3] 矿业权与其他相关权利在法律逻辑与现实中的权利冲突的解决思路需要专门予以探析，而上述归纳的页岩气勘探开发中凸显的权利冲突的严重性与特殊性更是提出了自身的应对规则需求。

（一）矿业权与矿产资源所有权冲突之应对

矿业权是基于矿产资源国家所有权所派生出来的一种独立的“准物权”，在我国物权法体系中属于用益物权，是一种限制物权。限制物权的有效存在，是所有权实现的一种方式，也是所有权人自愿承受负担的表现，故而，所有权要受到限制物权的限制，只有在限制物权消灭后，所有权才能恢复其本有状态，因此，所有权总是滞后于限制物权。[4] 所以，从物权理论和制度目标而言，当矿业权与矿产资源国家所有权发生权利冲突时，原则上应当坚持矿业权优先于矿产资源国家所有权的处理规则，因为矿业权是国家为实现其所有权而自愿接受权利内容和效力上的限制。

但如上所述，在现实中矿业权与矿产资源国家所有权的冲突中，国

---

〔1〕 刘作翔：《权利冲突的几个理论问题》，载《中国法学》2002 年第 2 期。

〔2〕 张平华：《权利位阶论——关于权利冲突化解机制的初步探讨》，载《法律科学》2007 年第 6 期。

〔3〕 常鹏翱：《物权法上的权利冲突规则——中国法律经验的总结和评析》，载《政治与法律》2007 年第 5 期。

〔4〕 限制物权的优先效力的规则是根据物权的不同特性以及当事人的意思表示，适用的不同于顺位规则的特殊规则之一，参见常鹏翱：《物权法上的权利冲突规则——中国法律经验的总结和评析》，载《政治与法律》2007 年第 5 期。

家所有权处于强势地位，在制度设计上会制约矿业权的效力从而影响矿权的独立物权地位及其对矿权人带来的经济效益。为应对此问题，笔者建议从三个层面予以应对：

1. 从法律逻辑上看，矿业权是基于矿产资源国家所有权而产生，后者在权能结构和权利效力上优位于前者。对于页岩气探矿权而言，基于我国现行法律中规定矿业权取得的特许程序，页岩气探矿权取得的条件、程序及权利内容与构造更多受制于作为矿产资源所有权主体的国家；但就权利运行角度而言，页岩气资源上设置的页岩气探矿权是国家所有权的一种实现方式，当二者出现冲突时，应当优先满足页岩气探矿权人的权利实现。

2. 所有权包括两组合法的权利成分：一组以所有者对其财产所拥有的"基本功能控制"为标志，另一组以所有者拥有从交易和开发其财产获得"收入的基本权利"为标志。控制所有权包括使用、占有、管理、修改、让渡、销毁自己财产的权利，是指拥有者对他所拥有的东西享有独立权利的一些方面；收入所有权允许一位拥有者交易货物，收取任何在市场中可以得到的、反映在其货物售价中的经济租金。虽然两类所有权很难完全区分，但在制度功能和价值上，控制权倾向于保护个人利益，收入权倾向于保护社会利益。[1] 矿产资源是社会公民生产生活的必需品，国家专享矿产资源所有权功能是基于其稀缺性和公共性，一旦被个人排他性独占，则会影响其生态价值和公益功能发挥，故而设置国家所有权的目的是确保其不能被除了国家之外的任何社会个体独占享有，而不是赋予国家实现自身利益、可以无视他人同意而任意施行的控制权。从上述所有权结构理论展开，页岩气资源国家所有权应当定位为一种收入所有权，国家主要通过获取开发页岩气资源获取收入，让渡其使用权而享有利润的方式实现。现实中，页岩气探矿权人按照《矿产资源法》第5条的规定以及企业与国土资源部（现自然资源部）签订的页岩气探矿权出让合同，缴纳资源税和资源补偿费取得页岩气探矿权，国家作为所有权

---

〔1〕［美］克里特斯曼：《财产的神话——走向平等主义的所有权理论》，张绍宗译，张晓明校，广西师范大学出版社2004年版，第221～229页。

人已经实现了收入所有权,则应当充分保障页岩气探矿权的独立地位和充分效力。

3. 在具体的制度上,需要改进之处有:(1)改变当前矿产资源法律体系秉持的“权证合一”的立法思路,在制度设计上尊重矿权的独立物权地位,矫正当前矿业权的行使全过程受制于、被决定于矿产资源国家所有权的权利格局;(2)在法律责任制度设计上,矫正当前针对矿权人的违法行为动辄处以吊销勘查许可证、采矿许可证,从而剥夺矿业权的制度,代之以重视民事、行政和刑事责任的梯度设计,还应加强地质矿产主管部门及其他相关职能部门的监管职责;(3)矫正当前立法原则上禁止探矿权采矿权转让的制度设计,对矿业权行使监管的重点不应放在限制权利人行使权利的方式和手段,而应重在监管权利转让的程序、负外部性以及受让主体的资质条件等方面;(4)具体到页岩气勘探开发领域,基于页岩气新能源勘探开发中面临的资源储量不明、核心技术落后导致中标企业存在诸多风险,国家作为页岩气资源所有权人应当承担公开关键地质资料、在现行可得技术条件下确定并公开页岩气区块可采资源量以及研发提供核心技术等义务,以降低页岩气探矿权人的风险。

(二)矿业权与土地权利冲突之应对

1. 矿业权与土地所有权冲突之应对

矿产资源赋存于地下,取得土地地下使用权是矿业权的固有内涵。与此同时,基于行使矿业权在矿区施工以勘查开发的需要,矿权人还需要取得土地地表和地上使用权。如果矿区是在国有土地范围内,因为土地与矿产资源均属于国家所有,为勘查开采矿产资源,国家将矿产资源与国有土地的使用权同时出让设置用益物权,也即设置矿业权与土地使用权具有一致利益,此时权利冲突的可能性较小。但是,矿权人的土地使用权并不能因为取得矿业权而自然取得,作为建设用地使用权还要符合《物权法》关于建设用地使用权的相关规定:矿区位于国有土地上时,采矿权人向国土资源管理部门申请办理建设用地使用权出让及登记手续,领取建设用地使用权证,取得建设用地使用权;如果该宗土地为荒漠等非耕地,采矿权人又是国有矿山企业,建设用地使用权通过行政划拨方式产生;如果该宗土地为耕地,建设用地使用权通过出让方式取得,采矿权人须支付出让金。[1]

具体到页岩气探矿权领域,探矿权人取得页岩气赋存的地下土地使用权是其权利内容,但为开展勘查行为还需要取得地表与地上土地使用权以进行地面作业、铺设管线与建设井场。如果页岩气区块位于国有土地,则页岩气探矿权人要按照上述规定申领建设用地使用权证。就两轮页岩气探矿权招标出让情况来看,一些页岩气区块位于未利用地,国土资源部(现自然资源部)在出让页岩气探矿权时划拨非利用地给中石油中石化等国有矿山企业使用,并在民营企业等非国有矿山企业支付出让金等费用的前提下,给权利主体出让非利用地的建设用地使用权。

还有大量的矿产资源赋存于集体所有的土地下。如上所述,我国已实施的两轮探矿招标出让的页岩气区块大多位于集体所有土地。当土地属于集体所有,而页岩气矿产资源属于国家所有时,基于页岩气资源国家所有权派生的页岩气探矿权与集体土地所有权的冲突在现实中就较为明显。我国采取了矿业权优先原则以解决此权利冲突,实践中采用以下两种方式保障矿业权的优势地位:第一,开发者与拥有该集体土地所有权的集体经济组织协商,通过合同方式进行租用;第二,根据《土地管理法》第 44 ~ 47 条的规定,国家对所涉及集体土地进行征收,将该集体土地转化为国有土地,而后由土地管理部门将该国有土地使用权转让给开发者。[2]

2. 矿业权与土地用益物权冲突之应对

矿业权与土地用益物权在《物权法》中均属于用益物权,是同类性质的物权,二者之间的冲突是基于对土地的占有、使用和收益等排他性权利不能同时实现而产生。处理二者之间的冲突要同时兼顾两个法律原则:第一,一般性的“时间在先则权利在先”的物权优先性原则;第二,基于矿产资源对于国民经济的战略重要性而适用的“矿地使用优先理

〔1〕 崔建远:《准物权研究》(第二版),法律出版社 2012 年版,第 282 页。

〔2〕 王明远:《天然气的开发与土地利用:法律权利的冲突和协调》,载[英]艾琳·麦克哈格、[新西兰]巴里·巴顿、[澳]阿德里安·布拉德布鲁克、[澳]李·戈登主编:《能源与自然资源中的财产和法律》,胡德胜、魏铁军译,胡德胜校,北京大学出版社 2014 年版,第 233 ~ 234 页。

论”。具体而言：

(1)根据《物权法》第136条的规定：“建设用地使用权可以在土地的地表、地上或者地下分别设立。新设立的建设用地使用权，不得损害已设立的用益物权。”如果建设用地使用权与页岩气探矿权中土地使用权的客体存在于土地的地表、地上或者地下的不同部位，则二者可以同时并存，但先设立的建设用地使用权具有优先效力，后设立的建设用地使用权不能损害已设立的用益物权。

(2)当页岩气探矿权行使根据工程需要临时使用土地与土地承包经营权发生冲突时，我国现行矿产资源法律体系实际上适用责任规则赋予矿权人的临时使用土地权利的优势地位。[1] 页岩气探矿权人只要根据《矿产资源法实施细则》第21条的规定，[2] 在补偿他人的财产损害后，便可以优先取得临时土地使用权。但是，笔者认为，矿产资源开发利用固然对我国国民经济发展至关重要，但保护土地承包经营权也是落实我国实行最严格的耕地保护制度、保护18亿亩耕地红线的必需，在处理二者关系时不能采取现行的矿权人只要赔偿财产损失便可合法侵害土地承包经营权的方式，还应当考察该矿业权所勘查开发矿种的性质及其对国家战略安全与公共利益的重要性。

(3)《矿产资源法实施细则》第22条规定：“探矿权人在没有农作物

---

[1] 一旦法律界定了初始权利之后，根据其受到保护的方式，权利可以分为三种：受财产规则保护的权利、受责任规则保护的权利和不可让与的权利。其具体内容介绍与分析，可参见[美]吉多·卡拉布雷西、A.道格拉斯·梅拉米德：《财产规则、责任规则与不可让与性：一个权威的视角》，明辉译，载徐爱国编译：《哈佛法律评论·侵权法学精粹》，法律出版社2005年版，第279~280页。

[2] 《矿产资源法实施细则》第21条规定：“探矿权人取得临时使用土地权后，在勘查过程中给他人造成财产损害的，按照下列规定给以补偿：(一)对耕地造成损害的，根据受损害的耕地面积前三年平均年产量，以补偿时当地市场平均价格计算，逐年给以补偿，并负责恢复耕地的生产条件，及时归还；(二)对牧区草场造成损害的，按照前项规定逐年给以补偿，并负责恢复草场植被，及时归还；(三)对耕地上的农作物、经济作物造成损害的，根据受损害的耕地面积前三年平均年产量，以补偿时当地市场平均价格计算，给以补偿；(四)对竹木造成损害的，根据实际损害株数，以补偿时当地市场平均价格逐株计算，给以补偿；(五)对土地上的附着物造成损害的，根据实际损害的程度，以补偿时当地市场价格，给以适当补偿。”

和其他附着物的荒岭、荒坡、荒地、荒漠、沙滩、河滩、湖滩、海滩上进行勘查的，不予补偿……”但是，《农村土地承包法》第46条第1款规定：“荒山、荒沟、荒丘、荒滩等可以直接通过招标、拍卖、公开协商等方式实行承包经营，也可以将土地承包经营权折股分给本集体经济组织成员后，再实行承包经营或者股份合作经营。”也即《农村土地承包法》规定了不宜采取集体经济组织家庭承包方式的“四荒”土地可以通过招标、拍卖、公开协商等方式实行承包经营，从而获取经济收益。而上述《矿产资源法实施细则》对探矿权人在“四荒”等土地进行勘查不予补偿的规定，忽视与遮蔽了农村集体经济组织可以基于“四荒”土地获益的机会，损害了农村集体经济组织的利益，应当予以矫正。因此，笔者建议，国家应当在修改《矿产资源法实施细则》等对探矿权人在“四荒”等土地进行勘查不予补偿这一规定的基础上，要求页岩气探矿权人在行使权利过程中，如果对集体所有的“四荒”等土地造成影响，即应当支付一定标准的赔偿费用。

(4)针对宅基地使用权与矿业权之间的冲突，当宅基地使用权与矿业权不能并存时，笔者认为，不能允许矿权人与宅基地使用权主体以协商的方式解决。这是因为，宅基地承载着社会保障功能，我国宅基地使用权主体具有特定性，原则上限于符合申请宅基地条件的本农村集体经济组织成员，且其性质为无偿取得和使用的权利，不允许其自由转让给矿权人获得经济收益。但可以允许通过对宅基地进行土地征收并给予补偿的方式，但要严格限制于国家公共利益的需要。

(5)当页岩气矿业权人为了充分行使页岩气探矿权的需要，在矿区以及在与矿区相邻的用益物权土地上架设供电、供水、通信管线及管网建设时，矿权人的该权利属于《物权法》规定的相邻权，是法定权利，不以征得相邻用益物权人的同意为必要，但要符合《物权法》第92条的规定，“应当尽量避免对相邻的不动产权利人造成损害；造成损害的，应当给予赔偿。”

(三)矿业权之间冲突之应对

根据以上论述，将矿业权之间的冲突划分为相邻矿权之间的冲突与重叠矿权之间的冲突，则对应的解决路径如下所述。

1. 相邻矿业权冲突之应对

就理论和制度规定而言，勘查、开采矿产资源，必须依据《矿产资源法》等法律规定，依法分别申请、经批准取得探矿权、采矿权，并办理登记，探矿权与采矿权出让的程序以招标拍卖等方式进行，各矿权人获得的矿权所在矿区的范围经过许可和登记有明确界限区分。但是，现实中不同矿业权主体获得的相邻矿区范围难以泾渭分明，这就导致了相邻矿业权之间的冲突，我国当前制度体系没有对之予以足够重视。“原则上讲，权利人只应在其地面划定范围的垂直向下的区域内享有权利，但是在脉矿的情况下，由于矿脉是连续的，为了完整有效地开采，一般规定可以有超越边线的开采权，该权利只适用于标界的脉矿用地。”[1]也即因为矿区相邻以及矿产资源自身的连续性而有必要掘进邻接矿区时，应当允许相邻矿业权人经过协商并在履行审批手续的前提下在邻接矿区的特定部分取得矿业权。这样的制度设计，能够使矿权人充分行使权利，也能够有效保障矿产资源国家所有权的实现。

当出现页岩气区块地理邻接，导致相邻页岩气探矿权人在行使权利产生冲突时，这种冲突可以概括为两种类型：第一，基于页岩气矿产资源之间的邻接，在勘查页岩气资源过程中，使用水力压裂技术和水平钻井技术作用于本区块页岩气资源时，会产生外溢影响邻接页岩气资源的冲突；第二，基于页岩气区块相邻关系，为勘查页岩气资源而进行的搭建钻井平台、建设井场、地面作业施工以及铺设管线等行为会产生冲突。针对第一种冲突，确因现实必要而必须掘进邻接矿区进而会影响邻接矿区页岩气资源时，经过相邻矿业权人协商及登记管理部门核准登记，应当允许相邻页岩气探矿权主体在邻接矿区特定部分相互取得部分探矿权，但以必要为限度。针对第二种冲突，笔者认为，为开展页岩气勘查工作需要在工作区及相邻区域进行地面作业和架设供电、供水、通信的管线等活动，属于我国《物权法》第 87 条、第 88 条规定的因通行以及建造、修缮建筑物以及铺设管线所形成的相邻关系，双方应当相互提供必要的便利。除此之外，基于页岩气勘探需要大量的资金投入，笔者还建议，为解

[1] 江平主编：《中国矿业权法律制度研究》，中国政法大学出版社 1991 年版，第 27 页。

决上述冲突，还应当倡导和鼓励相邻页岩气探矿权人之间在地面作业和铺设管线等方面进行协商与合作，在基础设施建设上分担共用，以发挥资源最大效用，降低生产成本。

2. 重叠矿业权冲突之应对

重叠矿业权是基于共生矿产现象的普遍存在，当同一矿区内存在两种或两种以上均达到各自单独的品位、储量要求和矿床规模的矿产，且属于我国独立矿种需要分别设置矿权之时，会出现两种以上矿业权共存于一个矿区的情形而产生权利冲突。这典型体现为我国当前页岩气区块超过70%都与传统天然气矿权重叠，以及大量的煤层气矿权与煤炭矿权重叠。

以页岩气矿业权为个案分析重叠矿业权权利冲突之应对。即使符合法定资质要求的矿山企业获得页岩气矿业权，但若是该区块已经存在传统天然气矿业权，根据物权法原则，已存在的矿业权之间的冲突需要根据“时间在先则权利在先”的原则解决，页岩气矿业权人的权利让位于传统天然气矿业权。为应对重叠矿业权冲突问题进而促进页岩气勘探开发，《国土资源部关于加强页岩气资源勘查开采和监督管理有关工作的通知》（国土环发〔2012〕159号）（现已失效）（以下简称《通知》）正视了矿业权重叠区块的管理，其矿权冲突解决的思路体现于该《通知》第8条规定的“鼓励开展石油天然气区块内的页岩气勘查开采”。[1] 该通知实质上将油气重叠区块的页岩气矿业权优先赋予传统油气矿业权主体。但根据现实中页岩气探矿权招标情况，这种解决重叠矿业权冲突

---

〔1〕《国土资源部关于加强页岩气资源勘查开采和监督管理有关工作的通知》（国土环发〔2012〕159号）第8条规定：“鼓励开展石油天然气区块内的页岩气勘查开采。石油、天然气（含煤层气，下同）矿业权人可在其矿业权范围内勘查、开采页岩气，但须依法办理矿业权变更手续或增列勘查、开采矿种，并提交页岩气勘查实施方案或开发利用方案。对具备页岩气资源潜力的石油、天然气勘查区块，其探矿权人不进行页岩气勘查的，由国土资源部组织论证，在妥善衔接石油、天然气、页岩气勘查施工的前提下，另行设置页岩气探矿权。对石油、天然气勘查投入不足、勘查前景不明朗但具备页岩气资源潜力的区块，现石油、天然气探矿权人不开展页岩气勘查的，应当退出石油、天然气区块，由国土资源部依法设置页岩气探矿权。已在石油、天然气矿业权区块内进行页岩气勘查、开采的矿业权人，应当在本《通知》发布之日起3个月内向国土资源部申请变更矿业权或增列勘查、开采矿种。”

的路径仍然面临着亟待应对的问题有：

（1）如果按照《通知》的规定，即当页岩气矿业权与传统油气矿业权重叠时，原则上优先将页岩气探矿权赋予传统油气矿业权主体。现实中，由于70%以上页岩气区块与传统天然气矿业权重叠，已实施两轮探矿招标出让的页岩气区块是剩余的空白区块，而现实中页岩气优质区块基本上均为与传统矿业权重叠区块，空白区块气藏不够丰富，会影响其他矿山企业参与页岩气探矿权招标的积极性。

（2）根据《通知》规定，与传统石油天然气矿权重叠的页岩气区块优先由重叠矿业权主体获得页岩气探矿权，而实际上就主要是由中石油、中石化、中海油和延长油田这四大石油公司享有矿权重叠区块的页岩气矿业权的优先权。而这些矿业权重叠区块属于地质条件好、储量丰富且风险较小的优质区块。在当前我国普遍面临页岩气勘探开发存在关键技术"瓶颈"和生态安全风险不明的情况下，这些巨型国企因为有政策支持可以在新增页岩气矿权登记的前提下，优先获得页岩气探矿权，只需要按照相关法律规定完成最低勘查投入，便无被收回矿业权之虞，并没有急于进行页岩气勘探开发的压力和动力，而是处于观望状态，这样也影响了我国页岩气勘查开发的进展。基于此，笔者建议不应在制度设计层面赋予矿业权重叠区块上传统油气矿业权人的优先地位，进而只有等到其无意获取页岩气矿业权或其在获得页岩气探矿权却并未实际履行探矿权人勘查法定义务后才收回页岩气矿业权。合理的规则设计应当在页岩气探矿权招标出让环节，对所有矿山企业一视同仁，当因为重叠区块中页岩气探矿权主体与传统油气矿业权主体不同而可能产生权利行使的现实冲突时，如何协调与解决留待双方通过市场途径解决。比如《通知》第9条规定的页岩气探矿权申请人对传统油气矿业权主体作出不进入其勘查范围的承诺，确需进入的，双方签署协议约定权利义务，国家监管职能部门需要做的是对双方行使矿业权的行为是否符合各项法定义务进行监管。

三、结语

我国当前密集出台页岩气产业的发展规划、产业促进和财政支持政策。2011 年和 2012 年国土资源部（现自然资源部）已实施了两轮页岩气探矿权招标出让工作，有二十多个页岩气区块探矿权被招标出让，此后对于页岩气产业发展中的问题研讨与着力重点也多集中于页岩气勘查开发中的资源禀赋、技术"瓶颈"与环境风险，较少从页岩气矿业权的权利设计与行使绩效去探讨。但是，《国土资源部页岩气探矿权招标公告》明确规定，"招标出让区块探矿权有效期为 3 年，从勘查许可证有效期开始之日起算"。从 2011 年至今页岩气区块的探矿权均已满 3 年，页岩气探矿权本身的制度规则设计，以及镶嵌在权利体系中的页岩气矿业权与其他诸权利之间的冲突从而影响页岩气探矿权充分有效实现的问题已经凸显，随着探矿权 3 年有效期的期满，这一问题会密集爆发。因此，在重视页岩气勘查开发技术创新和加大政策支持力度的同时，细致梳理矿业权的制度逻辑与规则设计、解决矿业权与各项权利之间的冲突，也是有效推动页岩气产业健康快速发展的战略任务。

第二节　美国页岩气强制联营制度的构造与启示

前述内容已经论证，当前我国页岩气矿业权制度设计存在的内生缺陷，不但制约了页岩气矿业权自身的物权效力，而且客观上无益于克服页岩气勘探开发中的自然因素制约。因此，有必要细致探究页岩气勘探开发对矿业权提出的制度需求、权利内涵与内生缺陷。在我国法律体系中，一切矿产资源属于国家所有，中标企业作为矿业权人获得的探矿权与采矿权，是经由行政机关（国务院地质矿产主管部门）特许的一种矿产资源物权（准物权），该权利的范围、取得方式及其内容受到公权力的诸多限制。而页岩气所依附的土地资源所有权却可能属于国家所有或集体所有。如果在国家所有土地上，基于所有权主体的一致性，国家在出让页岩气矿业权时可以一并将属其所有的土地使用权出让给矿业权主体，但若页岩气依附的土地属于集体所有，则存在矿业权与集体土地使用权的冲突。更为复杂的是，页岩气探矿权的行使需要占用大面积土地，并因勘查和开发过程中搭建钻井平台、建设井场、地面作业施工以及在工作区及相邻区域架设供电、供水、通信的管线等活动，与土地用益物权的权利主体利用土地的活动并存且共同作用于同一土地的不同部位或相同部位，使矿业权与这些权利不能同时实现或互有影响牵制。因此，我国现实的页岩气矿业权行使中所面临的复杂的权利冲突，根本上制约了页岩气矿业权的实施。要根本上推动页岩气产业健康快速发展，就必须充分检视当前页岩气矿业权的多重权利框架及其受到的掣肘，进而从制度设计上矫正权利配置现状对矿业权主体行使权利行为的制约。

上述的我国页岩气矿业权行使中出现的矿业权与多重权利的冲突，根源在于矿业权与土地所有权、使用权的分离。虽然各国在土地所有权制度、矿产资源所有权制度以及处理二者关系的财产法则等方面存在差异，但各国在矿产资源勘探开采过程中，普遍面临如何处理地表权与矿业权分割的问题。这要求矿产资源制度设计必须充分正视与高度重视地表权与矿业权在进行分割时兼顾不同主体权利，更好地保障与激励矿业权主体勘探开采矿产资源。美国在页岩气产业发展中也曾经遭遇地表权与页岩气矿业权之间分割与不协调的体制约束与制度“瓶颈”，其在实践中创新出的强制联营制度，较为有效地解决了土地权利配置对矿业权行使的限制，成为推动其页岩气产业蓬勃发展的重要制度设计。因此，梳理与剖析美国页岩气开发中的强制联营制度之演进、内涵与构成，进而归纳其经验启示，可以为突破我国当前页岩气产业发展的关键制度“瓶颈”提供有益借鉴。

一、美国页岩气开发中的强制联营规则之演进逻辑

在任何国家的法律体系中，勘探开采矿产资源时面临的一个基本制度问题是如何处理地下矿产权与地表土地权之间的关系，在这二元关系框架下，不同的产权规则会导致迥异的制度设计。美国页岩气产业发展中强制联营规则的出现，是对其既有产权规则的挑战与调适。梳理这种产权规则嬗变的具体内容及其背后逻辑，有助于我们更为清晰地理解强制联营规则产生的背景、功能与效果。

(一)美国油气生产传统财产获取规则之检讨

1. 矿产资源所有权立法的二元体制

页岩气赋存于黑色泥页或者碳质泥岩地层中,这使页岩气矿业权的制度设计必然与土地资源权利群相交织。世界各国在选择处理土地及赋存其下的矿产资源的制度设计时,存在合一制与分离制的二元体制。从国际法角度观之,国家对陆地矿产资源享有永久主权,国家可以基于主权原则,决定地下能源资源私法上的所有权制度。在人类社会早期阶段,地下矿产资源被视为是土地所有权的构成部分,典型如英美法系国家形成的矿产资源所有权与土地所有权合一的原则与制度。在该制度语境下,土地所有权人或者土地所有权人同意的主体才有权勘查和开采矿产资源。比如,英国古典矿业法中规定,一切矿产资源均为国王和封建领主所有,国王将土地授予土地所有人,后者对土地等资源拥有不动产权。美国早期的矿业法亦采取合一制,只不过美国的矿产资源所有权作为土地的组成部分分别属于联邦、州和私人所有,并分别由联邦内政部土地管理局和矿产管理局、州内政部门代表和私人代表行使。[1]

大陆法系很多国家则采取了矿产资源与土地所有权相分离的立法体制,基于矿产资源在经济发展中的重要地位,将一些具有战略价值的矿产资源的所有权与其所依附的土地所有权相分离,并宣布为国家所有。比如,1804 年《法国民法典》第 552 条第 1 款规定:"土地所有权包括地上所有权和地下所有权。"就文义阐释而言,这里的"地下所有权"是指"对地表之下的土地以及地下所包含的一切的所有权",其范围是指属于所有权人的土地的地表面积界限之内垂直向大地中心延伸的体积范围。但根据法国的民法法理、法律体系及法院判决,"地下所有权"受到意定来源和法定来源的限制,而且,从该规范制定以来,受到的限制越来越多。以法国 1956 年制定的《矿产法典》为代表的矿产法律制度,明确规定矿产只能由国家来开发(开采),或者按照开采许可证或行政

---

〔1〕 对英国 1880 年《不列颠采矿条例》和美国 1872 年《采矿法》、1920 年《矿产租赁条例》相关规定的详细梳理与分析,参见房绍坤主编:《矿业权法律制度研究》,中国法制出版社 2013 年版,第 68 ~69 页。

部门的租让经营合同进行开采。这些矿产制度对“地下所有权”存在更加彻底的限制,对矿藏的权利与土地所有权人享有的“地下所有权”是分开的。[1]《德国联邦矿业法》把矿产资源界定为存在于自然沉淀体或者聚积体(储藏)中的所有矿物质,矿产资源进一步被分为“自由埋藏物”和“土地所有物”,只有被归类为“土地所有物”或者“土地所有”的矿产资源才能够同土地一起使用并作为私有财产受到保护,不包括被归类为“自由埋藏物”(独立于土地财产)的铁、金、铜等金属矿产和煤炭、地热能资源等其他矿产资源。世界上越来越多国家明确规定石油天然气等自然资源的国家所有权制度,这些制度被明确规定于这些国家的宪法、石油立法以及矿业立法中。[2]

综合梳理,除了上述法国、德国的矿业法律制度的规定,在荷兰《2002年矿业法》、西班牙《1973年矿业法》、丹麦《地下资源法》、波兰《矿业法》、土耳其《矿业法》、俄罗斯联邦《矿产法》等国家的矿业立法均规定矿产资源由国家所有和管理的法律制度。[3] 矿产资源所有权与土地所有权关系立法的二元体制各有利弊。分离制的鲜明特色是无论土地所有权制度结构,均统一规定油气等矿产资源国家所有,其优点在于可以实现国家对关系到国计民生和国家战略安全的重要自然资源的所有、控制和调控,保障矿产资源利益的公众共享;但其缺点是矿产资源所有权与土地所有权分属不同主体,则不同权利主体在行使权利时极易发生权利冲突。

---

[1] 参见[法]弗朗索瓦·泰雷、菲利普·森勒尔:《法国财产法》(上),罗结珍译,中国法制出版社2008年版,第306~309页。

[2] [丹麦]安妮塔·罗尼:《自然资源的公权和私权及其保护上的差异》,载[英]艾琳·麦克哈格、[新西兰]巴里·巴顿、[澳]阿德里安·布拉德布鲁克、[澳]李·戈登主编:《能源与自然资源中的财产和法律》,胡德胜、魏铁军译,胡德胜校,北京大学出版社2014年版,第87页。

[3] 对《科威特宪法》、沙特阿拉伯《治理基本法》、伊朗《石油法》、巴布亚新几内亚《石油天然气法》、莫桑比克《石油法》、尼日利亚《石油法》等立法例的详细梳理,可参见[尼日利亚]因卡·奥莫罗格贝、彼得·奥涅莫拉:《国家所有权制度下的石油和天然气财产权》,载[英]艾琳·麦克哈格、[新西兰]巴里·巴顿、[澳]阿德里安·布拉德布鲁克、[澳]李·戈登主编:《能源与自然资源中的财产和法律》,胡德胜、魏铁军译,胡德胜校,北京大学出版社2014年版,第161~167页。

合一制下的矿产资源先验地被认为“不构成无主之物”,而是作为其所赋存的地下垂直向上的地表面积土地所有权的有机构成部分。合一制下的矿产资源属于土地所有权人,从逻辑上推论,该体制的优点是不会发生矿业权与矿产资源赋存土地的所有权冲突,但合一制会引起油气矿业权行使中更为复杂的权利冲突:合一制下的权利配置难以契合矿产资源赋存规律,加剧了土地所有权人之间的权利冲突矛盾。合一制下的矿产资源属于其赋存土地所有权人,土地是最核心的典型不动产类型,土地所有权的划分以地表界限为依据。但是,矿产资源赋存于地下,石油和天然气是流体资源,具有不受财产边界限制而从一个地方移动到另一个地方的能力,因此,一般财产规则不能对其发挥作用。[1] 虽然在法理上,矿产资源属于土地所有权人,但油气矿产资源的流动性和共通性,使得其适用“理性建构的规则”,难以契合真实的油气资源赋存规律,这导致了现实中会因为矿产资源边界模糊而经常引发土地所有权人(亦即矿产资源所有权人)之间的冲突。

在分离制下,国家作为矿产资源所有权主体,可以根据矿产资源赋存的自然规律科学划定矿业权大小与矿区范围(以面积、拐点经纬度坐标等指标体现),然后通过矿业权主体向其他土地所有权主体租赁土地或者通过征用等方式解决矿区范围内土地使用权问题。但是,在合一制下,基于不同地域的资源禀赋、土地权利状况的差异,尤其在土地所有权高度分散地区,矿产资源的成藏条件与赋存单元均超越了单个土地所有权范围,权利主体预期勘查开采矿产资源必须同时面对矿产资源权利与土地权利冲突,加剧了权利冲突的剧烈程度,增加了矛盾的对抗性。

2. 矿产资源获取规则的内涵与弊端

在处理矿产资源与土地所有权关系时,美国是典型的采取合一制的

---

[1] [澳大利亚]特伦斯·丹提斯:《捕获规则:对石油和天然气而言并非最差的财产规则》,载[英]艾琳·麦克哈格、[新西兰]巴里·巴顿、[澳]阿德里安·布拉德布鲁克、[澳]李·戈登主编:《能源与自然资源中的财产和法律》,胡德胜、魏铁军译,胡德胜校,北京大学出版社2014年版,第196页。

国家,地下矿产资源所有权属于地上土地所有权人。土地是典型不动产,而赋存土地之下的油气资源具有流动性,这使原属于某一宗土地所有权人的地下油气资源因为各种原因流向另一地块之下,导致油气资源权属纠纷。美国自 1886 年以来通过法院判例确立了解决这一纷争的获取规则。在获取规则下,地上经合法钻探或者其他合法作业获得的石油和天然气,成为该块土地所有者的财产,而不管这些石油和天然气的原始位置是否可能位于另一块土地之下。[1] 获取规则产生以来一直作为美国认定与处理油气资源的基本财产规则。在其土地私有的制度语境下,获取规则将地下油气资源划归对其有实际控制力的地表土地所有权人,以保障土地所有权的完整性。随着油气资源消费成为经济发展的重要组成部分,[2] 油气资源已经成为工业发展基础和财富之源,这使油气资源所依附的土地权利人都急于从地下开采油气资源。在油气资源经济价值和战略地位日益凸显的背景下,获取规则作为油气资源权利分配规则,会导致以下问题。

(1)油气资源使用中的权益侵犯与实质不公平

获取规则下,在某块土地下钻探获得的油气资源属于该土地所有权人或其授权主体,但由于地下油气资源具有流动性,这使该土地所有权人钻探获得的石油天然气可能是从其他主体所有的土地之下流动而来。越早在自己享有权利的地块下进行钻探的土地权利主体,越有可能侵犯到其他主体的油气资源权益,这使获取规则从产生以来就一直伴随“窃贼”的批评,因为它为土地所有权人窃取其他主体所有的土地之下的油气资源提供了制度空间,导致“合法”的油气资源权益侵害。传统的油气资源钻井使用的是垂直钻井技术,而页岩气开发中的关键技术之一是水平钻井技术,它能准确地停留在一个狭窄的方向和垂直窗口转弯点,需要且能够从一个地理区域远达超过一个单一的垂直钻井所在地理位

---

[1] Robert E. Hardwicke, “The Rule of Capture and its Implications as Applied to Oil and Gas,” *Texas Law Review* 4 1935, pp. 391 - 395.

[2] [美]罗伯特·布莱斯:《能源独立之路》,陆妍译,清华大学出版社 2010 年版,第 6 页。

置之外的页岩层获取页岩气资源。[1] 因此，页岩气开发中水平钻井等现代钻井技术的使用可以进一步拓展钻井轨道，若使用获取规则，将导致某一个地块的权利人在开采其地下页岩气资源时侵害的权益范围更为广泛。

不仅如此，获取规则下，油气资源的开发秉持自由竞争的"丛林法则"，土地权利人可以基于自己的意愿钻探进而获取地下油气资源。这种制度设计没有重视油气资源的公共资源属性。油气资源属于不可再生的自然资源，具有稀缺性和公共性。在获取规则的制度设计下，土地权利主体可以自由获取赋存于其地下的油气资源，一旦油气资源被个人排他性独占，则会影响其生态价值和公益功能的发挥。故而，具有公共性的自然资源归国家所有，而不是通过获取规则自由获取的制度设计的重要功能在于，不仅要保障国家对一些关系国计民生的重要战略资源享有独占所有权，同样，排除国家之外的任何社会个体对一些公共性极强、每个个体公民生存生活须臾不可缺少的自然资源的独占享有。而在获取规则下，土地权利人基于自身财产权益需要，肆无忌惮地竞争性开发油气资源，会使油气资源的公共性丧失殆尽，而且会进一步引发资源耗竭、地质塌陷和生态恶化等环境问题。

(2)恶性竞争下的油气资源浪费

产生于美国油气资源行业初期的获取规则允许每个土地所有权人不受限制地享有资源权利，在每个油气区块上方的地表土地被划分为许多单独的分属不同权利主体的地块的背景下，针对地下油气资源区块之上的地表往往由多个土地权利人享有权利的现状，获取规则简单规定资源储藏由多个权利主体"共同开发"。在这种情况下，由于油气运移及渗滤作用，油气资源区块上的每一个土地权利人为确保获取其"公平份额"的储藏，不可避免地激励土地权利人或其承租人为成为第一位钻井者而进行恶性竞争，由此催生大量油气钻井的密集出现。当油气钻井的数量远远超出油气资源有效合理开采所需要或所许可的数量，将导致严

---

〔1〕 J. Daniel Arthur, Bruce Langhus, David Alleman, "An Overview of Modern Shale Gas Development in the United States", *ALL Consulting* 1, 2008, pp. 1 – 21.

重的资源浪费。同时,也会导致获取规则下的恶性竞争,“由于乱钻造成的油藏天然压力的丧失,导致石油留于地下而出现的石油浪费也是巨大的,此外,新型大型油田的疯狂开发形成的石油产量的骤然大量增加,导致油价迅速下降、严重库存损失以及高成本但仍能产油油井的过早关闭等问题。”[1]以美国阿肯色州为例,该州在20世纪前后就开始进行油气资源开发。在获取规则下,该州的石油和天然气生产过程中,油气井网密度过大,催生了很多石油和天然气物理浪费以及产生大量废弃物的实例。[2]

(二)美国页岩气开发中强制联营规则之确立

美国在应对获取规则的困境时,曾尝试采取一些矫正措施以修补既有规则的缺陷,逐步演进出全新的强制联营规则。

1. 获取规则的矫正与修补

随着油气资源在经济社会发展中的地位日趋重要及其稀缺性日益突出,获取规则所带来的弊端逐渐凸显。美国各州为应对获取规则导致的无序竞争与资源浪费等问题,采取了一些矫正措施,这典型体现在阿肯色州1939年颁布的《石油和天然气保护法案》(AOGC)。该法案的颁布是用于控制石油和天然气生产以矫正获取规则带来的石油和天然气的钻探生产弊端。AOGC法案的目的是通过禁止在获取规则下实施的一些行为,以防止资源浪费和保护相关主体权利。具体而言,AOGC法案针对获取规则的内生弊端采取的应对规则,又可以进一步划分为两种类型:第一种是在消极层面禁止在获取规则下实施一些行为,以防止资源浪费和保护相关主体权利;第二种是在积极层面制定一些强制要求和

[1] [澳大利亚]特伦斯·丹提斯:《捕获规则:对石油和天然气而言并非最差的财产规则》,载[英]艾琳·麦克哈格、[新西兰]巴里·巴顿、[澳]阿德里安·布拉德布鲁克、[澳]李·戈登主编:《能源与自然资源中的财产和法律》,胡德胜、魏铁军译,胡德胜校,北京大学出版社2014年版,第189页。

[2] Phillip E. Norvell, “Prelude to the Future of Shale Gas Development: Well Spacing and Integration for the Fayetteville Shale in Arkansas”, *Washburn Law Journal* 49, 2010, p. 2.

激励措施,以促进资源的有效利用。[1]

总体而言,以阿肯色州《石油和天然气保护法案》(AOGC)为代表的法案预期控制和规范石油和天然气的生产,以矫正获取规则下油气资源的无序开发及环境公益损害。修改获取规则的重心是通过法案规定的钻井井距方案来限制钻井密度,以制止不必要不经济的密集钻井。法案最初建立"钻井单元",只允许在每个"钻井单元"中钻一个钻井。一般而言,通过确定一个钻井能够经济有效地释放油气资源的最大面积来划定一个"钻井单元",以油气资源储层的地质和工程特点为依据。比如,AOGC 划定在地球表面上高效、经济排水的地理区域和指定区域作为钻井单元。钻井单元被塑造为对应的矩形土地,专门适用于阿肯色州的法律描述系统的正方形和长方形。法案要求矿井位于钻孔单元的中心,除非地质条件不利或地形条件不符合,包括表面的改进无法在该位置钻井。以 AOGC 为代表的油气资源法律对获取规则的矫正可谓用心良苦,如上所述,在法律技术上首先从反面细致列举了多种类型的禁止性行为,并在规制路径上通过划定"钻井单元"承载、正面规定布井方案和井排间距的规制预期,以贯彻"公平份额"原则,保护油气资源区块中的相关主体权利,并防止油气资源矿井钻探中的无序竞争。

但是,仔细梳理这些规定,可以发现 AOGC 划定"钻井单元"以减少油气资源浪费依然存在的内生性困境:(1)如何划定"钻井单元"不仅取决于法案选择的标准,事实上更受制于油气资源区块的大小及其所在区域的土地权属状况。如果土地所有权过于分散,就会使该项工作开展极

---

[1] 比如,根据《石油和天然气保护法案》(AOGC)的规定,下列这些行为在 AOGC 法案中是被明令禁止的:(1)"低效、过度或不当"地使用储层能源的行为;(2)"低效的石油存储和定位、间距、钻孔、安装、操作或任何生产石油或天然气行为";(3)以导致不必要的水窜或底水锥进的方式来生产石油与天然气的行为;(4)以低效油气比率来操作矿井的行为;(5)在任何地层中以淹没于水的方式来生产石油或天然气的行为;(6)允许"逃逸进入开放的空气中的气体的量超过所需的良好的生产石油和天然气"的行为;(7)允许天然气从正在生产天然气的矿井中逸出的行为。导致地下废物的任何行为或做法,即使该法案没有明确定义也必须禁止。See Phillip E. Norvell, "Prelude to the Future of Shale Gas Development: Well Spacing and Integration for the Fayetteville Shale in Arkansas", *Washburn Law Journal* 49, 2010, p. 2.

为困难。(2)该制度变革预期在整个油气资源区块中通过划定“钻井单元”统一钻井,进而按照一定的依据(比如土地所有权人在资源储层之上的地表面积比例)析分油气资源生产量的公平份额,但是很难保障分散的土地权利主体相信进而服从该制度安排,这导致“钻井单元”中所有的土地所有权人愿意参与该“钻井单元”并达成一致的油气资源分配规则的交易成本巨大。(3)更为严重的是,在划定的“钻井单元”中,部分土地所有权人更倾向于保有地下油气资源以实现其生态功能而不实现其经济功能,在何种条件下都不愿意参与“钻井单元”,该种冲突难以处理。

2. 购买地役权之尝试与失灵

在一个区域的油气资源储层中,基于“钻井单元”的规定,为实现充分开发油气资源的目标,必然会出现某个矿井运营商在钻探开发中突破地表财产产权边界、钻斜孔井延伸到邻近地下的情形,这种情形又存在侵犯他人财产权的风险。因此,一种较为常见的解决方式是通过某矿井运营商购买相邻土地地役权来规避可能存在的侵权风险。矿业权人未选择给矿区或工作区周围土地的权利人造成损失最小的路线和方式通行、架设管线、施工等,又未同矿区或工作区周围的土地权利人签订地役权合同,那么,这些行为并非是在行使相邻权,而是侵权,矿业权人应承担损害赔偿责任。只有矿业权人同矿区或工作区周围的土地权利人签订了地役权合同,取得了地役权,方有权按高于相邻关系规则所允许的标准通行、架设管线等。因此,一个获得某一地域油气资源矿业权的矿井运营商如果为了遵守 AOGC 对“钻井单元”及钻井间距规则、密度规则等规定,而又为避免非法侵入其他主体所有土地的责任,就必须向邻近土地所有者购买地役权。

但是,一个矿井运营商在购买地役权过程中可能存在以下几个内生性问题:(1)邻近土地所有权人可能不愿意以任何价格出售地役权,这在根本上使能够满足 AOGC 法案要求的“钻井单元”不能实现。现实中,邻近土地权利人不愿意出售地役权的原因往往是多方面的,可能是双方在价格上的分歧,或是双方对于地下油气资源价值的功能定位不一致,邻近土地权利人更为重视油气资源的生态功能而不赞成油气资源开发。(2)矿井运营商可能不知道需要从何处购买地役权。页岩气作为一种非常规天然气所赋存的致密页岩层,渗透性较差,这决定了在页岩气开发过程中,除使用传统油气资源开发中的垂直钻井技术外还需要使用水平钻井技术。该技术使用的具体流程是,“首先垂直钻探页岩地层通常在马塞勒斯页岩的情况下几千英尺的距离,然后,开始水平钻井几千英尺,暴露更多的天然气储量丰富的页岩形成射孔。但是,因为页岩层具有低渗透率特性,所以仅形成射孔是不够的,钻井运营商必须用添加化学品和固体混合物的数百万加仑的水淹没钻井,来产生对岩石裂缝周围水平刺激。”[1]在这种情形下,矿井运营商在开采前对水平钻井产生裂缝的能力和所需长度难以清晰把握,“裂缝通过大型的水力压裂操作已经被证明很难预测,现有的器械在钻探目标岩石中的弱点可能导致缝的长度超过初始设计的预计。”[2]无论矿井运营商是否提高其控制水力压裂的能力,由于页岩气的储藏特征和现行技术条件的限制,矿井运营商很难清晰掌握一个页岩气开发的水平钻井将可能影响的土地范围,进而导致矿井运营商向何种范围的地表所有权主体购买地役权难以确定。

3. 自愿联营规则之倡导与困境

矫正获取规则的弊端、实现油气资源规模开采的另一种“政治正确”的方式是鼓励“钻井单元”中分散的地表所有权人之间进行自愿联营。采取这种做法,既能实现油气资源规模开发的效果,也能保护在获取规则下有权钻井的小面积权利主体。具体而言,法令及其授权机构创建一个按照比例分配财产权的公式,鼓励位于“钻井单元”油气资源储层之上各个分散的地表权利人根据自由意愿进行协商,构建一个自愿联营,并遵守按照地表面积比例为基础形成的油气资源产量分配规则。

但是,油气资源开发的自愿联营规则在具体实施过程中也存在一些内生性困境:(1)在美国很多州的立法中,建立一个钻井单元和资源池

[1] Jennifer Hayes, “Protecting Pennsylvania's Three Rivers' Water Resources from Shale Gas Development Impacts”, *Duke Environmental Law & Policy Forum* 22, 2012, pp. 385 – 408.

[2] Lindsey Trachtenberg, “Reconsidering the Use of Forced Pooling for Shale Gas Development”, *Buffalo Environmental Law Journal* 19, 2012, p. 191.

一般是160英亩(油井)或者是640英亩(气井),加上10%的浮动空间。在如此大的面积中,存在很多分散的地表权利人,这使得各权利主体在自由意愿的基础上进行谈判达成自愿联营耗费的交易成本巨大。并且,谈判形式存在的一些内生困境也决定了谈判经常面临失败的困境。[1]由于不同权利主体对土地价值认识偏差和信息不对称,也使自愿联营契约的严格履行产生较高的社会管理成本。(2)这种鼓励自愿协商以促进达成自愿联营协议的方式,表面上是预期最大限度地提供小面积土地权利人的意愿表达空间并保障其权益,但实际上往往损害了他们的权益。在一个法定的"钻井单元"中,大面积权利主体在满足间距规则、密度规则等法定条件下,会提供非常苛刻的联营条件给小面积权利主体,甚至拒绝联营,这会实际上损害到小面积权利主体的财产权益。

4. 强制联营规则之产生与演进

理论上而言,在尊重土地所有权的制度逻辑下,理想的方式是通过制度设计,促成各权利主体之间达成自愿联营的协议。但从制度运行的内生逻辑与现实困境角度考察,可以发现存在很多阻止参与各方达成自愿联营协议的现实障碍。不仅如此,如果立法价值倾向于鼓励合作、在宏观制度框架上要求划定"钻井单元",但却没有提供应对自愿联营内生障碍与负面效应的制度措施,则更坏的负面效果是在现实中达成油气资源开发自愿联营的协议交易成本巨大且会实质上损害小面积地表所有权人的权益。因此,在追求油气资源公平有效合作开发以矫正获取规则弊端的前提下,法律固然应当鼓励各分散的矿产资源权利主体竭尽努力实现自愿联营,然而,如果所有自愿联营的努力都被耗尽,或者是当自愿联营实质上会损害到某些相关主体权益时,法律应当授权有关机构强制自愿的和非自愿的矿产资源权利主体在符合法律资质要求和满足法律规定条件的前提下,创造一个联营单元,这即是油气资源开发中的强

[1] 有学者研究了谈判存在的内生困境包括:第一,战略性障碍;第二,委托/代理人问题;第三,认知性障碍;第四,妥协与让步的"反应性贬值"。具体分析参见[美]斯蒂芬·B.戈尔德堡、弗兰克·A.桑德、南茜·H.罗杰斯、塞拉·伦道夫·科尔:《纠纷解决——谈判、调解和其他机制》,蔡彦敏、曾宇、刘晶晶译,中国政法大学出版社2004年版,第88~92页。

制联营的制度逻辑。

强制联营(forced pooling)规则预期矫正自由无序竞争导致的诸多问题,赋权政府以强制措施促使相互临近的土地所有者与油气资源的承租人之间达成合作。强制联营有时候被称为强制集成(compulsory integration),允许各州通过颁发强制联营令的形式,强制要求共有储层上的多个土地权利人支持一个或一组矿井,与同意和预期开采这一油气储层的、符合法定条件的土地权利人开发油气资源。在美国土地权利私有的制度语境下,强制联营规则本质上是通过对获取规则下开采方式和经营方式的限制约束个人财产权的自由行使,因此必须通过明确立法授权监管机构行使限制土地权利主体的权力。美国国会于1930年颁布了过渡性的强制联营协议的临时法案,并于1931年3月通过了规定强制联营的法律《矿产资源合同法》。[1] 20世纪40年代之后,美国一些州开始制定油气资源开发中适用强制联营的法律,如俄克拉荷马州1947年通过的《俄克拉荷马州石油天然气保护法》,路易斯安那州1950年通过的《石油天然气保护法》,以及宾夕法尼亚州1961年通过的《石油和天然气保护法》等。这些法律规范了强制联营规则的适用条件、申请程序、监管机构以及相关主体的权益保护规则。

二、强制联营规则的制度功能

强制联营(forced pooling)是指在石油天然气的共有储层上开发油气资源时,当同意开采的油气资源所有权人达到一定比例后,开采者可向相关部门申请,强制要求拟开采储层上的全部石油天然气所有权人将油气资源纳入开采范围,并对所有权人进行补偿的联营方式。强制联营原则的制度功能可以归纳为以下方面。

(一)避免钻井导致的油气资源浪费

在获取规则下,地表下的油气资源属于土地所有权人,为了钻探获取油气资源、追求经济利益以及避免地下油气资源被在先钻探的矿井非

---

〔1〕 Lindsey Trachtenberg, "Reconsidering the Use of Forced Pooling for Shale Gas Development", *Buffalo Environmental Law Journal* 19, 2012, p. 196.

自然导流获取,自行钻井开发存在迫切需要。为了避免小面积矿产资源所有权主体产生经济浪费,以及进行额外的矿井钻探获得小面积下的矿产资源,立法者授权特定机构,要求特定矿区面积与其他矿区强制联营,并且补偿该被强制联营中的矿产资源相应的损失。实施此制度措施,可以直接针对获取规则的内生弊端,即通过设定一种制度框架,在保障所有相关主体权益的前提下,阻止邻近的小面积矿区进行不必要的钻井,避免浪费。

(二)保护油气资源储层区域内相关主体的权利

在获取规则下,当大面积土地所有权人或获得租赁权的矿业权人积极开发矿产资源时,矿区内的其他主体(尤其是小面积权利主体)会陷入进退两难的窘境:(1)若是陷入钻探矿井的时间竞赛,则可能在钻探开发中投入成本过高而收获有限。(2)地表下的油气资源与其邻近地表的油气资源共同形成了一个整体资源储存库,如果权利主体没有开发,则在整体联系的资源储存库中没有钻采的油气资源会向其他主体的钻井中自然流动,或被其他主体的钻井诱导流动,会遭受难获救济的资源流失,导致财产损害。(3)即使这些小面积权利主体愿意通过自愿协商的方式与大面积权利主体达成一个自愿联营协议,但当大面积权利主体已经联营了足够多的、能够满足法令规定的"钻井单元"所需的小面积权利主体时,可能选择不与小面积权利主体进行联营,或者以此为要挟给出极低的报价,则小面积权利主体处于明显劣势地位。

因此,强制联营规则可以保障矿产资源池(reservoir)中的每个矿产资源主体实质上享有从该矿产资源池中公平地获得生产油气资源的权利。每个主体享有一个公平机会,既不会剥夺其他油气资源主体的权利,同时也不会损害到特定区域矿产资源池本身。美国一些州现在的关于油气资源联营立法的目的就是确保资源储存库(矿产资源池)领域内的小面积权利主体能够有机会公平地参与油气资源生产。而且,强制联营制度建设预期既能够提供制度路径,确保大面积权利所有者有制度依据,可以开采位于小面积矿区之下的矿产资源以形成规模效应;同时,在该制度体系中,又能确保小面积矿产资源权利主体有机会以小面积矿区参与联营,以分享受益而不是自己直接钻井开采的方式公平地实现其矿产资源权益。

（三）阻止资源浪费与促进油气资源开发之协调

在获取规则下，矿产资源权利主体既有在矿区面积上钻井以开发矿产资源的经济动力，也有如果不积极开发则会面临资源流失与经济损失的现实压力。如果仅仅是消极地矫正获取规则弊端，阻止无序开发，但未有建设性地促进资源合作开发的制度措施，则可能出现的后果是：小面积矿产资源主体在钻采矿井可能是不经济的，并且基于对其他矿井运营商提出的自愿联营协议的报价不满意的情形下，将不会钻取一个可能导致物理浪费的矿井，也不会参与一个未能满足他们利益分配预期的联营协议。在这种情况下，基于现在很多州的法令对于钻采单元面积、间距规则、密度规则等的规定，就可能使一个矿产资源储存库中的油气资源开发陷入难以破解的僵局。强制联营制度的实施，则能实现突破合作僵局、促进油气资源协同开发利用。它在充分保障小面积主体矿产资源权益的前提下，发挥制止无序钻采竞争、阻止资源浪费的制度功能的同时，又能够使一个矿产资源储存库中的不同主体在满足一些法定条件的前提下强制联营，可有效促进油气资源的合作开发。

三、美国页岩气强制联营规则的适用与争议之审视

获取规则是美国的矿产资源行业发展之初便产生的一项基本的财产权规则。在土地私有的制度背景下，获取规则被认为是最为切实可行的、被普遍接受的一项规则。随着矿产资源的稀缺性和在经济社会发展中的重要性日益增强，获取规则的运行所具有的引发无序竞争、催生资源浪费的内生困境日益凸显。并且，基于油气资源的地下流动性，获取规则被有些人认为是从一种对发展的激励机制日渐沦为一台可怕的浪费机器，也被认为是导致不平等和矿产资源权益侵害的糟糕的制度设计。与此同时，另有一些研究者则坚持对之辩护，认为一般财产规则不能对这类资源发挥作用，而让一个人对其所能获取的事物享有所有权的

权利是能够提供的最简单的规则。[1] 获取规则目前仍然是美国石油天然气开发利用中产权分配和法律监管领域的基本财产权原则。恰恰是在这一制度背景下,美国各州在油气资源开发中针对获取规则所产生的内生困境进行了一些变更与创新以矫正其弊端。强制联营规则是美国各州在油气资源开发中针对获取规则的内生困境进行的规则创新,本部分将剖析美国页岩气开发中强制联营规则的适用程序,并对其遭受的一些争议予以审视。

(一)强制联营规则的适用程序

虽然强制联营规则在土地资源和油气资源配置上向大面积的油气资源矿井运营商倾斜,以契合油气资源的赋存规律,但也同时注重规则制定与运行中的利益平衡。因此,强制联营规则不是一个单纯的行政权力单方决定的程序规则,而要满足一些前提条件和约束程序。

1. 适用强制联营规则的前置审查程序——以 MIPA 为例

在美国一些实行强制联营规则的州,矿井运营商申请适用强制联营规则要经过严格审查。以美国得克萨斯州于 1965 年生效、1977 年修订的《矿产权益联营法》(MIPA)为例,《矿产权益联营法》(MIPA)的章节 102.011 授予得克萨斯州铁路委员会(RRC)审查当矿产资源开发商在满足一定的条件下,可以批准强制联营单元申请的权力。这些条款规定的条件如下:(1)有两个或更多的分别属于不同权利人的矿产资源区域;(2)这些矿产资源位于一个共同的资源池;(3)该区域的矿产资源开发的空间规则已经建立;(4)当前的油气资源权利被分别划归已经存在或计划中的按比例分配(酌定产量)的单元中;(5)权利主体没有赞同自愿联营他们的矿产资源;(6)至少有一个权利主体在按比例分配单元中已经钻取了一个矿井或者计划钻取一个矿井。[2]

除了正面规定矿产资源经营商在申请强制联营时必须满足的条件

---

〔1〕 参见[澳大利亚]特伦斯·丹提斯:《捕获规则:对石油和天然气而言并非最差的财产规则》,载[英]艾琳·麦克哈格、[新西兰]巴里·巴顿、[澳]阿德里安·布拉德布鲁克、[澳]李·戈登主编:《能源与自然资源中的财产和法律》,胡德胜、魏铁军译,胡德胜校,北京大学出版社 2014 年版,第 196 页。

〔2〕 See Tex. NAT. RES. CODE ANN. § 102.011 (West, 2009).

之外,《矿产权益联营法》(MIPA)还规定了一些限制性规范,禁止在特定情况下适用油气资源的强制联营规制:(1)时间限制,在1961年3月8日之前发现和生产的矿产资源区域不能适用强制联营规则;(2)最大井网限制,即限制一个强制联营单元的面积大小,油田不能超过160英亩,气田不能超过640英亩,允许10%的浮动空间;(3)面积限制,在申请强制联营时,一片本身已经有充足面积来创造一个按比例分配酌定产量单元的土地,不能够适用强制联营规则;(4)审查机构权限限制,作为受理与审查强制联营申请机构的得克萨斯州铁路委员会(RRC)仅仅有权力来决定"合理地出现在资源池生产限制范围之内"的联营面积;(5)范围限制,《矿产权益联营法》(MIPA)不适用于所有权属于得克萨斯州的土地。[1]

从上述前置审查程序和限制性规定可知,美国得克萨斯州的《矿产权益联营法》(MIPA)虽然原则上允许矿井运营商申请强制联营,但为RRC审查批准一个适用《矿产权益联营法》(MIPA)强制联营单元规定了严格的前置审查程序和各种限制条件。概括而言,这些审查程序与限制条件综合起来预期实现的立法目的及价值包括:(1)《矿产权益联营法》(MIPA)的条文规范和立法价值折射出得克萨斯州对强制联营秉持的是一种消极的审慎态度,只有当过于分散的土地和油气资源权益已经影响到油气资源开发,或者当不同的油气资源权益主体在协商自愿联营协议形成僵局、迟滞油气资源开发时,才会考虑受理与批准强制联营申请。(2)在适用规则的利益衡量中,实质上倾向于支持和保护小面积分散的未出租矿产资源所有者的权利,而限制大面积的矿井运营商。(3)《矿产权益联营法》(MIPA)规定矿业权强制联营规则的立法目的在于为强制联营提供法律依据,其立法价值还在于保障分散的小面积的不愿意出租联营矿产资源权利主体的权利。《矿产权益联营法》(MIPA)和审查机构得克萨斯州铁路委员会(RRC)采取不同的方法以实现分散

---

[1] Ronnie Blackwell, "Forced Pooling within the Barnett Shale: How Should the Texas Mineral Interest Pooling Act Apply to Units with Horizontal Wells?", *Texas Wesleyan Law Review* 17, 2010～2011, pp. 1－28.

的小面积矿产资源权利主体若被强制联营,他们将会在联营单元中得到比加入自愿联营协议更大的权益。(4)《矿产权益联营法》(MIPA)规定强制联营制度本身不是最终目的,其制度的存在和实施,本质上是作为一种"影子价格",激励在计划单元中所有的矿产资源权利主体作出自愿联营的选择,以尽量减少使用强制联营程序的必要性和频率。

2. 强制联营的申请与审查批准

梳理美国联邦和各州关于强制联营的立法,强制联营的申请与批准程序的共性特征如下:(1)政府相关职能部门首先需要确定油气资源矿区合适的间隔单元。一般而言,传统油气资源开采使用的是垂直钻井,在自然地表的压力下,碳氢化合物被移动到井下,因此,分隔单元合适的面积通常由碳氢化合物移动到垂直井的迁移距离确定。[1] (2)政府通过立法确立钻井的间距规则与密度规则,以避免过于密集的矿井导致的恶性竞争与资源浪费。[2] 虽然美国各州根据不同的地理条件和矿产资源赋存状况确立的矿井间距与密度存在差异,但基本上都监管矿井运营商的行为,使之符合间距规则与密度规则,如果不符合钻井要求,经营者只能申请强制联营许可。(3)矿井运营商必须证明其在分隔单元内所享有权利的地表面积已经达到一定的比例,才能提出强制联营申请。[3] (4)矿井运营商在满足前述条件下提出强制联营申请。纽约、俄亥俄等州为了保障不愿意开发自己土地下石油和天然气资源的土地所有者和生产者的权利,还规定给予被强制联营的土地权利人至少一次听证机会。经过这些评估程序后,监管机构进行审核,如果有必要批准强制联

[1] Lindsey Trachtenberg, "Reconsidering the Use of Forced Pooling for Shale Gas Development", *Buffalo Environmental Law Journal* 19, 2012, p. 196.

[2] 比如,美国得克萨斯州铁路委员会(RRC)在1919年采取了第一个间距规则,它要求生产矿井在钻井时要与其他生产矿井以及其他未出租的财产界限有一定的间隔距离;除了间距规则之外,RRC还在1953年采取了第一个密度规则,该规则要求每个矿井要有一定的面积。See Ronnie Blackwell, "Forced Pooling within the Barnett Shale: How Should the Texas Mineral Interest Pooling Act Apply to Units with Horizontal Wells?", *Texas Wesleyan Law Review* 17, 2010 ~ 2011, pp. 1 – 28.

[3] 比如在美国纽约州,矿井运营商在申请强制性联营之前,必须能证明享有分隔单元内的英亩数至少60%以上的油气控制权。

营以保障油气资源的高效开发利用，并且会提供符合要求的经济补偿，州政府就会发放钻井和联营许可。(5)本质上而言，强制联营规则的实施是通过行政许可程序将矿井运营商非法侵入行为合法化。因此，矿井运营商获得邻近土地权利人的矿产资源开发利用权，必须对被强制加入联营单元的土地权利主体予以补偿。

(二)美国对强制联营规则是否适用于页岩气开发之争议与辨析

强制联营规则是美国联邦及各州在历史演进中逐渐发展出来的关于油气资源生产的一项基本产权规则，但这一规则体系能否适用于页岩气资源开发却存在争议。

1. 基于事实层面的争议

由于具有节约稀缺油气资源和避免产权争议的制度优势，强制联营规则在美国各州得到越来越多的适用，但对其是否当然适用于页岩气资源开发却存在诸多争议，其首要原因在于页岩气的资源特殊性。强制联营规则主要适用于常规的具有流动性的油气资源的开发，但页岩气是一种非常规天然气，其所赋存的页岩既是天然气生成的源岩，也是聚集和保存天然气的储层和盖层，[1]具有自生自储、无气水界面、大面积连续成藏、低孔、低渗等特征。因此，页岩气赋存于致密页岩层中、具有低渗透性和非游离性的特征决定了其在地表下并不会像常规天然气一样自由移动。这种赋存特性使页岩气在类别上是一种气体矿产资源，但在产出状态上却具有一定的固体矿产资源(solid mineral resources)的特性，强制联营规则所预期应对的固定的土地资源与其地下流动的气体矿产资源之间的冲突不明显。

但是，页岩气具有低渗透与非游离的特性使其相对于传统油气资源又提出了更为迫切的适用强制联营规则的需求。作为非常规天然气的页岩气的产层是低渗透率(致密甚至超致密)的页岩层，页岩储层是含有天然气的烃源岩，这些天然气吸附在基质上，页岩层的低渗透率要求使用水平钻井和水力压裂等关键技术进行储层改造以增加额外的渗透

〔1〕 参见吴馨、任志勇、王勇、刘长海、李洋冰、赵都菁、曲日涛、齐玉民：《世界页岩气勘探开发现状》，载《资源与产业》2013年第5期。

性、形成裂缝网络、获得足够大的表面积才能高效开采。现实页岩气开发中，水平钻井技术与水力压裂技术的相互结合与综合运用才能有效提高低渗透率。因此，页岩气开发中水平钻井技术的应用使水平钻井的段长与距离较长、范围较大。[1] 水平钻井的地下路径经常会突破单个土地权利人的权利控制范围、沿经多个权利主体享有权利的土地，因此，页岩气的非游离性又增强了强制联营的必要性。[2]

2. 基于法律层面的争议

美国在页岩气开发中适用强制联营规则还遭受其违背基本法理与现行法律规定的质疑。美国很多州现在实施的强制联营规则，是政府通过立法强迫临近的土地所有者与石油、天然气的承租人进行合作，这实质上损害了被强迫进入强制联营单元的土地所有者的权益。表面上是矿区不同土地权利人及相应的矿业权主体之间的权益冲突，但由于强制联营的规则、程序、授权与审批均由立法规定并由相关机构监管，因此，强制联营也事关个人财产权与政府能源监管权之间的冲突与博弈，某种程度上体现了以损害个人财产权的代价来实现政府对能源开发的效率追求。申言之，页岩气强制联营存在适用宪法上征用条款的争议。

《美国联邦宪法》第五修正案作为美国权利法案的组成部分，规定了征用条款："不给予公平赔偿，私有财产不得充作公用。"从 19 世纪后期开始，美国最高法院根据联邦宪法第十四修正案将第五修正案的征用条款适用于美国各州。美国各州的宪法也大多规定了征用条款，如宾夕法尼亚州宪法的征用条款规定："市政的以及其他企业只有提供公正的补偿才能被授予为了公共使用征收私人财产的权利。"美国和宾夕法尼

[1] 页岩气开发水平钻井的基本做法是：首先垂直向下钻至距页岩层约 9000 英尺的深度；然后，从这一点开始进行定向钻井，制造一个逐渐呈 90°的造斜段，以确保井筒水平钻进时的水平段正好处于页岩层内；之后，沿页岩层水平钻进，水平段长度通常为 5000 英尺或更长。并且，通常一个页岩气矿区井台钻 6 ~ 8 口以上的水平井，一个井台控制的开发区域呈矩形，一般约为 0.5 英里宽 2 英里长，井台位于矩形的中心位置，占地面积一般为 4 ~ 5 英亩。参见[美]James G. Speight：《北美页岩气资源及开采》，胡风涛、白振瑞等译，中国石化出版社 2015 年版，第 76 ~ 79 页。

[2] Elizabeth Burleson, "Climate Change and Natural Gas Dynamic Governance", *Case Western Reserve Law Review* 63(4), 2013, pp. 1217 – 1278.

亚州宪法的征用条款内涵是:私人财产可以征收的唯一前提是为了公共利益服务。为了避免对宪法征用条款的宽泛解释,宾夕法尼亚大会的个人产权保护法在相关部分规定:“任何需要土地的人借助公用征收权力获得私人财产来用于私人企业的活动行为都是为法律所禁止的。”[1]

与能源法有关的征用主要是监管征用(regulatory taking),即监管行为永久剥夺了对私有财产的使用权,或对与公共目的无关的土地附加只能用于公用目的的条件。就依据宪法进行的征用而言,即使法规否认财产所有权人在经济上受益或生产商对土地使用的权利,州在某些限定的情形下可能抵制就征用给予补偿。[2] 页岩气强制联营规则的实施可能存在的法律障碍与争议是:按照宪法征用条款的规定,财产征收必须服务于公益目的、为公众所用。虽然监管机构审批强制联营申请是基于油气资源特殊性、为了提高油气资源开发效率和减少资源浪费,但最终结果是剥夺部分土地权利人的矿产资源财产交由特定的矿井运营商行使,而不是由公众使用。但正如前述所言,强制联营规则某种意义上固然是对一个矿产资源储存库中小面积权利主体的权利自由的限制,但其制度设计均为该规则启动设置了严格的前置性条件,这体现了制度设计的价值目的偏重于保护小面积主体的权益,避免陷入不能形成合作的僵局而导致地下资源自然流动,最终对小面积主体的权益造成实质损害。因此,就制度设计的利益衡量和价值目标而言,强制联营规则在深层次契合征用条款的内在诉求,也不悖逆现行法律体系。

四、美国页岩气强制联营规则对我国的借鉴

在法律实用主义原则下,针对获取规则的弊端,美国从20世纪初开始逐渐实施强制联营规则,并为之进行了系列立法。虽然中美两国有不同的法律传统,但美国的页岩气强制联营制度可以为我们完善页岩气权

---

〔1〕 Russell Bopp, “A Wolf in Sheep’s Clothing: Pennsylvania’s Oil and Gas Lease Act and the Constitutionality of Forced Pooling”, *Duquesne Law Review* 52, 2014, pp. 439 – 464.

〔2〕 参见[美]约瑟夫·P. 托梅因、理查德·D. 卡达希:《美国能源法》,万少廷译,张利宾审校,法律出版社2008年版,第90～91页。

属制度、推动页岩气产业健康快速发展提供一些有助益的借鉴。根据前述梳理可知，美国制定的强制联营规则是一整套精巧的制度体系，其本质是围绕着如何平衡页岩气矿业权主体与临近土地权利等相关权利主体的权益而展开。基于此，本部分对美国页岩气强制联营规则的启示与借鉴的论述，也从如何保障页岩气矿业权主体和相关权利主体的权益两个层次展开。

（一）借鉴强制联营规则扩展页岩气特许权的物权效力

从立法层面考察，由于我国当前尚无对页岩气的专门立法，只能从法律解释角度将页岩气界定为一种矿产资源，适用《矿产资源法》等法律法规构成的制度体系予以监管与规制，细究现有规则，其并没有充分重视页岩气的物理特性及勘探开采技术提出的特殊监管制度需求。我们可以借鉴美国页岩气强制联营规则体系，在充分揭示页岩气成藏条件、赋存规律和物理特性的基础上，规定强制联营规则以丰富页岩气特许权的权利内容，拓展其物权效力。

根据我国物权法的一般法理，页岩气所有权归属国家所有。根据《矿产资源法》第3条规定，符合法定资质条件的矿山企业经过申请，经国土资源部门审批后获得矿业权。虽然在我国《物权法》制度体系中，页岩气矿业权是准物权，具有物权性质，对矿业权人产生物权效力，但每一具体的页岩气矿业权都要经过行政特许，要经受个案审查和批准，在性质上属于特许物权，并且在权利的产生、内容、构造以及变更与消灭等诸多环节均体现了页岩气特许权仅处于页岩气国家所有权的附庸地位，独立性不强。[1] 这具体可以体现为，国土资源部（现自然资源部）在发布《页岩气探矿权招标公告》时通过区块名称、面积和拐点经纬度坐标对拟招标的页岩气区块予以确定。但是，在当前对页岩气赋存规律普遍存在认识不足的专业困境下，该区块实际是否存在页岩气有待考证、资

---

〔1〕 比如，在我国已经实施的两轮页岩气探矿权招标工作中，2011年的首轮页岩气探矿权招标，国土资源部（现自然资源部）仅邀请了中石油、中石化、中海油、延长油矿管理局、中联煤层气和河南煤层气6家国有公司投标，民营矿山企业从源头上丧失成为页岩气探矿权主体的资格。

源禀赋难以确定、资源状况有待勘探，存在人为划定的页岩气区块与真实的页岩气资源赋存现状不符的矛盾，这迫切要求现行法律通过制度设计赋予页岩气矿业权主体更大的自主权，从而适度调整矿区范围。

在我国页岩气特许权的制度逻辑下，矿山企业很可能陷入两难困境：(1)由于我国页岩气资源在自然资源属性上具有“一深二杂三多”（埋藏较深，地表条件与页岩气热演化史复杂，页岩层位、分布类型和构造运动多）的特点，[1]在权利属性上超过70%页岩气区块都与传统天然气矿权重叠，导致矿权重叠特征明显，[2]这使若中标矿山企业严格恪守矿区范围的规定，则很可能因为页岩气埋藏条件复杂和矿权重叠的约束而陷入“圈而不探，占而不采”的窘境。[3] (2)若实际的页岩气资源富集状况超过划定的页岩气区块，矿山企业在勘探开采中则可能因为超界开采而承担《矿产资源法》第40条规定的法律责任。[4] 针对此困境，建议借鉴美国页岩气强制联营的制度设计，赋予中标矿山企业在以科学数据资料充分论证拓展中标页岩气探矿权的矿区范围的必要性、具备一定的前置条件（比如矿山企业已实际投入了一定数额与比例的资金、已经安装了勘探开采的大部分作业设施）之后提出申请的权利，在矿山企业履行相关程序（比如经过相关权利主体参与的听证程序和相关领域专家参与的论证程序）的基础上，国土资源部（现自然资源部）可以审批其获得相邻土地之下矿产资源的矿业权，并制定合理的经济补偿标准。

（二）完善规则设计以增强相关主体权益保障力度

开发页岩气必须作用于土地资源。根据我国《矿产资源法实施细则》第16条规定，探矿权人享有根据工程需要临时使用土地的权利；根

---

〔1〕 李建忠、李登华、董大忠、王社教：《中美页岩气成藏条件、分布特征差异研究与启示》，载《中国工程科学》2012年第6期。

〔2〕 刘超：《矿业权行使中的权利冲突与应对——以页岩气探矿权实现为中心》，载《中国地质大学学报》（社会科学版）2015年第2期。

〔3〕 参见黄晓芳：《页岩气为何“圈而不探”》，载《经济日报》2013年8月26日。

〔4〕 我国《矿产资源法》第40条规定：“超越批准的矿区范围采矿的，责令退回本矿区范围内开采、赔偿损失，没收越界开采的矿产品和违法所得，可以并处罚款；拒不退回本矿区范围内开采，造成矿产资源破坏的，吊销采矿许可证，依照刑法有关规定对直接责任人员追究刑事责任。”

据《矿产资源法实施细则》第30条规定，采矿权人享有根据生产建设的需要依法取得土地使用权的权利。申言之，矿业权主体获得土地使用权是矿业权的内容之一。但是，我国采取矿产资源与土地所有权相分离的立法体制，矿山企业获得页岩气矿业权但并不能当然地获得土地资源使用权。当页岩气矿区位于国有土地时，矿产资源与土地资源的所有权人均为国家，国家作为所有权人除了特许其开发利用矿产资源，也授予其地下使用权，这没有制度障碍。但是，当页岩气矿区位于集体所有土地时，国土资源部门在特许矿山企业获得矿业权时，并不能当然有权出让矿区中属于集体所有的土地使用权。集体土地权利主体（集体土地所有权人或用益物权主体）则可能出于多种原因（比如基于矿产资源开发会导致土地损毁等）不愿出让土地使用权给矿山企业。面对此权利冲突，我国选取了矿业权优先原则：第一，开发者与拥有该集体土地所有权的集体经济组织协商，通过合同方式进行租用；第二，根据《土地管理法》第44～47条的规定，国家对所涉及集体土地进行征收，将该集体土地转化为国有土地，而后由土地管理部门将该国有土地使用权转让给开发者。[1]

矿业权优先原则能彰显油气资源在国计民生中的战略地位，但现实中会在以下几个方面损害相关土地权利主体的权益：(1)虽然在处理矿业权主体土地使用权与其他土地权利主体的权利冲突时有协商与征收两种方式，但现实中基于矿业权优先原则，一旦矿业权主体与集体土地权利人不能协商一致时，还是通过土地征收的方式处理。(2)根据我国《土地管理法》第47条规定和《土地管理法实施条例》第26条第1款规定，页岩气开发过程需要通过征收集体土地获得土地使用权时，按照法定标准，征地补偿安置费用包括土地补偿费、安置补助费、农民宅基地及房屋补偿、地上附着物和青苗补偿费以及被征地农民的社会保障费用。

---

[1] 王明远：《天然气的开发与土地利用：法律权利的冲突和协调》，载[英]艾琳·麦克哈格、[新西兰]巴里·巴顿、[澳]阿德里安·布拉德布鲁克、[澳]李·戈登主编：《能源与自然资源中的财产和法律》，胡德胜、魏铁军译，胡德胜校，北京大学出版社2014年版，第233～234页。

征收集体所有土地将其使用权交由矿业权主体行使,是否符合公共利益目的之需要本身尚存在争议。[1] 况且,无论支付给集体经济组织还是地上附着物及青苗的所有者,经济补偿均重视的是土地资源的经济价值,未包含被征收土地对集体经济组织及其他用益物权人产生的生态服务功能。

某种意义上,我国在矿产资源开发中为满足矿业权行使对土地使用权的需求而实行的土地征收制度,与美国强制联营制度有异曲同工之处,均是通过立法形成法律依据,矿业权主体(矿井运营商)在支付一定补偿标准的基础上合法侵害相邻土地权利人的权益,以满足矿产资源开发的需求。美国强制联营立法规定相关机构在审批矿井运营商的强制联营申请时,非常注重对相关主体的权益保护,而这也为完善我国页岩气开发中对邻地权利人的权益保障与救济制度措施提供了有益借鉴:

1. 美国强制联营规则体系要求页岩气矿井运营商与邻地权利人签订相邻关系合同,在合同中明确约定双方权利义务以及页岩气开采的钻井区域范围、开采措施与期限等内容,以保障矿区相邻土地权利人不受侵害。我国在制度体系和实践操作中也应当借鉴该做法,要求页岩气矿权人与矿区范围相邻土地权利人签订相邻关系合同,就页岩气勘探开采过程可能会引起权利冲突的事项进行具体约定。

2. 美国强制联营规则在立法价值上是以矿井运营商不侵犯相邻土地权利为原则,故而为强制联营申请设置了很多前提约束。监管机构在矿井运营商满足一些条件时才可能审批页岩气强制联营的申请,这些条件可以概括为:(1)在事实与技术层面,页岩气矿业权主体必须在事实上证明其实施勘探开采技术必然会超越其所享有的土地使用权范围。(2)在法律层面,页岩气矿业权人在申请强制联营时,对矿区的资源分

---

[1] 我国《土地管理法》第2条第4款规定:"国家为了公共利益的需要,可以依法对土地实行征收或者征用并给予补偿。"对于何为土地征收或征用中的公共利益需要,并没有明确界定。2011年公布实施的《国有土地上房屋征收与补偿条例》第8条列举了确需征收房屋以保障国家安全、促进国民经济和社会发展等公共利益需要的情形,虽然这是针对征收国有土地上房屋的立法,但其列举的公共利益的种类可以体现我国立法体系对于公共利益范围的界定。

布现状、资源权属状况、空间规则、间距规则以及申请主体本身必须满足的资金投入、前期投入等方面都有规定。(3)美国很多州颁布的强制联营规则的重要目标是促进自愿联营,因此,监管机构在审查与批准强制联营申请时,都要求以矿产资源权利主体耗尽所有努力实现自愿联营为前提。当所有自愿联营的努力都被耗尽,法律才授权监管机构强制自愿的和非自愿的矿产资源权利主体来创造一个联营单元。这给我国制度完善的启示是,当页岩气矿业权与相邻土地权利存在冲突时,不能一味地坚持矿业权优先原则而经常适用土地征收制度。矿业权行使是否确需获得相邻土地使用权,要由矿业权人从资源赋存现状、勘查开采技术使用等环节证明其获得相邻土地使用权对于矿产资源开发的必要性。同时,应当借鉴美国强制联营规则的内在精髓,我们规定的矿业权行使中土地征收制度的目的是鼓励矿业权主体与相邻土地权利人积极通过自愿协商的方式解决权益冲突问题,并且,以双方自愿自由协商作为适用土地征收制度的前提。

3. 美国强制联营规则实施过程中非常注重对被强制联营的土地权利人的补偿,制定补偿标准时,同时考虑联营面积与实际的油气资源数量这两个因素。具体而言,在强制联营规则下,矿井运营商一般会为提供被强制加入强制联营单元的土地权利人三种选择:(1)出租矿产资源给矿井运营商,与矿井运营商签订公平的市场价值条款,如果其预期在加入强制联营之初而不是等到矿井产出便被支付矿产资源产品,也可以根据签订的合同获得租金;(2)被强制加入联营单元的权利人作为一个被赋予特别的矿产资源经营权的主体参与该矿井经营,经营商将其加入强制联营单元的土地与矿产资源权利折算成适当比例份额的生产成本,一旦矿井实现矿产资源产出,其将被支付按照比例分享的矿产资源产品,而不承担风险损失;(3)将矿产资源权利承包给矿井运营商,根据承包合同获得收益。上述三种方式中,选择的决定权属于被强制加入联营单元的土地权利人。而我国当前在处理矿业权主体与相邻土地权利人之间的土地权利冲突时,在矿业权优先原则下,大多按照《土地管理法》第47条的规定,在支付客观的土地补偿费用标准的基础上,优先满足矿业权主体的土地使用权需求。即使双方主体经过协商的方式达成土地租用协议,但《土地管理法》第 47 条和相关补偿标准的规定也成为实质影响谈判协商的“影子价格”,不利于土地权利人的权益保障。

笔者建议,我国在处理页岩气矿业权人与相邻土地权利人之间的用地使用权冲突时,应当借鉴美国强制联营规则的做法,矫正当前仅通过支付客观经济补偿标准的方式,而是提供给土地权利主体多种选择:(1)现行的制度框架中由矿业权人支付出让土地权利的经济补偿标准;(2)应当赋予土地权利人更多的选择权,包括:将土地使用权出租给矿业权人;允许土地权利人以土地使用权作为投资参与矿业权行使,在双方协商一致的基础上,将土地使用权折算成一定比例的生产成本参与收益分配。通过提供多种由相邻土地权利人有优先决定权的选择模式,才能更全面地保障其权益。

五、结语

我国页岩气可采资源储量排名世界第一,我国已将页岩气产业定位为战略性新型产业,从政策体系、财政支持和矿业权转让等多方面推动页岩气产业发展。但是,现实中页岩气勘探开采的现状却与国家的政策目标相去甚远。探究问题症结,固然有我国页岩气勘查开采关键技术滞后、专业人才匮乏等因素,但是,我国现行的矿产资源权属制度体系中的页岩气矿业权制度设计的内生弊端,约束了页岩气矿业权主体的物权效力,使其在中标页岩气矿业权后,实际投入页岩气勘查开采时却因为页岩气矿业权内生缺陷使其遭遇诸多现实风险与法律风险,影响了其积极性。因此,借鉴美国“页岩气革命”的成功经验,推动我国页岩气产业的健康迅速发展,除了应当加强页岩气开发关键技术研发与人才培养,还应当借鉴美国为页岩气产业发展进行的专门立法与系统保障制度创新。美国在页岩气开发过程中,重视通过构建专门规则、设置特殊程序来保障相关权利主体的权益。适用强制联营规则是页岩气自然资源属性的共性要求,并且,我国页岩气区块超过 70% 都与传统天然气矿权、煤层气矿权与煤炭矿权重叠。我国页岩气资源赋存的特殊性也亟待专门的规则构建与制度更新,以应对复杂的权利并存与冲突。

我国在矿产资源行业也推行过矿产资源整合与矿业权整合,但这是国家将特定的自由整合区域内的矿业权进行整合后重新配置给特定主体的行为,更多体现了国家公权力对私有财产权的限制与重构,[1]而没有重视个体权利主体之间的利益表达与多样诉求。国土资源部(现自然资源部)专家也认为,我国页岩气产业发展中,资源、技术和资金都不是主要问题,最大的问题是体制问题,最大的"瓶颈"是石油企业占有大面积的页岩气富集区块,因此,有观点提出了建设"页岩气特区"的设想。[2] 但当前构建所谓"页岩气特区"的方案尚为推动综合试验的构想,即使在第三轮页岩气探矿权招标工作中启动,"页岩气特区"内复杂的权属冲突更亟待制定专门的产权规则予以调整。美国页岩气开发中的强制联营规则为我国提供了有益借鉴。美国强制联营规则本质是在政府以节省稀缺矿产资源、避免恶性资源开发竞争的预期下,通过规则设计,在政府主导下以相对较小的成本来整合页岩气矿区的资源开发,这种规则设计兼顾页岩气的资源特性、技术特点、开发风险和各方利益均衡。我国也应当借鉴美国页岩气开发制度创新经验,针对页岩气资源赋存特殊性与开发技术特殊作用机理,制定专门的页岩气矿业权行使规则,允许页岩气矿业权主体在满足一定的条件下,申请拓展页岩气矿业权物权效力。与此同时,在尊重页岩气矿业权主体与相邻土地权利主体的平等主体身份的基础上,通过规则设计,要求页岩气矿业权人为相邻土地权利人的权利侵害提供多种补偿模式,以实现促进页岩气矿业权高效行使与保障相邻主体权利之间的平衡。

---

〔1〕 参见房绍坤主编:《矿业权法律制度研究》,中国法制出版社 2013 年版,第 249 页。

〔2〕 参见张大伟:《建设"页岩气特区"千亿产量可期》,载《地球》2014 年第 9 期。

结　论

能源既是现代经济增长的基础，也是国家发展的命脉。保障安全的能源体系是实现我国“十三五”期间经济社会发展规划蓝图的重中之重。2015年10月29日，中国共产党第十八届中央委员会第五次全体会议通过《中共中央关于制定国民经济和社会发展第十三个五年规划的建议》中提出，“推进能源革命，加快能源技术创新，建设清洁低碳、安全高效的现代能源体系……有序开放开采权，积极开发天然气、煤层气、页岩气。”2016年3月17日编制发布的《中华人民共和国国民经济和社会发展第十三个五年规划纲要》的第三十章“建设现代能源体系”中规定“深入推进能源革命，着力推动能源生产利用方式变革，优化能源供给结构，提高能源利用效率，建设清洁低碳、安全高效的现代能源体系，维护国家能源安全。”在具体的“推动能源结构优化升级”中，要求“加强陆上和海上油气勘探开发，有序开放矿业权，积极开发天然气、煤层气、页岩油（气）。推进炼油产业转型升级，开展成品油质量升级行动计划，拓展生物燃料等新的清洁油品来源。”“十三五规划纲要”主要阐明的是国家战略意图和2016～2020年我国经济社会发展的宏伟目标、主要任务和重大举措。通过梳理《中共中央关于制定国民经济和社会发展第十三个五年规划的建议》和《中华人民共和国国民经济和社会发展第十三个五年规划纲要》中的相关规定可知，能源体系在我国国民经济和社会发展规划中的地位日益提升，能源产业从一个产业门类上升为国民经济与社会发展命脉所系，这不仅是能源对于现代国家的重要性所决定，具体到我国，也体现了在当前情势下推动能源生产利用方式变革，优化能源供给结构,提高能源利用效率,建设清洁低碳、安全高效的现代能源体系,推动能源革命、保障国家能源安全,对于我国国民经济可持续增长和社会健康发展的意义至关重要。

前述《中共中央关于制定国民经济和社会发展第十三个五年规划的建议》和《中华人民共和国国民经济和社会发展第十三个五年规划纲要》对能源产业的相关规定中,均把页岩气产业发展置于我国国民经济和社会发展中的重要地位,明确提出要"积极开发页岩气"。本项目研究内容也已经详细梳理了页岩气产业在我国的发展历程,至少就中央宏观政策层面,密集出台的《页岩气发展规划(2011－2015年)》《页岩气产业发展政策》等系列产业政策,在国家将页岩气开发定位为国家战略性新兴产业的背景下,给予页岩气开发非常大的政策支持和财政扶持力度。可以说,在我国鲜见其他产业能够像页岩气产业一样,几年的时间内,从初步提出到系列产业支持政策,再到进一步启动两轮页岩气探矿权招标出让工作。这既体现了我国政府和社会各界对新兴的页岩气产业在推动我国"能源革命"、缓解我国能源危机和保障我国能源安全中的作用与意义寄予厚望,也展现了基于我国已经探明的页岩气资源储量排名世界第一的事实,为我国全面推进页岩气产业发展提供了坚实物质基础,同时由于21世纪以来,国外成功地实现页岩气大规模商业开发的实践,也为我国实现页岩气大规模商业开发提供了可资借鉴的经验。

21世纪初,美国爆发的"页岩气革命"成功实现页岩气大规模商业开发,其页岩气产量的急剧增长,极大地提高了天然气在能源供给与消耗中的比例,逆转了美国在国际油气资源市场中的劣势,取代俄罗斯成为全球最大的天然气生产国,改变了全球能源市场格局,创新了国际能源市场秩序与规则。美国页岩气开发的成功,点燃了全球页岩气储量丰富国家的激情,很多国家竞相效仿。加拿大跟随美国的页岩气开发路径亦步亦趋;纵然欧洲各国对页岩气开发存在诸多质疑与争议,但在欧洲各国普遍因为油气资源短缺而严重依赖能源进口的背景下,英国、波兰等欧洲国家依然积极修订一系列法规为页岩气开发铺平道路;亚洲的日本、印度等国家也在页岩气开发上跃跃欲试。国内外多个科研机构的评估测算数据均表明,我国页岩气资源储量位居世界第一,我国也积极采取了多种类型与性质的产业促进措施。但是,从 2011 年开始启动的页岩气探矿权招标出让工作至今,我们遗憾地发现,我国页岩气产业发展陷入高调造势但进展缓慢的窘境,主要可以从以下几个方面予以归纳:第一,从我国页岩气产量上看,我国已经开发的页岩气产量不但与美国页岩气产量相比差距悬殊,而且也与我国页岩气产业政策制定的规划目标距离遥远;第二,从我国页岩气产业参与主体来看,美国页岩气开发中有近 8000 家企业积极参与,而我国除了政府主导与积极推动,仅有 20 余家企业参与其中,难以充分调动广大社会主体参与积极性;第三,从参与企业的行为判断,美国页岩气开发中多方主体积极参与技术研发、资金投入和勘探开发,而我国已经获得页岩气探矿权的矿山企业则普遍欠缺积极性。

我们不得不承认,当前我国的页岩气产业发展遭遇了严重困境,这与其战略性新兴产业的定位严重不符,也与我国排名全球第一的页岩气丰富资源储量难以契合。这一现实问题是本研究的契机动因和现实背景,也是本书研究对象。概言之,本研究预期通过深入分析,探究我国页岩气产业发展遭遇现实困境的现实原因与制度原因,以及实质推动我国页岩气产业发展的制度创新形式。在前述具体内容中,本研究已经梳理了导致我国当前页岩气产业发展现实困境的多种原因,可以从以下三个角度概括:

1. 从页岩气资源本身角度的解析。这些研究大多数从我国页岩气资源赋存特征与富集规律的角度展开分析,认为我国虽然页岩气资源储量丰富,但对比于美国的页岩气资源,我国页岩气资源赋存地质构造复杂、地质条件较差,埋藏比美国更深,因而中国不适合开采页岩气。这种观点是以论证中国页岩气资源劣于美国页岩气资源为支撑的。但是,事实上还有相关领域的其他研究却论证我国页岩气资源赋存条件优于美国,最多是在具有一些非常规天然气赋存规律共性的基础上各有特色。因此,页岩气资源赋存的自然规律与特色并不能成为解释我国页岩气产业发展现实困境的最重要原因。

2. 从页岩气开发关键技术角度的解析。这部分论述重点从页岩气开发关键技术的角度归纳我国页岩气开发困境。页岩气开发是一个典型的技术驱动型产业,美国"页岩气革命"的成功,关键在于其在页岩气开发的水平钻井和水力压裂等核心技术上取得重大突破,加拿大、波兰等国家正在积极推进页岩气开发的关键也在于它们积极吸收和引入美国的页岩气开发关键技术。而我国对水力压裂等技术的掌握还处于起步阶段,技术和人才的匮乏严重制约了我国页岩气开发。从页岩气开发关键技术和专业人才匮乏等角度解析我国现行页岩气产业发展困境,毫无疑问是符合现实的,也是有意义的。但是,我们必须认识到,关键技术的滞后并不足以成为我国页岩气产业发展停滞不前的核心原因。因为页岩气开发21世纪才开始引起关注与重视,关键技术上的滞后是世界各国普遍面临的问题,美国也是因应页岩气开发的技术需求,通过政策实施和制度变更鼓励技术研发创新,才一举走在世界最前列;加拿大和波兰等国家或通过激励自主技术研发创新或通过积极与美国合作的方式,使得页岩气开发关键技术并未成为页岩气产业发展的障碍。

3. 从页岩气开发环境风险角度的解析。这部分研究重在梳理页岩气开发导致的多种环境风险的原因与表现形式,进而认定页岩气开发引致的环境风险是阻碍我国页岩气开发取得实质进展的原因。但页岩气开发导致多种类型的环境风险是各国面临的共性问题,也是欧洲各国在对待页岩气产业发展时出现多个派别激烈争议的最为重要的原因,并不足以成为阻碍我国页岩气产业发展最为关键的原因。

在梳理与剖析这些问题之后,本研究持有的最基本观点是,页岩气资源特性与赋存规律、开发关键技术的进展以及开发过程中的环境风险,是影响到我国页岩气产业发展的重要因素,但却不是最为关键与本质的原因。影响我国页岩气开发能否取得实质进展的最核心的原因在于制度设计。申言之,我国在相应的制度设计上能否因应页岩气开发的特殊规则需求,成为决定我国页岩气产业能否健康迅速发展的决定性因素。本项研究通过分析,得出的结论是,我国现行的制度设计不能充分有效地规制页岩气开发的环境风险,实质上是将页岩气矿业权主体投诸不确定性的法律风险之中。与此同时,现行页岩气权属配置上的缺陷,又成为影响多种类型社会主体积极投入页岩气产业发展的关键桎梏。

具体而言,本研究认为可以从两大层面去归纳与剖析影响页岩气开发的制度设计,即页岩气开发的环境风险规制制度和页岩气开发的权属配置制度,这两大类制度能否充分有效地因应页岩气开发的制度需求,将从不同角度影响到页岩气开发中多方主体的权益,从而会进一步影响其参与页岩气开发的积极性与主动性。

第一层面是研究页岩气开发的环境风险规制制度。页岩气开发造成的环境影响其实是一把"双刃剑",若很好地控制页岩气开发过程伴生的环境问题,则页岩气资源对比于传统油气资源是一种清洁能源,对比常规天然气能源,页岩气是一种低碳能源,使用页岩气能源的过程具有排放少、污染程度小的特点,对于清洁生产和节能减排具有积极意义。但页岩气开发关键技术的使用对比于常规天然气开发却又导致更大的环境风险。一个国家在制定页岩气产业发展政策和制度体系时,必须充分因应这一特性,设计周延有效的页岩气开发环境风险规制制度。缺少有针对性的页岩气开发环境风险法律规制制度,实质上并不利于页岩气开发主体的权益保护,会使页岩气开发中每一具体的环境风险与环境致害所引发多方主体之间的利益纠葛,无法纳入法律制度框架予以有效解决,无法使各方利益相关主体形成稳固的法律预期,页岩气开发主体为了规避不特定多数利益相关主体的利益诉求与主张,只能陷入消极避让的境地。美国推动"页岩气革命"的成功经验之一,即在于完善页岩气开发环境风险法律规制制度,在注重解释适用既有的环境问题治理法律制度体系的同时,还注重通过修改完善既有的环境保护法律制度,以及针对水力压裂技术使用导致的环境风险,出台专门的技术规范与规制制度,明确页岩气开发环境风险法律规制的权利义务,使各方主体有稳定的法律预期。波兰等国家在推动页岩气产业发展的同时,也积极仿效美国制度经验,将完善页岩气环境风险规制制度与出台产业促进政策放在同等重要的位置。这就要求我们去梳理、分析与检讨我国页岩气开发中环境风险的法律规制制度。

本研究进一步从两个方面展开,具体分析我国当前页岩气开发环境风险法律规制制度体系:

(1)从宏观层面梳理与检讨我国页岩气开发环境风险法律规制制度体系。我国法律体系中关于天然气的专门立法尚且缺位,更遑论规制页岩气环境问题的专门法律制度,只能通过解释与拓展适用环境保护法律制度来应对页岩气开发导致的多种环境风险,由此存在专门立法空白、环境风险规制制度的间接性与零散性等弊病。美国和波兰等国家有关页岩气开发环境风险法律规制的制度经验主要有提供多种社会群体利益表达的制度通道、规制立法的统一化与分散化的结合以及为规范页岩气开发及其环境风险规制进行专门立法。这要求我们从厘清页岩气开发中的权属制度、拓展环境影响评价制度、具体化环境公众参与制度、构建页岩气开发环境风险规制的区块防治制度体系以及为规制页岩气开发利用中的环境风险进行专门立法等几个层面对我国页岩气开发环境风险法律规制制度体系进行完善。由于页岩气开发最为关键的技术为水力压裂技术,使用该技术也是页岩气开发导致的环境风险比常规天然气开发引致的环境风险更为严峻的重要原因,所以,美国一些州为防控水力压裂技术使用导致的环境破坏进行了专门立法。本研究从该技术使用中存在的商业秘密保护与环境信息公开之间的冲突、平衡与协调的关系范畴,论证了如何有效推进页岩气开发中的环境信息公开制度以规制环境风险和保护环境公益。

(2)从微观层面梳理我国页岩气开发导致环境要素破坏的法律规制制度。本研究前述内容已经详细论述页岩气开发会导致多种类型的环境污染与生态破坏,这种环境损害会作用于地表水、地下水、土壤、大气等多个具体环境要素。本研究认为,页岩气的成功开发实质是追求创新技术,实现更有效干扰土地资源以释放致密页岩气的过程。因此,对比常规油气资源开发,页岩气开发导致的环境风险中最为显著的特点之一在于其会导致土地资源前所未有的严重破坏。我国主要在土地复垦制度与侵权责任制度体系中规制页岩气开发导致的土地损毁行为。第一,页岩气开发土地复垦制度的检讨与完善。土地复垦制度适用于规制与救济页岩气开发导致的土地损毁,存在土地复垦制度目标与价值选择的偏差、土地复垦法律责任制度的缺失和土地复垦资金制度的掣肘等制度弊端,相应地我们应当重视土地承载的公众健康价值目的,从“恢复原状”拓展到“环境修复”等方面更新土地复垦制度的立法价值和指导思想、完善土地复垦法律责任制度体系和土地复垦资金制度,完善页岩气开发土地复垦制度。第二,页岩气开发土地侵权责任制度的检讨与完善。在我国当前的侵权法理论与制度类型中,页岩气矿业权主体侵犯国家土地所有权的侵权责任实质是一种责任规则,侵犯集体土地所有权承担的侵权责任实质是责任规则与财产规则的混合责任,侵犯其他用益物权人土地使用权的侵权责任主要是形式单一的损害赔偿责任,这均导致了侵权责任难以充分救济土地资源上所存在的多种类型主体的权益。笔者主张应当向侵权责任回归,在平等主体侵权纠纷解决的法律制度框架下,解决页岩气矿业权主体导致的其他主体权益侵害。与此同时,本研究还论证了我国当前正在积极推进的"环境污染第三方治理"制度在规制页岩气开发土地损毁行为中的具体适用。环境污染第三方治理不仅是一种污染治理制度的创新,其本质上还体现了要求环境治理制度从管制模式向互动模式的转换,这种制度逻辑的转换要体现在具体的制度类型中。考察页岩气开发土地损毁行为的法律规制,既有的管制模式下的页岩气矿业权行使中的土地损害规制制度会导致环境规制问题上的失效、难以充分保障与救济各方主体的权利等诸多弊病,我们应当相应地转换制度逻辑,完善环境代履行制度的效力层次与制度内涵、系统构建土地复垦制度实施的市场体系和具有第三方治理面向的土地复垦基金制度等方面,来具体实现页岩气开发领域土地损毁行为的第三方治理。

第二大层面是研究页岩气矿业权制度。通过深入剖析我国现实中页岩气产业发展困境的原因与症结,对比国外页岩气产业的发展路径,本研究持有的基本观点是:页岩气矿业权的制度设计成为决定页岩气产业发展中的利益分配,进而影响矿山企业等多方社会主体能否积极投入资金、参与页岩气开发的至关重要因素。完善的页岩气矿业权制度设计不但能给予矿业权主体投入资金进行技术研发、培养专业人才和实质投入勘探开发的信心,而且也能兼顾页岩气国家所有权与矿业权的平衡,还能激励矿业权主体兼顾承担保护环境生态等社会义务。本研究进一步从两个方面研究了我国当前的页岩气矿业权制度:(1)静态的页岩气矿业权制度设计。在我国自然资源所有权制度结构中,页岩气属于国家所有,在自然资源权属体系中,页岩气矿业权本质上是通过行政特许获得页岩气特许权,其在制度逻辑上体现为公权私权复合性、资源配置功能以及相对于矿产资源所有权的附庸地位,这使该权利在现实社会中存在设置页岩气特许权中的主体身份歧视、页岩气特许权制度对权利行为全过程控制的疏忽以及对页岩气特许权人权利保障的阙如等弊病。我们应当相应地矫正,充分赋予页岩气矿业权独立物权地位,通过全过程监管该权利行使的负面行为以要求其承担社会义务。(2)动态的页岩气矿业权行使权利冲突解决制度。前述我国页岩气矿业权的制度逻辑直接导致了页岩气矿业权存在物权效力不足的问题,这进一步导致我国页岩气矿业权在具体的行使过程中,存在与其他多种相邻相关的权利群之间频繁发生的冲突,由此需要有针对性地完善制度设计,以增强页岩气矿业权物权效力,推动页岩气产业发展。页岩气矿业权与其他临近权利之间发生冲突,是各国在页岩气产业发展中普遍面临的现象。为应对此问题,美国制定了油气资源开发中的强制联营规则,该规则赋予矿业权主体在符合一定的法定条件下,可以申请并获批强制联营相邻权利主体的权利,能实现避免资源浪费与促进油气资源开发之协调、消除油气资源矿业权人权利行使障碍与保障相邻权利主体权益的多重目的。这种规则设计值得我们结合我国特殊国情和页岩气开发共性规则设计需求进行借鉴。

概言之,我国页岩气资源储量丰富,这为应对我国在经济增长与社会转型关键时期面临的严峻能源危机提供了新的突破口。成功实现页岩气大规模商业开发,能够增加能源供给、保障能源安全、推动能源革命。并且,页岩气作为清洁能源,其在能源消费结构中比重的增加也一定意义上有助于实现节能减排,促进我国生态文明建设。然而,虽然我国已经将页岩气开发定位为战略性新兴产业并出台系统产业支持和财政扶持政策、实施两轮页岩气探矿权招标出让,但近几年的页岩气开发实践进展缓慢、效果不佳,与我国的页岩气产业政策目标相去甚远。我国页岩气资源赋存特色与页岩气开发关键技术的滞后,仅为我国页岩气产业发展停滞不前的制约因素,问题的核心在于法律制度设计,能否通过有效的制度设计以平衡与保障页岩气产业中各方主体的利益、释放页岩气产业发展中社会主体的动力、激励社会主体积极投入技术研发与实质勘探开发。我国现行的法律制度体系在两个层面均存在制度缺陷：在页岩气开发环境风险法律规制层面，现有的法律制度在规制页岩气开发的环境风险时存在规制措施零散、规制手段间接和规制规范缺位等弊病，这严重影响了法律规制效果，难以为利益相关的多方主体提供稳固的法律预期，也实质上使页岩气开发主体遭遇不明法律风险；在页岩气矿业权制度设计层面，现有的页岩气矿业权制度逻辑上存在偏颇，使之实质上沦为页岩气国家所有权的附庸，在物权效力上受到诸多限制，在行使过程中会出现与诸多权利之间的冲突。未来完善制度设计的方向应当是改进我国页岩气矿业权独立性不够、物权效力不足和权利期限过短等弊病，通过完善页岩气矿业权制度设计以激励社会主体参与页岩气开发的积极性，真正从制度层面推进我国页岩气产业的健康迅速发展。

参 考 文 献

一、中文著作

1. 蔡守秋:《基于生态文明的法理学》,中国法制出版社 2014 年版。
2. 蔡守秋主编:《环境资源法教程》(第三版),高等教育出版社 2017 年版。
3. 曹宇:《矿产资源开发私法机制研究:偏私型公私综合法论及其展开》,中国法制出版社 2018 年版。
4. 陈华彬:《民法物权论》,中国法制出版社 2010 年版。
5. 陈立夫:《土地法研究(二)》,新学林出版股份有限公司 2013 年版。
6. 崔建远:《自然资源物权法律制度研究》,法律出版社 2012 年版。
7. 崔建远:《准物权研究》(第二版),法律出版社 2012 年版。
8. 杜群、王利等:《能源政策与法律——国别和制度比较》,武汉大学出版社 2014 年版。
9. 杜万华主编:《最高人民法院审理矿业权纠纷司法解释理解与适用》,中国法制出版社 2017 年版。
10. 房绍坤:《矿业权法律制度研究》,中国法制出版社 2013 年版。
11. 关保英:《自然资源行政法新论》,中国政法大学出版社 2008 年版。
12. 胡德胜:《美国能源法律与政策》,郑州大学出版社 2010 年版。
13. 江平:《中国矿业权法律制度研究》,中国政法大学出版社 1991 年版。
14. 金瑞林主编:《环境法学》(第三版),北京大学出版社 2013 年版。
15. 柯坚:《环境法的生态实践理性原理》,中国社会科学出版社 2012 年版。
16. 李昌麒:《中国农村法治发展研究》,人民出版社 2006 年版。
17. 李显冬主编:《矿业权法律实务问题及应对策略》,中国法制出版社 2012 年版。
18. 林伯强主编:《现代能源经济学》,中国财政经济出版社 2007 年版。

19. 林伯强:《中国能源政策思考》,中国财政经济出版社 2009 年版。
20. 刘超:《问题与逻辑:环境侵权救济机制的实证研究》,法律出版社 2012 年版。
21. 刘超:《环境侵权救济诉求下的环保法庭研究》,武汉大学出版社 2013 年版。
22. 刘欣:《矿业权解析与规制》,法律出版社 2011 年版。
23. 罗文燕:《行政许可制度研究》,中国人民公安大学出版社 2003 年版。
24. 吕忠梅:《沟通与协调之途——论公民环境权的民法保护》,中国人民大学出版社 2005 年版。
25. 吕忠梅:《环境法新视野》(修订版),中国政法大学出版社 2007 年版。
26. 吕忠梅主编:《环境法学概要》,法律出版社 2016 年版。
27. 孟勤国:《物权二元结构论——中国物权制度的理论重构》(第三版),人民法院出版社 2009 年版。
28. 米文宝:《生态恢复与重建评估的理论与实践——以宁夏南部山区退耕还林还草工程为例》,中国环境科学出版社 2009 年版。
29. 宁红丽:《物权法占有编》,中国人民大学出版社 2007 年版。
30. 秦天宝:《生物多样性保护的法律与实践》,高等教育出版社 2013 年版。
31. 邱秋:《中国自然资源国家所有权制度研究》,科学出版社 2010 年版。
32. 曲向荣主编:《环境学概论》(第二版),科学出版社 2015 年版。
33. 全国人大常委会法制工作委员会民法室编:《中华人民共和国物权法条文说明、立法理由及相关规定》,北京大学出版社 2007 年版。
34. 沈德咏主编:《最高人民法院环境侵权责任纠纷司法解释理解与适用》,人民法院出版社 2016 年版。
35. 史丹:《中国能源安全的国际环境》,社会科学文献出版社 2013 年版。
36. 孙宪忠:《德国当代物权法》,法律出版社 1997 年版。
37. 孙宪忠:《中国物权法总论》,法律出版社 2009 年版。
38. 汪劲主编:《环保法治三十年:我们成功了吗?》,北京大学出版社 2011 年版。
39. 汪劲:《环境法学》(第二版),北京大学出版社 2011 年版。
40. 汪民主编:《页岩气知识读本》,科学出版社 2012 年版。
41. 王灿发主编:《新〈环境保护法〉实施情况评估报告》,中国政法大学出版社 2016 年版。
42. 王利明:《物权法论》(修订本),中国政法大学出版社 2003 年版。

43. 王利明:《物权法研究》(修订版),中国人民大学出版社 2007 年版。
44. 王清华、王彬:《中国矿业流转法律制度研究》,中国法制出版社 2013 年版。
45. 王社坤:《环境利用权研究》,中国环境出版社 2013 年版。
46. 王树义:《俄罗斯生态法》,武汉大学出版社 2001 年版。
47. 郗伟明:《矿业权法律规制研究》,法律出版社 2012 年版。
48. 肖钢、陈晓智编著:《页岩气资源开发与利用技术》,武汉大学出版社 2015 年版。
49. 肖钢、唐颖编著:《页岩气及其勘探开发》,高等教育出版社 2012 年版。
50. 肖国兴:《破解"资源诅咒"的法律回应》,法律出版社 2017 年版。
51. 杨翠柏主编:《国际能源法与国别能源法》,四川出版集团/巴蜀书社 2009 年版。
52. 杨振发:《国际能源法发展趋势研究——兼论对中国能源安全的影响》,知识产权出版社 2014 年版。
53. 杨解君主编:《欧洲能源法概论》,世界图书出版公司 2014 年版。
54. 尹田:《民法思维之展开》,北京大学出版社 2008 年版。
55. 战友主编:《环境保护概论》(第二版),化学工业出版社 2010 年版。
56. 张建文:《转型时期的国家所有权问题研究:面向公共所有权的思考》,法律出版社 2008 年版。
57. 张千帆:《国家主权与地方自治——中央与地方关系的法治化》,中国民主法制出版社 2012 年版。
58. 张新宝:《侵权责任法立法研究》,中国人民大学出版社 2009 年版。
59. 周林彬:《物权法新论——一种法律经济分析的观点》,北京大学出版社 2002 年版。
60. 周枏:《罗马法原论》,商务印书馆 1994 年版。
61. 竺效:《生态损害的社会化填补法理研究》(修订版),中国政法大学出版社 2017 年版。
62. 最高人民法院环境资源审判庭编著:《最高人民法院矿业权司法解释理解与适用》,人民法院出版社 2018 年版。

二、中文译著

1. [澳]迈克尔·W. 亨特、蒂姆·卡文纳、杰姆斯·亨特:《西澳矿业法》(第五版),唐林律师行译,法律出版社 2018 年版。
2. [德]M. 沃尔夫:《物权法》(第二十版),吴越、李大雪译,法律出版社 2004 年版。
3. [德]奥托·迈耶:《德国行政法》,刘飞译,商务印书馆 2002 年版。
4. [德]汉斯—贝恩德·舍费尔、克劳斯·奥特:《民法的经济分析》(第四版),江清云、杜涛译,法律出版社 2009 年版。
5. [法]弗朗索瓦·泰雷、菲利普·森勒尔:《法国财产法》(上),罗结珍译,中国法制出版社 2008 年版。
6. [美]丹尼尔·A. 法伯、罗杰·W. 芬德利:《环境法精要》(第八版),田其云、黄彪译,南开大学出版社 2016 年版。
7. [美]丹尼尔·H. 科尔:《污染与财产权——环境保护的所有权制度比较研究》,严厚福、王社坤译,北京大学出版社 2009 年版。
8. [美]盖多·卡拉布雷西、菲利普·伯比特:《悲剧性选择——对稀缺资源进行悲剧性分配时社会所遭遇到的冲突》,徐品飞、张玉华、肖逸尔译,北京大学出版社 2005 年版。
9. [美]格雷戈里·祖克曼:《页岩气革命——新能源亿万富豪背后的惊人故事》,艾博译,中国人民大学出版社 2014 年版。
10. [美]James G. Speight:《北美页岩气资源及开采》,胡风涛、白振瑞等译,中国石化出版社 2015 年版。
11. [美]Joseph P. Tomain, Richard D. Cudahy:《美国能源法》,万少廷译,张利宾审校,法律出版社 2008 年版。
12. [美]吉恩·马基雅弗利·艾根:《毒物侵权法精要》(第四版),李冰强译,南开大学出版社 2016 年版。
13. [美]凯斯·R. 孙斯坦:《风险与理性——安全、法律及环境》,师帅译,中国政法大学出版社 2002 年版。
14. [美]凯特琳·M. 纳什:《页岩气开发技术》,汪丽华、周靖、王建设、姜政、杨科译,上海科学技术出版社 2013 年版。
15. [美]克里特斯曼:《财产的神话——走向平等主义的所有权理论》,张绍宗译,张晓明校,广西师范大学出版社 2004 年版。
16. [美]罗伯特·布莱斯:《能源独立之路》,陆妍译,清华大学出版社 2010 年版。

17. [美]罗伯特·H. 科斯等:《财产权利与制度变迁:产权学派与新制度学派译文集》,刘守英等译,格致出版社、上海三联书店、上海人民出版社 2014 年版。
18. [美]罗伯特·考特、托马斯·尤伦:《法和经济学》,张军等译,上海三联书店、上海人民出版社 1999 年版。
19. [美]罗伯特·V. 珀西瓦尔:《美国环境法——联邦最高法院法官教程》,赵绘宇译,法律出版社 2014 年版。
20. [美]史蒂芬·布雷耶:《规制及其改革》,李洪雷、宋华琳、苏苗罕、钟瑞华译,北京大学出版社 2008 年版。
21. [美]史蒂芬·布雷耶:《打破恶性循环:政府如何有效规制风险》,宋华琳译,法律出版社 2009 年版。
22. [美]斯蒂芬·B. 戈尔德堡、弗兰克·E. A. 桑德、南茜·H. 罗杰斯、塞拉·伦道夫·科尔:《纠纷解决——谈判、调解和其他机制》,蔡彦敏、曾宇、刘晶晶译,中国政法大学出版社 2004 年版。
23. [美]斯蒂芬·芒泽:《财产理论》,彭诚信译,北京大学出版社 2006 年版。
24. [美]托马斯·R. 戴伊:《理解公共政策》(第十版),彭勃等译,华夏出版社 2004 年版。
25. [美]约翰·斯普兰克林、格雷戈里·韦伯:《危险废物和有毒物质法精要》(第二版),凌欣译,南开大学出版社 2016 年版。
26. [美]詹姆斯·奥托、[美]克雷格·安德鲁斯、[南非]费雷斯·卡伍德、[加]迈克尔·多格特、[澳]彼得洛·古齐、[美]弗兰克·斯特摩尔、[美]约翰·斯特摩尔、[美]约翰·蒂尔顿:《矿业特许税费——关于其对投资者、政府和市民社会影响的国际研究》,胡德胜等译,胡德胜校,北京大学出版社 2013 年版。
27. [日]黑川哲志:《环境行政的法理与方法》,肖军译,中国法制出版社 2008 年版。
28. [日]美浓部达吉:《公法与私法》,黄冯明译,中国政法大学出版社 2003 年版。
29. [英]艾琳·麦克哈格、[新西兰]巴里·巴顿、[澳]阿德里安·布拉德布鲁克、[澳]李·戈登主编:《能源与自然资源中的财产和法律》,胡德胜、魏铁军译,胡德胜校,北京大学出版社 2014 年版。
30. [英]戴维·G. 维克托、埃米·M. 贾菲、马克·H. 海斯:《天然气地缘政治——从 1970 到 2040》,王震、王鸿雁等译,石油工业出版社 2010 年版。

31. [英]汤姆·詹姆斯:《能源价格风险》,高峰、刘君、刘枫、车凌、仰映译,刘君、高峰校,经济管理出版社 2011 年版。
32. [英]朱迪·丽丝:《自然资源:分配、经济学与政策》,蔡运龙等译,商务印书馆 2005 年版。

三、中文论文

1. 蔡守秋:《我国可再生能源立法的现状与发展》,载《中州学刊》2012 年第 5 期。
2. 蔡守秋:《论修改〈环境保护法〉的几个问题》,载《政法论丛》2013 年第 4 期。
3. 蔡守秋:《论公众共用自然资源》,载《法学杂志》2018 年第 4 期。
4. 曹明德:《中国参与国际气候治理的法律立场和策略:以气候正义为视角》,载《中国法学》2016 年第 1 期。
5. 曾义金、陈作、卞晓冰:《川东南深层页岩气分段压裂技术的突破与认识》,载《天然气工业》2016 年第 1 期。
6. 常鹏翱:《物权法上的权利冲突规则——中国法律经验的总结和评析》,载《政治与法律》2007 年第 5 期。
7. 陈金钊:《法律解释规则及其运用研究(中)——法律解释规则及其分类》,载《政法论丛》2013 年第 4 期。
8. 陈军、成金华:《中国矿产资源开发利用的环境影响》,载《中国人口·资源与环境》2015 年第 3 期。
9. 陈平、刘阳、马天寿:《页岩气"井工厂"钻井技术现状及展望》,载《石油钻探技术》2014 年第 3 期。
10. 程啸、王丹:《损害赔偿的方法》,载《法学研究》2013 年第 3 期。
11. 程信和、霍阳:《浅论中国经济法与 WTO 规则的契合——以经济领域的许可制度改革为视角》,载《华中科技大学学报》(社会科学版)2004 年第 2 期。
12. 程雪阳:《论"城市的土地属于国家所有"的宪法解释》,载《法制与社会发展》2014 年第 1 期。
13. 董大忠、王玉满、李登华、杨桦、李新景、王淑芳:《全球页岩气发展启示与中国未来发展前景展望》,载《中国工程科学》2012 年第 6 期。
14. 董普、贾冬冬:《我国页岩气开发环境保护及评价指标体系研究》,载《中国人口·资源与环境》2013 年第 5 期。

15. 董溯战:《论中国节能证书交易法律制度的构建》,载《中国地质大学学报》(社会科学版)2013 年第 5 期。
16. 杜传忠:《政府规制俘获理论的最新发展》,载《经济学动态》2005 年第 11 期。
17. 杜辉:《论制度逻辑框架下环境治理模式之转换》,载《法商研究》2013 第 1 期。
18. 杜群、万丽丽:《美国页岩气能源开发的环境法律管制及对中国的启示》,载《中国政法大学学报》2015 年第 6 期。
19. 杜群、万丽丽:《美国页岩气能源资源产权法律原则及对中国的启示》,载《中国地质大学学报》(社会科学版)2016 年第 3 期。
20. 高富平:《土地使用权的物权法定位——〈物权法〉规定之评析》,载《北方法学》2010 年第 4 期。
21. 葛察忠、程翠云、董战峰:《环境污染第三方治理问题及发展思路探析》,载《环境保护》2014 年第 20 期。
22. 辜涛、李明、魏周胜、王小娜、李早元、刘小利、郭小阳:《页岩气水平井固井技术研究进展》,载《钻井液与完井液》2013 年第 4 期。
23. 管清友、李君臣:《美国页岩气革命与全球政治经济格局》,载《国际经济评论》2013 年第 2 期。
24. 韩兴旺、肖国兴:《页岩气开发中的水资源法律与政策研究》,载《西安交通大学学报》(社会科学版)2015 年第 4 期。
25. 侯佳儒:《气候资源国有化:法律上的"不可能任务"》,载《中国政法大学学报》2012 年第 6 期。
26. 胡德胜:《我国矿产资源税费制度的问题识别与改革建议》,载《法学评论》2011 年第 4 期。
27. 胡德胜:《论能源法的概念和调整范围》,载《河北法学》2018 年第 6 期。
28. 胡卫:《民法中恢复原状类型与规范意义》,载《行政与法》2015 年第 5 期。
29. 江怀友、鞠斌山、李治平、李钟洋:《世界页岩气资源现状研究》,载《中外能源》2014 年第 3 期。
30. 康纪田:《波兰矿业法给我国矿业立法的启示》,载《中国矿业》2006 年第 7 期。
31. 柯坚:《全球气候变化背景下我国可再生能源发展的法律推进——以〈可再生能源法〉为中心的立法检视》,载《政法论丛》2015 年第 4 期。

32. 孔祥永:《美国“页岩气革命”及影响——兼论对中国页岩气开发的启示》,载《国际论坛》2014 年第 1 期。
33. 李凤章:《国家所有权的解构与重构》,载《山东社会科学》2005 年第 3 期。
34. 李建忠、李登华、董大忠、王社教:《中美页岩气成藏条件、分布特征差异研究与启示》,载《中国工程科学》2012 年第 6 期。
35. 李丽敏、侯磊、刘金艳:《国内外页岩气集输技术研究》,载《天然气与石油》2014 年第 5 期。
36. 李世臻、曲英杰:《美国煤层气和页岩气勘探开发现状及对我国的启示》,载《中国矿业》2010 年第 12 期。
37. 李霞、周灿灿、李潮流、程相志、胡松:《页岩气岩石物理分析技术及研究进展》,载《测井技术》2013 年第 4 期。
38. 李小刚、苏洲、杨兆中、雷腾蛟、何雨遥:《页岩气储层体积缝网压裂技术新进展》,载《石油天然气学报》(江汉石油学院学报)2014 年第 7 期。
39. 李志学、彭飞鸽、吴文洁:《国内外石油资源税费制度的比较研究》,载《国土与自然资源研究》2010 年第 1 期。
40. 梁亚荣、高海燕:《宅基地征收补偿类型化立法探析》,载《南京农业大学学报》(社会科学版)2014 年第 1 期。
41. 廖永远、罗东坤、袁杰辉:《促进中国页岩气开发的政策探讨》,载《天然气工业》2012 年第 10 期。
42. 林伯强、姚昕、刘希颖:《节能和碳排放约束下的中国能源结构战略调整》,载《中国社会科学》2010 年第 1 期。
43. 林伯强、刘希颖、邹楚沅、刘霞:《资源税改革:以煤炭为例的资源经济学分析》,载《中国社会科学》2012 年第 2 期。
44. 林奇昌:《石油天然气勘探开发环境保护立法的法律思考》,载《环境科学与管理》2006 年第 1 期。
45. 刘超:《断裂与耦合:环境执法语境中的代执行制度与限期治理制度》,载《政法论丛》2007 年第 5 期。
46. 刘超:《环境法律与环境政策的抵牾与交融——以环境侵权救济为视角》,载《现代法学》2009 年第 1 期。
47. 刘超:《环境风险行政规制的断裂与统合》,载《法学评论》2013 年第 3 期。
48. 刘超:《污水排放标准制度的特定化——以实现“最严格水资源管理”纳污红

线制度为中心》,载《法律科学》2013 年第 2 期。
49. 刘超:《页岩气开发中环境法律制度的完善:一个初步分析框架》,载《中国地质大学学报》(社会科学版)2013 年第 4 期。
50. 刘超:《页岩气勘探开发中信息公开制度之疏失与完善》,载《湘潭大学学报》(哲学社会科学版)2015 年第 3 期。
51. 刘超:《矿业权行使中的权利冲突与应对——以页岩气探矿权实现为中心》,载《中国地质大学学报》(社会科学版)2015 年第 2 期。
52. 刘超:《我国页岩气开发管理的法律制度需求与架构——以波兰页岩气开发管理制度为镜鉴》,载《社会科学研究》2015 年第 2 期。
53. 刘超:《页岩气特许权的制度困境与完善进路》,载《法律科学》2015 年第 3 期。
54. 刘超:《管制、互动与环境污染第三方治理》,载《中国人口·资源与环境》2015 年第 2 期。
55. 刘超:《页岩气特许权的制度逻辑辨析》,载《云南师范大学学报》(哲学社会科学版)2016 年第 3 期。
56. 刘超:《页岩气矿业权行使土地侵权规制制度检讨》,载《云南师范大学学报》(哲学社会科学版)2017 年第 5 期。
57. 刘超:《美国页岩气强制联营制度的构造与启示》,载《中国地质大学学报》(社会科学版)2018 年第 4 期。
58. 刘超:《矿产资源开发中土地损毁法律治理模式探究》,载《暨南学报》(哲学社会科学版)2018 年第 8 期。
59. 刘晓旭、吴建发、刘义成、杨洪志、李春梅、李玉华:《页岩气"体积压裂"技术与应用》,载《天然气勘探与开发》2013 年第 4 期。
60. 刘作翔:《权利冲突的几个理论问题》,载《中国法学》2002 年第 2 期。
61. 龙开胜、陈利根:《中国土地违法现象的影响因素分析——基于 1999 年 ~ 2008 年省际面板数据》,载《资源科学》2011 年第 6 期。
62. 骆建华:《环境污染第三方治理的发展及完善建议》,载《环境保护》2014 年第 20 期。
63. 吕忠梅:《〈水污染防治法〉修改之我见》,载《法学》2007 年第 11 期。
64. 吕忠梅:《监管环境监管者:立法缺失及制度构建》,载《法商研究》2009 年第 5 期。

65. 吕忠梅:《物权立法的"绿色"理性选择》,载《法学》2004 年第 12 期。
66. 马静、李晓妹、姜琳:《国外页岩气资源的开发和政策分析》,载《现代矿业》2012 年第 8 期。
67. 马俊驹:《国家所有权的基本理论和立法结构探讨》,载《中国法学》2011 年第 4 期。
68. 孟浩:《加拿大页岩气开发现状及启示》,载《世界科技研究与发展》2014 年第 4 期。
69. 秦大河:《气候资源的开发、利用和保护》,载《求是》2005 年第 3 期。
70. 秦扬、胡实、张小龙:《论我国石油天然气矿权权利冲突及解决机制》,载《生态经济》2012 年第 1 期。
71. 冉冉:《"压力型体制"下的政治激励与地方环境治理》,载《经济社会体制比较》2013 年第 3 期。
72. 邵伟民、蔡坤、韩磊、徐少华:《中国页岩气研究进展》,载《天然气技术与经济》2012 年第 2 期。
73. 宋蕾:《美国土地复垦基金对中国废弃矿山修复治理的启示》,载《经济问题探索》2010 年第 4 期。
74. 孙鹏:《页岩气产业助推美国经济作用分析及启示》,载《当代石油石化》2013 年第 1 期。
75. 孙宪忠:《我国物权法中所有权体系的应然结构》,载《法商研究》2002 年第 5 期。
76. 孙增芹、韩颖:《低碳视野下我国页岩气法律制度构建研究》,载《生态经济》2015 年第 4 期。
77. 谭九生:《从管制走向互动治理:我国生态环境治理模式的反思与重构》,载《湘潭大学学报》(哲学社会科学版)2012 年第 5 期。
78. 唐鹏、石晓平、曲福田:《地方政府竞争与土地财政策略选择》,载《资源科学》2014 年第 4 期。
79. 唐颖、唐玄、王广源、张琴:《页岩气开发水力压裂技术综述》,载《地质通报》2011 年第 2 ~ 3 期。
80. 唐颖、张金川、张琴、龙鹏宇:《页岩气井水力压裂技术及其应用分析》,载《天然气工业》2010 年第 10 期。
81. 王海东、陈锋、欧跃强、唐凯、任国辉、李奔驰:《页岩气水平井分簇射孔配套技术分析及应用》,载《长江大学学报》(自然科学版)2016 年第 8 期。
82. 王兰生、廖仕孟、陈更生、郭贵安、吕宗刚、付永强:《中国页岩气勘探开发面临的问题与对策》,载《天然气工业》2011 年第 12 期。
83. 王立新、黄剑、廖宏娟:《环境资源案件中恢复原状的责任方式》,载《人民司法》2015 年第 9 期。
84. 王玲、熊永生:《水平井压裂技术下的页岩气开发环境影响研究》,载《生态经济》2013 年第 12 期。
85. 王龙林:《页岩气革命及其对全球能源地缘政治的影响》,载《中国地质大学学报》(社会科学版)2014 年第 2 期。
86. 王敏生、光新军:《页岩气"井工厂"开发关键技术》,载《钻采工艺》2013 年第 5 期。
87. 王社坤:《我国战略环评立法的问题与出路——基于中美比较的分析》,载《中国地质大学学报》(社会科学版)2012 年第 3 期。
88. 王亚运、柯研、周晓珉、李骞:《页岩气勘探开发过程中的环境影响》,载《油气田环境保护》2012 年第 3 期。
89. 吴鹏:《论采煤塌陷区生态修复法律制度的完善——以淮南市采煤塌陷区为例》,载《资源科学》2013 年第 2 期。
90. 吴馨、任志勇、王勇、刘长海、李洋冰、赵都菁、曲日涛、齐玉民:《世界页岩气勘探开发现状》,载《资源与产业》2013 年第 5 期。
91. 肖国兴:《〈能源法〉制度设计的困惑与出路》,载《法学》2012 年第 8 期。
92. 肖国兴:《能源发展转型的法律路径:从资源优势走向竞争优势》,载《中州学刊》2013 年第 11 期。
93. 肖国兴:《能源革命背景下能源发展转型的法律抉择》,载《法学》2014 年第 11 期。
94. 徐涤宇:《环境观念的变迁和物权制度的重构》,载《法学》2003 年第 9 期。
95. 许长春:《国内页岩气地质理论研究进展》,载《特种油气藏》2012 年第 1 期。
96. 徐继发、王升辉、孙婷婷、孟刚:《世界煤层气产业发展概况》,载《中国矿业》2012 年第 9 期。
97. 杨洪波、彭民、张彦明:《页岩气资源开发环境影响的税费政策》,载《生态经济》2015 年第 12 期。
98. 杨解君:《"法治"怯场之后——以环境治理困局的突破为分析对象》,载《中国地质大学学报》(社会科学版)2012 年第 6 期。
99. 姚同玉、黄延章、李继山:《页岩气在超低渗介质中的渗流行为》,载《力学学报》2012 年第 6 期。
100. 余光辉、陈亮:《论我国环境执法机制的完善——从规制俘获的视角》,载《法律科学》2010 年第 5 期。
101. 于左:《美国矿地复垦法律的经验及对中国的启示》,载《煤炭经济研究》2005 年第 5 期。
102. 张凤麟:《发达国家矿地复垦保证金制度及对中国的启示》,载《中国矿业》2006 年第 9 期。
103. 张金川、薛会、卞昌蓉、王艳芳、唐玄:《中国非常规天然气勘探雏议》,载《天然气工业》2006 年第 12 期。
104. 张金华、魏伟、钟太贤:《国外页岩气资源储量评价方法分析》,载《中外能源》2011 年第 9 期。
105. 张里安:《所有权制度的功能与所有权的立法》,载孟勤国、黄莹主编:《中国物权法的理论探索》,武汉大学出版社 2004 年版。
106. 张璐:《〈矿产资源法〉修改中的"权证分开"问题研究》,载《甘肃政法学院学报》2010 年第 6 期。
107. 张璐:《矿产资源损害法律责任的结构失衡与矫正》,载《甘肃政法学院学报》2011 年第 4 期。
108. 张茉楠:《美国"页岩气革命"的实践模式与启示》,载《财经界》2012 年第 7 期。
109. 张平华:《权利位阶论——关于权利冲突化解机制的初步探讨》,载《清华法学》2008 年第 1 期。
110. 张翔:《财产权的社会义务》,载《中国社会科学》2012 年第 9 期。
111. 竺效、丁霖:《论环境行政代履行制度入〈环境保护法〉——以环境私权对环境公权的制衡为视角》,载《中国地质大学学报》(社会科学版)2014 年第 3 期。
112. 周珂、史一舒:《环境污染第三方治理法律责任的制度建构》,载《河南财经政法大学学报》2015 年第 6 期。
113. 邹才能、董大忠、杨桦、王玉满、黄金亮、王淑芳、付成信:《中国页岩气形成条件及勘探实践》,载《天然气工业》2011 年第 12 期。

114. 左其亭、吴泽宁、赵伟:《水资源系统中的不确定性及风险分析方法》,载《干旱区地理》2003 年第 2 期。

四、英文文献

1. Dale A. Tice, "Opening Pandora's Box?: Calling Shale Gas Rights into Question", *Pennsylvania Lawyer* 34(1),2012,pp. 24 – 26.

2. Davis and Richard A. , *Depositional Systems: An Introduction to Sedimentology and Stratigraphy*. Prentice Hall, 1992.

3. Elizabeth Burleson, "Climate Change and Natural Gas Dynamic Governance", *Case Western Reserve Law Review* 63(4), 2013, pp. 1217 – 1278.

4. Hannah Wiseman, "Trade Secrets, Disclosure, and Dissent in A Fracturing Energy Revolution", *Columbia Law Review* 111(1), 2011,pp. 1 – 13.

5. Ishaya Paul AmazaIshaya P. Amaza, " Exploring Barriers to Financing Shale Gas Production on A Limited Recourse Basis", *International Energy Law Review* 2(4), 2013, pp. 67 – 74.

6. J. Daniel Arthur, Bruce Langhus, David Alleman, "An Overview of Modern Shale Gas Development in the United States", *ALL Consulting* 1, 2008, pp. 1 – 21.

7. Jennifer Hayes, "Protecting Pennsylvania's Three Rivers' Water Resources from Shale Gas Development Impacts", *Duke Environmental Law & Policy Forum* 22 (2),2012,pp. 385 – 408.

8. John B. Curtis, "Fractured Shale – Gas Systems", *AAPC Bulletin* 86 (11), 2002, pp. 1921 – 1938.

9. Joseph P. Tomain, "Shale Gas and Clean Energy Policy", *Case Western Reserve Law Review* 63(2), 2013, pp. 1187 – 1215.

10. Kenneth R. Myers, Alan W. Flenner, "Landowner Protection from Marcellus Shale Development", *Environmental* 31(20),2011,pp. 1 – 7.

11. Lindsey Trachtenberg, "Reconsidering the Use of Forced Pooling for Shale Gas Development", *Buffalo Environmental Law Journal* 19(1), 2012, pp. 179 – 218.

12. Mark Zoback, Saya Kitasei, Brad Copithorn, "Addressing the Environmental

Risks from Shale Gas Development", *Worldwatch Institute* 7, 2010.

13. Michael Taylor, Elsa Garagnon, "UK Energy Market Reform Gathers Momentum: Energy Bill 2012 and Shale Gas Developments", *International Energy Law Review*, (2), 2013, pp. 45 - 49.
14. Patrick C. Mcginley, "Regulatory Takings in the Shale Gas Patch", *Penn State Environmental Law Review* 19 (2), 2011, pp. 193 - 240.
15. Patrick Parenteau, Abigail Barnes, "A Bridge too Far: Building Off - Ramps on the Shale Gas Superhighway", *Idaho Law Review* 49(4), 2013, pp. 325 - 362.
16. Phillip E. Norvell, "Prelude to the Future of Shale Gas Development: Well Spacing and Integration for the Fayetteville Shale in Arkansas", *Washburn Law Journal* 49(4), 2010, pp. 457 - 476.
17. Robert E. Hardwicke, "The Rule of Capture and its Implications as Applied to Oil and Gas", *Texas Law Review* 4 1935, pp. 391 - 395.
18. Ronnie Blackwell, "Forced Pooling within the Barnett Shale: How Should the Texas Mineral Interest Pooling Act Apply to Units with Horizontal Wells?", *Texas Wesleyan Law Review* 17, 2010 ~ 2011, pp. 1 - 28.
19. Russell Bopp, "A Wolf in Sheep's Clothing: Pennsylvania's Oil and Gas Lease Act and the Constitutionality of Forced Pooling", *Duquesne Law Review* 52(2), 2014, pp. 439 - 464.
20. Susan L. Sakmar, "The Global Shale Gas Initiative: Will the United States be the Role Model for the Development of Shale Gas Around the World?" *Houston Journal of International Law* 33(4), 2011, pp. 369 - 409.
21. Thomas E. Kurth, Michael J. Mazzone, Mary S. Mendoza, Christopher S. Kulander, "Law Applicable to Hydraulic Fracturing in the Shale States", *The Oil, Gas and Energy Resources Law Journal* (1), 2010, pp. 1 - 51.
22. Wojciech Bagi ski, "Shale Gas in Poland - The Legal Framework for Granting Concessions for Prospecting and Exploration of Hydrocarbons", *Energy Law Journal* 32(1), 2011, pp. 145 - 155.

后　记

本书是在本人主持的国家社科基金项目“页岩气开发法律问题研究”(项目编号:13CFX102)结项成果的基础上修改而成。

本书的写作过程也即是国家社科基金项目从展开研究到申请结项的过程。虽然完整的文本意义上的书稿是从 2015 年 8 月开始动笔到 2016 年 6 月基本完成,但书稿中的内容是从 2013 年 6 月甚至是更早即开始撰写。从 2013 年 6 月课题获批立项至 2016 年 6 月提交专著申请结项的三年期间,本人对此项目展开了系列研究,倾注了大量心力和花费了这三年大量研究时间。在广泛搜集和研读中外相关研究文献、针对性实证调研、撰写文献综述和调研报告的基础上,陆续写作了十余篇阶段性研究成果论文,这些论文已大多数在 CSSCI 来源期刊上发表。

2015 年 8 月至 2016 年 1 月,本人在我国台湾地区的台北大学法律学院担任半年访问学者,这对于本人是尤为宝贵的访学经历。在此期间,我除了完成既定的访学计划,撰写了数篇研究论文之外,还能够集中时间精力、心无旁骛地在既有系列阶段性研究成果论文的基础上,系统展开国家社科基金结项专著的写作。本书的整体性框架和主要内容即在此期间基本成型。2016 年 1 月结束访学行程返回厦门至 2016 年 6 月期间,本人又数次修改了书稿,2016 年 6 月底提交结项专著申请结项。2016 年 10 月,我收到了福建省社会科学规划办公室反馈的五位匿名评审专家的评审意见。感谢五位匿名评审专家对本人提交的结项专著给予的肯定和一致好评,这使本人主持的国家社科基金项目能够顺利结项,同时,也非常感谢专家们对书稿提出的完善建议,我在书稿修改过程中,以不同方式、在不同程度上吸纳了这些修改意见。

如今,书稿即将付梓,本人持续几年开展的“页岩气开发法律问题研究”也将暂告段落。回顾从获批立项之初的喜悦、研究过程的艰辛、提交专著等待结项时的忐忑,到收到结项证书时的释然,甘苦自知。感谢全国哲学社会科学规划办公室以及评审专家们提供的主持国家社科基金项目的机会,在当前高校职称评聘普遍实行量化指标考核的环境下,主持国家社科基金项目使我顺利晋升教授职称具备了基本条件。从学术研究角度,由于项目申请书拟定的体系化的研究计划和国家社科基金项目严格的结项要求,本项目是本人在继博士学位论文写作之后,第二次持续数年集中围绕一个主题不间断地展开的系列研究。不仅如此,以申报国家社科基金项目为契机展开页岩气开发法律问题研究,对于本人而言是研究领域的拓展,在研究范畴和学术路径上是一次全新体验。申报本项目的初衷是立足于从法律视角解读、审视和服务于国家产业政策热点,从学术研究角度,则是从页岩气开发角度切入能源法理论基础与制度体系研究。这对于我而言,是之前鲜少涉及的领域。从学科划分上看,在我国,能源法是一个跨学科的研究领域,并不是一个独立的法学学科方向。虽然能源法一般被认为属于环境法研究范畴,但在我国当前的环境法课程设置与知识体系划分上,能源法仅被作为一个问题而不具有独立性的知识体系,没有成为环境法的规范体系与知识体系中的不可或缺的组成部分。本人在主持“页岩气开发法律问题研究”项目之前的十年对能源法涉猎甚少,一知半解。虽然为了成功申报国家社科基金项目,本人在申报前的几个月内恶补了能源法的研究文献,但在正式开始“页岩气开发法律问题研究”后,仍然觉得这对本人是一个全新的挑战。为了顺利开展课题研究,本人系统阅读了大量中外文能源法的理论著作和研究文献,客观而言,能源法的理论基础、规范结构、制度内涵、话语体系均自成特色。除此之外,研究能源法还需要广泛阅读和系统了解能源资源的自然科学研究文献作为知识背景,更兼之作为一种新能源的页岩气在21世纪初美国“页岩气革命”之后才进入社会科学领域关注的视野,虽然我在研究过程中查阅和研读了大量外文资料,但可资参考的专门的针对性研究仍然匮乏。因此,在系统开展项目研究之后,随着系统阅读和深入思考,我清醒地认识到,要完成好“页岩气开发法律问题研究”这一课题,有一些前涉性问题必须有宏观判断和明晰界定:我必须首先客观分析,我国已将页岩气开发定位为国家战略性新型产业但页岩气开发实践进展停滞不前,有哪些方面、何种程度上的原因是受制于页岩气能源属性与赋存规律,又在哪些层面、何种程度上是基于制度障碍;也要辨析与区分本课题研究的规制页岩气开发的法律制度是对现有能源法律体系的解释适用,抑或是页岩气开发提出的新的制度需求;还要剖析与揭示“页岩气革命”中,美国联邦和一些州出台的专门立法昭示页岩气开发法律规制的共性规律,或者仅是镶嵌在美国法律实用主义哲学下不可复制移植的立法特色;所揭示的保障与规制页岩气开发的制度需求与规则体系,有哪些是对既有的制度体系的解释适用,哪些是必须针对性进行的制度创新。概括而言,本课题虽然偏重研究我国当前经济社会发展中的法制热点问题,但作为国家社科基金项目的结项成果和历时数年撰写的专著,本人并不止步于现状的描述、政策的法律解读和现行规范体系的完善建议,而是尽量避免陷入简单的比较法研究的窠臼和对策法研究的陷阱,在梳理解释页岩气开发法律规范的中国语境基础上,揭示页岩气开发法律问题研究的制度架构与理论意蕴。

如今,书稿既成,这些研究预期与逻辑思路均已体现为文字,留待读者批评。可能囿于本人研究水平与课题研究周期,本书最终呈现出来的内容难以完全实现前述研究预期,但是,本人以研究“页岩气开发法律问题研究”为契机,发现与体悟能源法研究是一个未受学界足够重视但绚丽多彩、亟待深耕细作的研究领域。继国家社科基金项目之后,本人又陆续主持了司法部国家法治与法学理论研究项目、中国法学会部级法学研究课题和福建省法学会法学研究重点课题等科研项目,这几个科研项目的选题方向均为能源法相关问题,我未来将进一步坚持将能源法研究作为一个重要研究方向。

页岩气开发法律问题的研究或伴随着专著出版暂告段落,但感恩长存于心。

首先要感谢导师吕忠梅教授。老师的旺盛精力和高效工作一直让学生们感佩。虽然公务繁忙,但老师从未放松自己的高质量学术创作和学生培养。老师敏锐的学术前瞻性和洞察力总能给予我很多启发。在申报国家社科基金项目之前，我跟老师谈了自己拟申报页岩气开发法律问题研究这一研究课题的想法、设想以及疑惑，老师给予了充分的肯定、鼓励和指导，这增添了我申报项目的信心与动力，也让我对研究框架与计划更为明晰。更重要的是，在硕士生和博士生阶段，老师注重采取"授人以渔"的培养模式和启发、诘问的培养方法，以训练学生归纳法律问题与提炼学术命题的能力，这一培养过程让我受益至今，这种训练确保我对"页岩气开发法律问题"这一全新研究领域能顺利展开研究。在课题研究和书稿写作过程中，我经常就思路展开和具体写作中的一些疑难问题向老师请教，得到老师的悉心指导。在书稿完成后，老师惠赐的序言以"环境法的制度研究植入理论基因"为题，从为环境法的具体制度问题研究植入理论基因、以法律视角对社会现象进行制度归因的角度，归纳了本书稿的问题意识与研究特色，我从中读出老师对学生努力的肯定与鼓励，更视为老师对我的殷殷期待。

感谢我的博士后合作导师张里安教授。张老师学识渊博、学养深厚又有谦谦君子之风，每次到武汉大学法学院张老师办公室，我总会就一些萦绕于脑海中的问题请教张老师，张老师每每娓娓道来总让我有茅塞顿开之感。此次课题研究和书稿写作中涉及不少自然资源权属与准物权的法理与制度问题，从张老师处获得诸多教益。

感谢中国地质大学的周振新博士，他有强烈的学术热情和学术敏感性，正是数年前与他的一次交谈，启发了我以"页岩气开发法律问题研究"为选题申报国家社科基金项目的想法，这是我从事这一课题研究和书稿写作的开端。

本书稿中的部分内容作为课题阶段性研究成果论文，陆续在《法律科学》、《法学评论》、《政法论丛》、《中国人口·资源与环境》、《社会科学研究》、《中国地质大学学报》（社会科学版）、《湘潭大学学报》（哲学社会科学版）、《云南师范大学学报》（哲学社会科学版）、《暨南学报》（哲学社会科学版）、《甘肃社会科学》、《中国社会科学报》等报刊发表，感谢编辑老师们的支持与厚爱！

感谢华侨大学法学院同事们对我的信任、鼓励与帮助，让我有一个宽松和谐的工作与生活环境,我们共同发起与维持运行“学术午餐”和“案例研究工作坊”等学术平台,近乎两周一期的学术交流讨论,让我受益良多。感谢华侨大学社会科学研究处诸位同仁在项目申报、过程管理与结项申请各个环节提供的专业指导和周到服务。感谢我指导的硕士研究生林璐、李玉、王静、吴晓斌、吴莎白、凌晶、刘梦璇、朱安迪等同学为课题研究和书稿写作在资料搜集、文献翻译和书稿校对等方面提供的协助。

感谢华侨大学哲学社会科学学术创新团队培育计划为本专著出版提供的经费支持。

感谢法律出版社及本书责任编辑吴昉女士的鼎力支持。在本书编辑出版过程中,吴昉女士热情周到、高效细致、敬业专业,衷心感谢她为本书稿顺利出版所付出的辛勤劳动!

学术生活中得到诸多师友的照拂。前辈师长的关心提携,同辈学友的砥砺共进、莘莘学子的愉悦交流,均让我心生温暖。这份致谢名单若逐一开列会过于冗长,我将感恩长存于心,唯有继续勤勉奋进,方不负一切美好!

当然,最后我要感谢我的家人。感恩我的母亲和岳父母,他/她们为子女的成功由衷喜悦,但更关心子女的平安健康,他/她们用爱与包容为子女构筑了一个温暖宁静的港湾。我的妻子与我分享与分担一切喜怒哀乐,我们是伴侣也是最知心的挚友。感谢我的儿子刘艾林小朋友给我带来的欢乐,他乐于跟我分享他眼里的世界和他的很多“小秘密”,我很享受和珍视这份平等与信任,陪着他一起成长!

刘　超

2018 年 8 月 20 日初稿

2018 年 10 月 8 日定稿

图书在版编目(CIP)数据

页岩气开发法律问题研究 / 刘超著. -- 北京 : 法律出版社, 2019

ISBN 978-7-5197-3228-8

Ⅰ. ①页… Ⅱ. ①刘… Ⅲ. ①油页岩资源-油气田开发-能源法-研究-中国 Ⅳ. ①D922.674

中国版本图书馆 CIP 数据核字(2019)第 040500 号

页岩气开发法律问题研究
YEYANQI KAIFA FALÜ WENTI YANJIU

刘 超 著

责任编辑 吴 昉
装帧设计 乔智炜

出版 法律出版社
总发行 中国法律图书有限公司
经销 新华书店
印刷 北京虎彩文化传播有限公司
责任校对 郭艳萍
责任印制 沙 磊

编辑统筹 法律教育出版分社
开本 A5
印张 9.25
字数 302 千
版本 2019 年 4 月第 1 版
印次 2019 年 4 月第 1 次印刷

法律出版社/北京市丰台区莲花池西里 7 号(100073)
网址/www.lawpress.com.cn
投稿邮箱/info@lawpress.com.cn
举报维权邮箱/jbwq@lawpress.com.cn
销售热线/010-83938336
咨询电话/010-63939796

中国法律图书有限公司/北京市丰台区莲花池西里 7 号(100073)
全国各地中法图分、子公司销售电话:
统一销售客服/400-660-6393
第一法律书店/010-83938334/8335 西安分公司/029-85330678 重庆分公司/023-67453036
上海分公司/021-62071639/1636 深圳分公司/0755-83072995

书号: ISBN 978-7-5197-3228-8 **定价:** 36.00 元